一是目的不同，政策性保险经营的目的是贯彻政府的某些特定的经济政策，不以营利为目的；而商业财产保险则是以营利为目的。二是经营机构不同，政策性保险的金融机构是政府或政府委托的机构；而商业财产保险业务的经营机构是商业保险公司。

此外，财产保险还可以按保险业务内容分为企业财产保险、家庭财产保险、营业中断保险、货物运输保险、运输工具保险、工程保险、农业保险、责任保险、保证保险、信用保险等；按投保的主体不同，又可分为团体财产保险和个人财产保险。

我国《保险法》将商业保险分为财产保险和人身保险两大类。《保险法》第九十五条规定：财产保险业务，包括财产损失保险、责任保险、信用保险、保证保险等保险业务；国务院保险监督管理机构批准的与保险有关的其他业务；保险人不得兼营人身保险业务和财产保险业务。但是，经营财产保险业务的保险公司经国务院保险监督管理机构批准，可以经营短期健康保险业务和意外伤害保险业务。保险公司应当在国务院保险监督管理机构依法批准的业务范围内从事保险经营活动。

可见，保险公司的业务范围由保险监督管理机构依法核定。财产保险公司只能在被监管机构核定的业务范围内从事保险经营活动。

二、财产保险的业务体系

财产保险业务的种类是随着社会经济的发展而不断演变和繁衍起来的，各种财产保险业务的名称则反映了财产保险业务变化的历史过程。在财产保险业务发展的初期，人们设计和开发财产保险业务的出发点是如何抵御各种风险，于是出现了按照风险发生的范围命名的财产保险业务，如火灾保险和洪水保险等。随着现代保险事业的发展，使财产保险业务的设计和开发必须面对范围广泛的物质财产和经济利益的保障问题，于是出现了按照保险标的的名称命名的财产保险业务，如机动车辆保险和机器损坏保险等；进而又出现了按照人们的社会行为命名的财产保险业务，如职业责任保险和公众责任保险等。所以，了解财产保险业务的种类，不是简单地熟悉各种财产保险业务的名称，而是通过对目前存在的各种财产保险业务的种类的认识，从中发现财产保险业务形成和变化的历史渊源，学会适应社会经济发展的需要，在财产保险业务的设计和开发过程中不断地推陈出新，促进保险事业的进步与革命。

（一）火灾保险

火灾保险是指专门承保因火灾以及其他自然灾害所引起的保险标的损失的财产保险业务。

1. 企业财产保险

承保各类企事业单位和团体的法人所合法拥有、使用、占用或保管的物质财产及其由于物质财产的损失可能派生的经济利益。

2. 家庭财产保险

承保国内公民或拥有长期居住权的城乡居民所合法拥有、使用、占用或保管的物质财产。

(二) 运输保险

运输保险是指专门承保各种运输工具和运输过程中的货物由于自然灾害或意外事故所遭受的损失及涉及的第三者责任损失的财产保险业务。

1. 汽车保险

承保汽车及各种机动车辆本身的损失、第三者责任损失和机动车辆所载司乘人员的人身伤害的保险业务。

2. 船舶保险

承保各种具备适航条件的船舶本身的损失以及由于碰撞责任所导致的船东应承担的赔偿责任的保险业务。

3. 飞机保险

承保各种民用飞机的机身损失、第三者责任所引起的损失和航空公司应该承担的旅客法定责任的保险业务。

4. 内陆货物运输保险

承保内陆水运、陆运和空运的各种货物及其由于货物的损失可能派生的经济利益损失的保险业务。

5. 海上货物运输保险

承保各种通过海上、陆上和航空等交通工具从事国际贸易过程中的各种货物及其由于货物的损失可能派生的经济利益损失的保险业务。

6. 邮包保险

承保各种通过国内外邮政机构邮发的邮包或邮件及其由于邮包或邮件的损失可能派生的经济利益损失的保险业务。

7. 货物运输保险的特约保险

这是为扩大货物运输保险的保障范围而特别设计和开发的承保项目，如盗窃险、提货不着险、淡水雨淋险、钩损险等。

(三) 工程保险

工程保险是指专门承保各种处于施工、安装、维修和运转过程中的保险标的由于自然灾害和意外事件所造成的物质财产与经济利益损失的财产保险业务。

1. 建筑工程保险

承保各类建筑工程由于自然灾害和意外事故对于各项建筑工程标的所造成的损失以及由于工程项目本身对于第三者所造成的财产和人身损害应由被保险人承担的经济

任保险等。

2. 按照保险价值的确定方式不同进行的分类

按照保险价值的确定方式不同，可以将财产保险分为定值保险和不定值保险。

定值保险是指保险人与投保人事先约定保险标的的价值作为保险金额并在合同中载明，保险事故发生时根据载明的保险金额进行赔偿。定值保险主要适用于保险标的价值变化幅度较大或保险价值难以准确确定的财产，如字画、古玩、艺术品、运输中的货物、飞机、船舶等，均可以采用定值保险予以承保。

不定值保险是指投保人与保险人按照财产的实际价值确定保险金额并在保险合同中载明，作为赔偿的最高限额。发生保险责任范围的损失时，保险人按照保险金额与保险标的实际价值的比例承担赔偿责任。财产保险多采用不定值保险。

在不定值保险中，被保险人只有按照保险标的实际价值足额投保才能获得足额保障，不足额保险则只能按照保障程度获得赔偿。

3. 按保险风险内容不同进行的分类

按照保险风险具体内容不同进行分类，财产保险包括火灾保险、洪水保险、地震保险、产品责任保险等。如果保险合同只对某一种风险造成的损失承担保险责任，我们称之为单一风险财产保险；如果保险合同对多种风险造成的损失承担保险责任，我们称之为综合风险财产保险，如我国企业财产保险的保险责任就包括火灾、爆炸、冰雹、雷击、洪水等多种风险造成的损失。

4. 按照实施方式不同的分类

财产保险按照实施方式不同可以分为强制保险和自愿保险。

自愿保险是保险人和投保人在自愿原则基础上，通过签订保险合同而建立保险关系的保险。如家庭财产、企业财产、保险车辆损失保险等。

强制保险又称法定保险，是依照国家的有关法律、行政法规而建立保险关系的一种保险。它是通过法律规定强制实行的，如机动车辆道路交通事故责任强制保险等。

在财产保险中，强制保险和自愿保险的区别主要有：第一，范围和约束力不同。强制保险具有强制性和全面性，凡在法律规定范围内的保险对象，不论被保险人是否愿意，都必须投保；自愿保险则完全是由投保人根据自己的意愿自由选择是否投保，以及投保何种保险、保险金额高低、期限长短等，除另有规定外，被保险人还可以中途退保。而保险人可以根据情况决定是否承保。第二，保险费和保险金额的规定标准不同，强制保险的保险费和保险金额一般按国家规定的统一标准确定，自愿保险则由投保人自行选择确定。第三，在支付保险费和赔款的时间上强制保险都有一定的限制，自愿保险仅在赔款方面有一定的限制。

5. 按经营目标不同而进行的分类

按经营目标的不同，可以将财产保险分为营利性财产保险和非营利性财产保险。

营利性财产保险即为商业财产保险，是以盈利为主要经营目的的财产保险；商业保险公司经营的保险业务均属于营利性财产保险业务。非营利性财产保险是不以盈利为主要经营目的的财产保险业务，如中国出口信用保险公司经营的业务即为非营利性的业务。出口信用保险在鼓励出口方面发挥着较大的作用，得到了政府的支持。值得注意的是，非营利性财产保险业务不以营利为目的，但不等于不要利润或结余。非营利性财产保险按照经营主体与实施方式不同主要包括政策性保险、相互保险、合作保险。

（1）政策性保险。政策性保险是政府为了实施某项经济政策而实施的一种非营利性的自愿保险。如出口信用保险，农业保险等。开办出口信用保险的主要目的是为了鼓励出口，而农业保险的目的在于扶持农业的发展。

（2）相互保险和合作保险。相互保险是参加保险的成员之间相互提供保险的制度。其组织形式有相互保险公司和相互保险社。合作保险是指参加保险的人以资金入股的方式积聚保险基金，为入股成员提供经济保障的制度。其组织形式是保险合作社。相互保险和合作保险均为非营利性保险，法律性质相同，均为非营利性的法人；保险人相同，投保人即为社员；决策机关相同，均为社员大会或社员代表大会；权利和义务的归属相同，均为社员。但区别在于：第一，经营资金的来源不同。相互保险的经营资金为基金，而保险合作社的经营资金为基金和股金。第二，适用的法律法规不同。合作保险主要适用保险法及保险合作社的各项规定，相互保险适用公司法及保险法的规定。第三，社员与保险组织关系的持续性不同，保险合作社的社员与保险合作社之间的关系是永久的，而相互保险的公司与社员之间的关系则随保险关系的终止而解除。第四，保险关系的取得不同。相互保险的保险关系与社员关系基于保险合同而同时取得，而合作保险的保险关系和社员关系则不同，合作保险的保险关系基于保险合同而取得，社员关系是取得保险关系的必要条件，投保的必须是社员，但社员未必投保，而社员关系的建立是基于协议[①]。

6. 根据保险性质不同进行的分类

根据保险性质的不同，财产保险可以分为政策性财产保险和商业财产保险。

政策性财产保险是政府为了实施某项经济政策，运用普通保险技术而开办的保险，简称政策性保险，如出口信用保险、农业保险、海外投资保险等。政策性保险通常由政府运用法律、行政、财政、税收、金融、政策等非市场化的手段来推动业务的发展。商业财产保险是投保人根据财产保险合同的约定，向保险人支付保险费，保险人对于合同约定的保险事故发生所造成的财产损失承担赔偿保险金责任的保险。如机动车辆保险、家庭财产保险、产品责任保险、货物运输保险、工程保险等。

政策性财产保险和商业财产保险的共同点在于：二者均是在自愿的基础上通过签订保险合同建立保险关系。二者保险费率厘定的原理基本相同。但二者的区别在于：

---

① 王绪瑾：《财产保险》，北京大学出版社2011年版。

赔偿责任。

2. 安装工程保险

承保各类安装工程项目由于自然灾害和意外事故对于各项安装工程标的所造成的损失以及由于工程项目本身对于第三者所造成的财产和人身损害应由被保险人承担的经济赔偿责任。

3. 机器损坏保险

承保机械因设计制造或安装错误，工人或技术人员的操作错误，以及各种机械、技术的事故所产生的损失。

4. 船舶建造保险

承保从原材料运至建造工地直到船舶下水的全过程中，由于自然灾害、意外事故、设备故障、设计错误、潜在缺陷、清除残骸等原因对于船舶建造工程所造成的损失以及有关的费用，包括被保险人对第三者应该承担的经济赔偿责任。

5. 海上钻井平台保险

承保海上石油开采过程中，由于自然灾害、意外事故、设备故障、设计错误、潜在缺陷、清除残骸等原因对于钻井设备及钻井工程所造成的损失以及有关的费用，包括被保险人对第三者应该承担的经济赔偿责任。

6. 航天保险

承保商业卫星发射过程中由于自然灾害和意外事件对于卫星、发射器、发射场设施、卫星在轨寿命和被保险人对第三者应该承担的经济赔偿责任。

(四) 农业保险

农业保险是以各种通过种植或养殖方式生产的农业产品由于自然灾害和意外事故所造成的损失为保险责任的保险。

1. 农作物保险

承保处于生长过程中的各类农作物由于各种自然灾害和意外事故所造成的损失。按保险标的，农作物保险又分为粮食作物保险和经济作物保险。

2. 林木保险

林木保险以具有经济价值的天然原始林和各类人工林为保险标的，对其在生长过程中因约定的人力不可抗拒的自然灾害和意外事故所造成的经济损失，由保险人承担赔偿责任的保险。林木保险包括森林保险和果树保险。

3. 家畜、家禽保险

承保各种家畜和家禽在生长或成熟过程中由于各种自然灾害事故或疾病所造成的损失。

4. 水产养殖保险

水产养殖保险是以利用淡水水域和海水水域进行养殖的鱼、虾、蟹、贝、藻类及其他水生经济动植物为保险标的的保险，对水产养殖过程中因自然灾害和意外事故造成的水产品的死亡或流失承担经济补偿责任的保险。

（五）责任保险

责任保险是指承保被保险人根据民事损害赔偿责任对于第三者的财产损失或人身伤害应承担的经济赔偿及有关的费用。

1. 公众责任保险或第三者责任保险

承保被保险人对第三者的人身伤害或财产损失，依法应承担的经济赔偿责任。

2. 产品责任保险

承保因制造商选变或销售商寓所生产或销售的产品存在缺陷致使用户遭受人身伤害或财产损失依法应承担的赔偿责任。

3. 雇主责任保险

承保雇主根据法律或雇用合同对雇员人身伤亡等的赔偿责任。

4. 职业责任保险

承保各种专业、技术人员因工作上疏忽过失造成他人的人身份害或财产损失的经济赔偿责任。

（六）保证业务、信用保险

1. 保证业务

保证业务是根据被保证人的要求，由保险人担保由于被保证人自身违约或被保证人无力履行对于权利人的承诺时，而使权利人遭受的经济损失。

2. 信用保险

根据权利人的要求，承保由于被保证人违约而使权利人遭受的经济损失。

三、财产保险商品的设计原则与方法

财产保险商品的不断演变，常称为财产保险形变。狭义的财产保险形变是对原有险种进行修改完善、增删等，以新的险种满足客户需要，变化较小；广义的财产保险形变是指设计、构造出满足客户需要的新险种，是产品的更新换代。为适应保险市场营销的要求，满足客户需要，提高保险公司竞争力，财产保险商品需要不断更新换代。财产保险经历了从保障型产品逐渐到将保障与投资功能融于一体产品的过程，但目前绝大部分国家和地区的财产保险产品主要是保障型产品，少数储蓄意识较强的国家或地区的财产保险产品则强调财产保险产品的保障与投资一体化功能，这是由当地的习惯和资本市场情况决定的。财产保险的形变，主要指新险种的设计推出，必须满足合法、无争议、销量大并有一定盈利的目标。

(一) 财产保险商品的设计原则

进行财产保险商品的设计，必须遵循经济原则，技术原则和社会原则。所谓经济原则，就是要强调经济核算，在强调财产保险补偿功能的同时，使保险产品获得较大的经济效益。这是保险合同设计的基本原则。所谓技术原则，就是保险条款要缜密和保险费率要科学，保证业务经营的财务稳定性。所谓社会原则，就是保险产品的命名和内容务必合法，同时不得与公序良俗相悖，要有利于社会发展。

(二) 财产保险商品的命名方法

财产保险商品的命名方法分为直观命名和寓意命名。

1. 直观命名

直观命名是直接表明财产保险商品的保险对象和保险保障的具体内容。这种命名方法又分为基本命名和复合命名。基本命名是根据某种财产保险业务的一个基本特征进行的命名，有根据某种风险发生范围进行命名的，如海上保险；有根据某种风险事故的内容进行命名的，如火灾保险；有根据保险标的的名称进行命名的，如飞机保险；有根据人们的社会行为进行命名的，如公众责任保险。复合命名是将两种以上的基本命名形式组合起来，更加清晰地表明某项财产保险业务重要特征的命名方法，如海上货物运输保险等。

2. 寓意命名

寓意命名是通过使用表示美好、祝愿、吉祥等人们乐于接受的文字表明保险业务的基本内容的命名方法，如幸福之家（家庭财产保险）、一路平安保险（机动车辆保险）等。

第四节 财产保险的产生与发展

一、古代财产保险思想和形态

原始的财产保险思想可以追溯到公元前十八世纪，著名的古巴比伦的《汉穆拉比法典》中有类似运输保险和火灾保险的规定。巴比伦国王命令僧侣、官员和村长等对所辖的居民征税以筹集火灾救济基金。

大约在公元前1792年巴比伦第六代国王汉谟拉比在位期间，为弥补对外贸易运输队中骡马和货物损失，就曾出现过共同分摊损失规定，即如果运输队中某个人的马匹死亡，由运输队全体给予补偿。公元前一千年间，以色列国王所罗门曾对从事海外贸易的本国商人征收税金，用以补偿遭遇海难者所受的损失。这两种做法可以看作运输保险的原始形式。

在我国，财产保险思想和后备救济制度有悠久的历史。根据《周礼·大司徒》记载，从公元前11世纪的周朝开始，就已有后备仓储的制度，西汉宣帝时创建的"常平仓"、隋文帝五年所推行的"义仓"制度、宋朝和明朝民间的"社仓"制度，均体现了互助共济的原始财产保险思想与做法，可以视为各种财产保险的雏形。

二、海上保险的起源和发展

海上保险是最早出现的一种保险制度。而共同海损和以船舶和货物为抵押的借款制度是海上保险的萌芽或原始形式。

1. 共同海损的分摊原则是海上保险的萌芽

公元前两千多年，地中海一带就有了广泛的海上贸易活动。为避免航海船舶遭受倾覆的危险损失，最有效的救济方法就是抛弃船上的货物，以减轻船舶的载重，使船舶尽快驶离危险区。为了使抛弃的货物能从其他有关受益方获得补偿，当时的航海商人逐步形成了一条共同遵循的原则："一人为众，众人为一"。该原则在公元前916年被《罗地安海商法》所采用，并正式规定为："凡因减轻船舶载重投弃入海的货物，如为全体利益而损失的，须由全体来分摊"，这就是著名的"共同海损分摊原则"。这一分摊原则至今仍为各国海商法所采用。这种共同分摊风险的制度被视为海上保险的萌芽。

2. 船舶或货物抵押借款是海上保险的初级形式

公元前800至公元前700年间，船舶抵押借款已在地中海的一些城市，特别是在希腊的雅典广泛流行。船舶抵押借款是以船舶作为抵押预先支付借款，若该船在到达预定目的地前灭失，则无须偿还借款，此时借款等于预先支付了的赔款；如果船安全到达，就要偿还全部借款并支付高额利息。罗马法律允许对船舶抵押借款的利率高于一般借款的一倍，主要是因为船舶在海上航行，遭到灭失的风险很大，提高利率是为补偿放款人可能遭受的本息损失。显然，增加部分的利息实质上带有保险费的性质。除了收取较高利息外，还有一些其他的附加规定，如船舶航行不得无故延迟、绕航以及在到达目的港卸货前必须清还借款等等，这些都和现代的保险人所要求被保险人的内容近似。[①]

船长有时也以船舶所载货物作为抵押物进行借款，就是货物抵押借款，其办法和船舶抵押借款相同。

可见，船舶（或货物）抵押借款是海上保险的初级形式。

[①] 魏润泉、李继熊、应向民：《海上保险》，中国金融出版社1987年版。

3. 现代海上保险的发展

（1）意大利是现代海上保险的发源地。在 14 世纪中期，经济繁荣的意大利北部出现了类似现代形式的海上保险。意大利的伦巴第商人在 1250 年左右开始经营海上保险。起初海上保险是由口头缔约，后来出现了书面合同。现今世界上发现最古老的保险单是一个名叫乔治勒克维伦的热那亚商人在 1347 年 10 月 23 日出立的一张承保从热那亚到马乔卡的船舶保险单，这张保险单现在仍保存在热那亚国立博物馆中。

（2）英国海上保险的发展。在美洲新大陆发现之后，世界贸易中心从地中海区域转移到大西洋沿岸。处于大西洋沿岸的英国对外贸易得到迅速发展，保险的中心逐渐转移到英国。1568 年 12 月 22 日，经伦敦市市长批准开设了第一家皇家交易所，为海上保险提供了交易场所。从 1564 年英国商人获得国王特许，开始组织贸易公司垄断经营海外业务，从此，对外贸易及海上保险开始由英国商人自己经营，海上保险的一些法律和制度也相继制定与建立。

1720 年英国国王批准"皇家交易所"及"伦敦"两家保险公司享有经营海上保险的专利，其他公司或合伙组织均不得经营海上保险业务。

1871 年劳合社向政府申请注册，经议会通过法案正式成为一个法人——社团组织，但只限于经营海上保险业务，1911 年获得批准经营海上保险以外的任何种类的保险。

劳合社不仅在英国保险业发展的历史上占有重要地位，也是目前世界上最大的保险垄断组织之一。劳合社本身不是保险公司，不直接承保业务，而是一个类似于交易所的保险市场。其承保的业务范围包括水险、非水险、航空保险、汽车保险等，其中最有影响的是海上保险业务。

英国海上保险事业的发展，推动了其保险立法的完善。1906 年英国制定了《海上保险法》。长期以来，该法对世界各国的保险立法产生了深远的影响，至今仍被许多国家采纳，成为世界上最具权威的一部海上保险法典。

三、火灾保险的产生与发展

1591 年汉堡（Hamburg）酿酒业一百多人，组织火灾互助协会（Feuerkontrakt）规定：凡是酿酒业的加入者遭遇火灾时可以获得建筑物重建所需要的资金，也可以用建筑物作为担保融通的资金。而后由于当地火灾频繁发生，同性质的协会逐渐增多，1676 年由 46 个协会在汉堡市合并设立了火灾保险局。这就是公营火灾保险的雏形。可见，在德国火灾保险一开始就以公营的形式出现。

现代的火灾保险制度则源于英国。英国的火灾保险从产生伊始就以私营的形式出现。1666 年 9 月 2 日，伦敦皇家面包店因烘炉过热引起大火，当时火灾失去控制，持续了五天之久，伦敦城约 80% 的房屋被毁，财产损失在 1000 万英镑以上。此后，火灾保险开始深入人心。1667 年牙科医生尼古拉斯·巴蓬个人创办了火灾保险社，为住宅及商用房屋承保火险,这是私营火灾保险的雏形。1680年,巴蓬在火灾保险社的基础上,建立了拥有4万英镑的火灾保险公司。保险费是根据房屋的租金和结构计算的,砖石建筑的费率定为2.5%,木屋的费率为5%。这种差别费率的方法被沿用至今,因而巴蓬有"现代火灾保险之父"的称号。

此后英国的火灾保险公司逐渐增多。1710年英国的灭火器专家查尔斯·波文创办了世界上最早的股份制保险公司——伦敦保险人公司,后改名为的"太阳保险公司",其承保范围既包括不动产也包括动产,营业范围遍及全国。太阳保险公司是英国现存的最古老的保险公司之一。

1752年,美国科学家本杰明·富兰克林运用风险分摊原理,在费城创办了房屋火灾保险公司。

四、责任保险的产生与发展

责任保险是随着财产保险的发展而产生的一种新型业务。1804年法国《拿破仑民法典》中开始出现民事损害赔偿责任的规定,从而奠定了责任保险产生的法律基础。伴随着工业革命、工业伤害的发生和民事法律制度的完善,责任保险也于十九世纪中期在英国出现,1855年,英国制定了世界上首部提单法——《1855年英国提单法》,承运人因此面临相关法律责任风险。同年,世界上第一家船舶互保组织在英国成立,承运人责任保险也因此产生。同期英国铁路乘客公司也开办了铁路承运人责任保险。1870年英国工程保险商开始承保机器锅炉险,而且承保因爆炸造成的第三者财产保险损失;1875年,英国沃顿保险公司签发了第一张载有公众责任的保险单,同年还出现了马车第三者责任保险,专门承保因使用马车而引起的赔偿责任。1880年,英国颁布《雇主责任法》,当年即有专门的雇主责任保险公司成立,并出具了第一份雇主责任保单,承保雇主在经营过程中因过错致使雇员受到人身伤害或财产损失时应负的法律赔偿责任。1890年,海上事故保险公司就啤酒含砷引起的第三者中毒,对特许售酒商提供保险,这是较早的产品责任保险;1896年英国法律事故保险公司首先推出了汽车第三者责任保险。此外相继产生的其他责任保险险种有:1896年英国北方意外保险公司对药剂师开错处方的过失提供职业损害补偿,开创了职业责任保险的先河;承包人责任保险始于1886年;升降梯责任保险始于1888年;制造业责任保险始于1892年;业主房东住户责任保险始于1894年;契约责任保险始于1900年;运动责任保险始于1915年;会计师责任保险始于1923年;个人责任保险始于1932年;农户及店主责任保险始于1948年。1965年,英国发布的《核装置法》中规定,安装者必须投保最低限额为500万英镑的核责任保险;1970年,英国开始承保因飞机声震等噪声污染而造成的损害赔偿责任,此后,环境责任保险在英国得到了普遍推行。

美国在1898年全面推广汽车第三者责任保险,并使汽车第三者责任保险业务成为责任保险市场的主要业务。责任保险能在许多国家逐步普及，得益于强制保险的实施。1927年，美国马萨诸塞州率先实施《强制汽车责任保险法》，标志着法定强制保险的开端。1928年新西兰实行机动车辆第三者责任强制保险。1930年英国颁布《道路交通法》，强制实施第三者责任强制保险。1955年日本政府颁布《自动车损害赔偿保障法》，作为实施强制保险的法律依据，形成了强制责任保险和自愿保险两大体系相结合的机动车辆保险制度。进入20世纪70年代后，环境保护浪潮席卷了整个西方发达工业国家，一系列环境保护法案纷纷出台，企业主迫切需要将这种大的责任风险转嫁出去，环境责任保险产生并发展起来。1985年，丹麦把环境损害责任保险作为公众责任保险的一部分。1991年，德国将环境损害责任保险定为强制保险。

20世纪70年代，绝大多数责任保险产品均已产生并形成了独立的保险产品体系，责任保险在工业化国家进入了黄金发展时期。在这个时期，各种运输工具的第三者责任保险得到了迅速发展，雇主责任保险成为普及化的责任保险险种，职业责任保险、产品责任保险、公众责任保险进一步完善，逐步形成了自愿保险与强制保险相依存，并且品种齐全的责任保险体系，成为财产保险市场体系的又一大新兴业务支柱。这一时期，美国的各种责任保险业务，保费收入就占了整个非寿险业务收入的45%~50%，欧洲一些国家的责任保险业务收入占整个非寿险业务收入的30%以上。2003年美国责任保险的业务占到全球责任保险业务的62.62%。责任保险已经成为财产保险公司的主要业务种类。

五、信用保证保险的产生与发展

信用保险产生于19世纪中叶的欧美国家，当时称为商业信用保险，主要由一些私营保险公司承保，业务限于国内贸易。第一次世界大战后，信用保险业务得到了发展。1919年，英国首先成立了出口信用担保局，创立了一套完整的信用保险制度，以后各国纷纷仿效，开始了政府介入出口信用保险的时代。1934年，英国、法国、意大利和西班牙的信用保险机构发起成立了"国际信用与投资保险人协会"，简称"伯尔尼协会"，该协会加强了各保险机构之间的信息交流与合作，标志着出口信用保险业务的发展进入了一个新阶段。之后，各国的信用保险业务又屡受动荡冲击，但都逐步稳定下来，并逐步趋于完善。

第二次世界大战后不久，美国于1948年4月根据《对外援助法》制定了《经济合作法案》，开始实施马歇尔计划，并开始实行投资风险保险制度。进入20世纪60年代，许多亚、非、拉国家独立之后，为了维护民族主权，发展本国经济，纷纷颁布法令，采取对外资企业实行国有化、限制外国资本汇出境外等措施，给发达国家的投资者带来了损失。发达国家为了保障本国对外投资者的经济利益，鼓励对外投资，于是创办了投资保险。因此，作为一项独立的新型保险业务，投资保险是在20世纪60年代在欧美国家形成的。此后，投资保险成为海外投资者进行投资活动的前提条件。

保证保险是随着商业信用的发展而产生的，由保险人承担各种信用风险的一项新兴保险业务。它产生于美国，随后西欧、日本等经济发达国家纷纷开办此项业务。最早产生的保证保险是诚实保证保险，出现在18世纪末和19世纪初，最初只是由一些个人商行或银行办理。稍后出现的是合同担保业务，是由个人、贸易商或银行提供的，主要担保从事建筑和公共事业的订约人履行规定的义务，并在订约人破产或无力履行合同时，代为偿还债务。1901年，美国马里兰州的诚实存款公司在英国首次提供合同担保。随后，英国几家公司相继开办此项业务，并逐渐推向了欧洲市场。

六、中国财产保险的发展历程

（一）新中国成立前的财产保险业

1. 外商保险公司垄断时期

中国具有现代意义的财产保险是随着帝国主义的入侵而产生并逐步发展起来的。1805年英国商人达卫森在我国广州开设了第一家外商保险公司——"谏当保安行"，亦译为广州保险公司、广州保险社。这是外商在中国开设最早的保险公司，专门承保与英国商人的贸易有关的货物运输保险。1841年其总公司迁往香港。1835年，英商保险公司在香港设立了"保安保险公司"，并在广州设立了分支机构。其后英国的"太阳保险公司"和"巴勒保险公司"均在上海设立了分支机构。1877年"怡和洋行"在上海设立保险部。继英国之后，美国、法国、德国、瑞士、日本等国的保险公司亦相继来华设立分公司或代理机构，经营保险业务，这一时期，我国财产保险市场完全由外商保险公司垄断，一切条款费率均由外商决定。

2. 民族财产保险业的产生与发展

1865年5月25日，上海华商义和公司保险行成立，这是我国第一家民族保险企业，打破了外国保险公司完全垄断中国保险市场的局面，标志着我国民族财产保险业的初步建立。1875年12月，李鸿章在上海创办我国第一家规模较大的船舶保险公司——保险招商局。1885年保险招商局被改组成为业务独立的仁和保险公司与济和保险公司，1887年两家保险公司合并为仁济和保险公司，成为我国第一家规模较大的船舶和货物运输保险公司，业务范围从海上转向内地，承办各种水险及火灾保险业务。与此同时，清政府先后起草了《大清商律草案》《保险业章程草案》等，标志着保险立法的出现。1907年上海九家华商保险公司组成了华商火险公会，这是中国保险史上第一家财产保险同业公会，主要是为了与洋商的上海火险公会抗衡。19世纪末到20世纪初，我国民族保险业得到了不断发展，上海成为全国保险业的中心。

从1865年到1912年的40多年间成立的保险公司约有35家，其中财产保险公司27

家；1912～1925年成立的保险公司有39家，其中经营产险的公司有20家。

1935年至1943年，国民党政府相继成立了"中央信托局保险部""中国农业保险公司""太平洋保险公司"和"资源委员会保险事务所"。后为调和利益冲突，由"中国保险公司""中央信托局保险部""中国农业保险公司"和"太平洋保险公司"四家联合组成"四联盐运保险管理委员会"，办理盐运保险。

抗日战争胜利后，各官僚资本与民族资本的保险公司相继将总公司从重庆迁回上海，外商保险公司也相继在上海复业，上海又恢复成保险市场的中心，当时上海有保险公司238家之多，其中华资保险公司168家，恢复经营的外资公司64家。

当时外商的承保能力火险为华商的10倍，水险为华商的50倍、60倍。据统计，到1949年5月，上海约有中外保险公司400家，其中华商保险公司只有129家。[①]

与此同时，再保险业务得到了一定发展。1933年6月在上海成立了唯一经营再保险业务的"华商联合保险股份有限公司"，这也是第一家由华商组成的再保险公司，抗战期间由于与外商的分保关系中断，民族保险公司先后成立了久联、太平、大上海、中保、华商联合等分保集团。抗战胜利后，民族再保险业务主要由"中央信托局""中国再保险公司""华商联合保险公司"经营，但总的来说，再保险基本上由外商垄断，民族保险公司的再保险公司自留额很低，保费大量外流。

这一时期，涉及财产保险的法律也得到了一定发展。1929年12月30日国民党政府公布了《保险法》，但由于多种原因，未能施行。1937年1月11日国民党政府公布了修订后的《保险法》《保险业法》《保险业法施行法》，但均未得到实施。

新中国成立前的中国保险市场基本被外国保险公司垄断，未形成完整的保险市场体系和保险监管体系。外国保险公司通过组织洋商保险同业公会，垄断了保险规章、条款以及费率的制定，民族资本的保险公司虽然也组织了华商同业公会，但由于力量弱小，只能处于被支配地位。[②]

（二）新中国成立后的财产保险业

新中国成立后，我国首先从整顿和改造旧中国的保险业和保险市场开始，接管了官僚资本的保险公司，并批准一部分私营保险公司复业，当时登记复业的有104家，其中华商保险公司43家，外商保险公司41家。1949年6月20日，中国保险公司恢复营业，统一办理对外分保。经中央人民政府批准，1949年10月20日成立了中国人民保险公司，这是中华人民共和国成立后设立的第一家全国性国有保险公司，经营财产保险、人身保险和再保险业务，至1952年底已在全国设立了1300多个分支机构。1952年，中国人民保险公司从由中国人民银行领导改为由财政部领导。至此，全国设有保险机构600个，保险职工近5万人。实践证明，保险在我国国民经济恢复时期发挥了重

---

① 陈继儒、李继熊：《保险概论》，中央广播电视大学出版社1987年版。
② 王绪瑾：《财产保险》，北京大学出版社2011年版。

要的经济保障作用,是国民经济中不可缺少的部门。1949~1958年的十年中,保险公司共收保费16亿元,支付赔款8.8亿元,拨付防灾费用2000多万元,上交国库5亿元,保险公司积累公积金4亿元。[①] 保险在国家的经济建设中发挥了重大作用。

随着计划经济体制的建立,国有企业由财政统收统支,盈利上缴财政,亏损由财政补贴,因此认为保险没有存在的必要。1958年12月,在武汉召开的全国财政会议正式做出"立即停办国内保险业务的决定",自1959年5月起,除上海、哈尔滨等几个城市继续维持了一段时间外,其他城市全部停办了国内保险业务,保险公司转为专营涉外保险业务。1969年相继停办远洋运输保险、再保险业务,只是象征性地保留了出口货运保险业务。直至1979年才开始恢复国内保险业务。

从1979年保险业恢复至今,我国财产保险业发生了巨大变化,主要体现在:

1. **财产保险保费收入与赔款支出快速增长,保障水平不断提升**

我国保险业的恢复发展起始于财产保险业务的复苏。20世纪80年代初,企业财产保险占据了当时财产保险业务保费收入的绝大部分。以1985年为例,当时保费收入排在前两名的是企业财产保险与运输工具保险,分别为10.06亿元人民币及9.10亿元人民币,占当年保费收入的57%。

30多年来,我国财险业务规模迅速扩大,增速常年保持在10%以上。在保障普通民众生活、降低企业经营风险、夯实国民经济基础等方面都发挥着不可替代的风险保障作用。从历史增量来看,1984年我国财产保险保费收入只有18.07亿元人民币,二十年后的2004年财险保费收入首次突破1000亿元人民币,达1089亿元,2008年突破2000亿元人民币,达2336.71亿元。2006年《交强险条例》出台以及汽车市场的高速发展,财险业务迎来井喷式发展。2008年后我国财产保险保费收入规模几乎一年上一个千亿台阶,2010年突破3000亿元人民币,达3895.64亿元,2011年突破4000亿元,达4617.82亿元,2012年突破5000亿元,达5330.93亿元,2013年突破6000亿元人民币,达6212.26亿元,2014年突破7000亿元人民币,达7203.38亿元,2016年进一步突破8000亿元,达8724.50亿元(参见图1-1:1984~2016年我国财险保费收入图)。[②]

随着我国财产保险保费规模的不断扩大,我国财产保险的赔付支出也呈现出快速增长的趋势。1984年我国财产保险赔款支出仅为4.39亿元人民币,2016年这一数字已经超过4000亿元人民币,达到4726.18亿元,翻了1077倍。从赔付率看,我国财产保险赔款支出总体保持稳定,基本维持在50%~60%之间。但由于作为财产保险第一大险种的汽车保险赔付率居高不下,我国财险赔付率也一直在高位运行。以2016年为例,我国财险赔付率为54.2%,超过人身险赔付率的2倍。2016年我国人身保险的赔

---

① 潘履孚:《保险学概论》,中国经济出版社1995年版。
② 崔巍、康家语:《30年财险业保费收入与赔付支出数据》,载《中国保险报》2017年8月2日。

付支出为 5786.71 亿人民币，赔付率为 26%（参见图 1-2 与图 1-3、表 1-1[①]）经过 40 年的发展，财产保险已发展成为我国社会经济可持续发展不可或缺的风险保障手段。

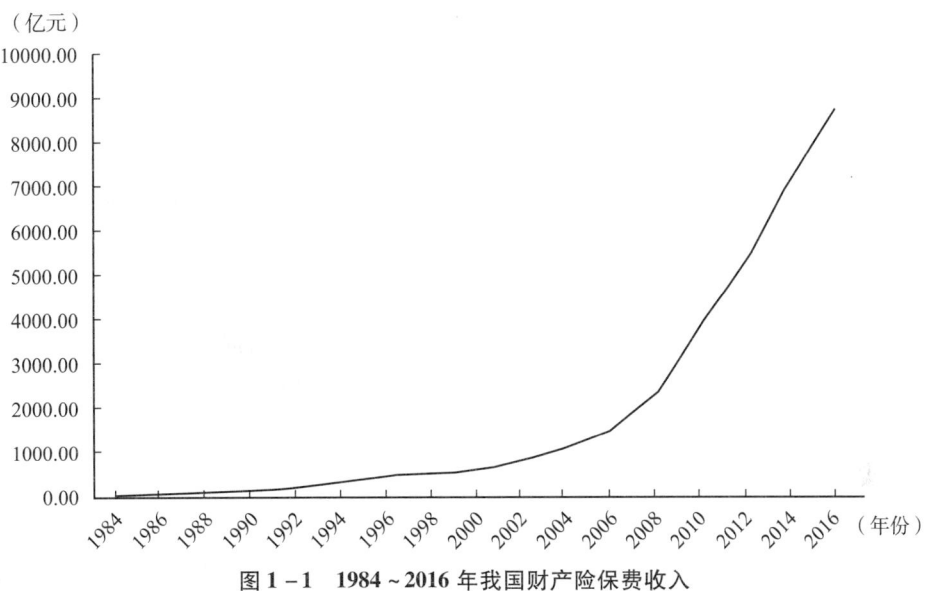

图 1-1 1984~2016 年我国财产险保费收入

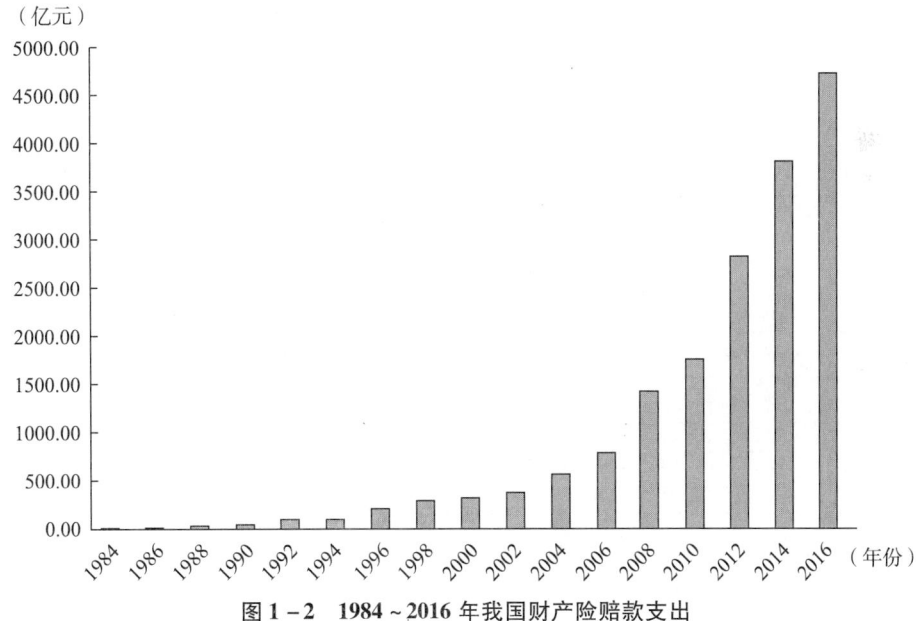

图 1-2 1984~2016 年我国财产险赔款支出

---

① 崔巍、康家语：《30 年财险业保费收入与赔付支出数据》，载《中国保险报》2017 年 8 月 2 日。

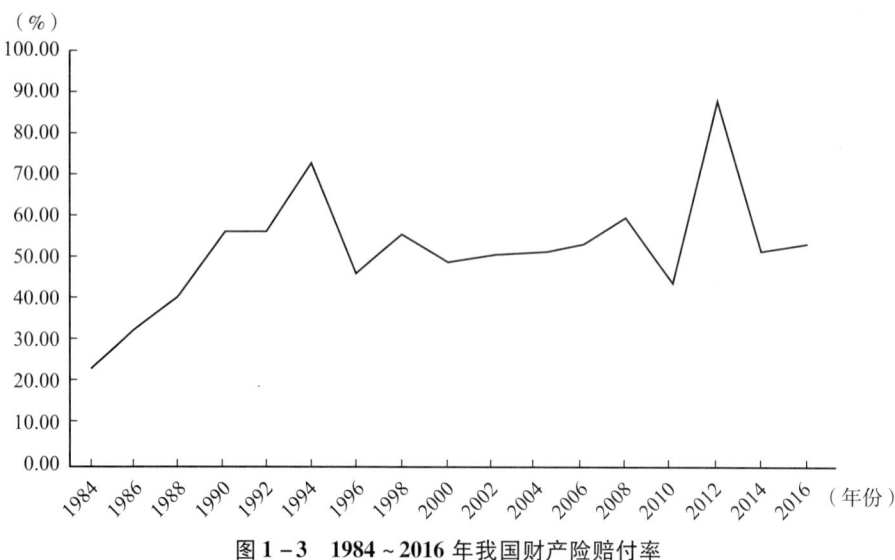

图1-3　1984~2016年我国财产险赔付率

表1-1　　　　　　　1984~2016年我国财产保险保费赔款统计表

年份	财险保费收入（亿元人民币）	财险赔付支出（亿元人民币）	财险保费增长率（%）	财险赔付率（%）
1984	18.07	4.39	—	24.3
1985	28.47	13.95	57.6	49.0
1986	39.90	13.65	40.2	34.2
1987	44.83	26.41	12.3	58.9
1988	78.37	32.40	74.8	41.3
1989	88.50	41.52	12.9	46.9
1990	93.72	53.70	5.9	57.3
1991	142.01	84.33	51.5	59.4
1992	179.83	102.76	26.6	57.1
1993	268.45	132.12	49.3	49.2
1994	286.11	211.69	6.6	74.0
1995	347.83	205.59	21.6	59.1
1996	452.47	211.98	30.1	46.9
1997	480.73	276.00	6.2	57.4
1998	507.77	287.90	5.6	56.7
1999	559.44	280.24	10.2	50.1
2000	610.12	305.90	9.1	50.1
2001	688.24	331.08	12.8	48.1

续表

年份	财险保费收入（亿元人民币）	财险赔付支出（亿元人民币）	财险保费增长率（%）	财险赔付率（%）
2002	779.51	402.81	13.3	51.7
2003	869.40	476.00	11.5	54.8
2004	1089.90	567.52	25.4	52.1
2005	1231.91	692.32	13.0	56.2
2006	1510.04	816.61	22.6	54.1
2007	1997.77	1023.51	32.3	51.2
2008	2336.71	1418.33	17.0	60.7
2009	2875.83	1575.78	23.1	54.8
2010	3895.64	1756.03	35.5	45.1
2011	4617.82	2186.93	18.5	47.4
2012	5330.93	2816.33	15.4	88.5
2013	6212.26	3439.10	16.5	55.4
2014	7203.38	3788.21	16.0	52.6
2015	7994.97	4197.17	11.0	52.5
2016	8724.50	4726.18	9.1	54.2

资料来源：崔巍、康家语：《30年财险业保费收入与赔付支出数据》，中国保险报2017年8月2日。

2. 财产保险市场体系不断完善

1980年1月1日中国人民保险公司恢复办理国内财产保险业务，中断20余年的中国商业保险业务开始恢复运营。1985年全国仅有一家保险公司——中国人民保险公司；1986年新疆生产建设兵团组建的新疆兵团保险公司成立；1988年中国平安保险公司在深圳蛇口成立，这是中国第一家股份制保险企业；1992年深圳平安保险公司由区域性的保险公司改为中国平安保险公司；1991年4月中国太平洋保险公司成立；1992年区域性的天安财产保险公司和大众财产保险公司成立，中国保险市场多元化竞争的格局开始形成。1993年美国国际集团（AIG）属下的美亚保险公司获准在上海浦东设立营业机构，中国财产保险市场在封闭40年后又重新向世界开放。随着1995年10月1日《保险法》的实施，中国保险业开始步入法制化和规范化的轨道。《保险法》规定财产保险与人身保险实行分业经营。中国人民保险公司在1996年5月改组为中国人民保险（集团）公司，分为中保财产保险有限公司、中保人寿保险有限公司、中保再保险有限公司。1996年8月专营财产保险业务的华泰财产保险有限公司、华安财产保险有限公司、永安财产保险有限公司分别在北京、深圳和西安成立。

1998年中国保险监管委员会成立，取代中国人民银行对保险市场的监督和管理的全部职能。1998年3月中国人民保险集团公司宣布解体,分别成立专营财产保险业务的中国人民保险公司、专营人身保险业务的中国人寿保险公司、专营再保险业务的中国再保险有限公司和专营海外业务的香港中国保险集团。

2003年起中国人民保险公司、中国人寿保险公司、中国再保险公司分别进行了股份制改造。2003年,中国人寿保险公司成功改制重组为中国人寿保险(集团)公司,并独家发起成立中国人寿保险股份有限公司、中国人寿资产管理公司,并于2007年成立了中国人寿财产保险股份有限公司。2003年中国再保险公司改为中国再保险(集团)公司,控股设立中国财产再保险股份有限公司、中国人寿再保险股份有限公司和中国大地财产保险股份有限公司。2007年10月中国再保险公司整体改制为中国再保险(集团)股份有限公司。中国人民保险公司设立中国人民财产保险股份有限公司、中国人保资产管理公司,并于2005年成立了中国人民人寿保险股份有限公司和中国人民健康保险股份有限公司。2009年9月,中国人民保险集团公司成功改制为中国人民保险集团股份有限公司,成为大型保险金融集团。

与此同时,一批专业性财产保险公司也相继成立。2001年12月18日,中国出口信用保险公司成立,这是我国第一家国有政策性保险公司,专营出口信用保险业务。2004年9月,我国第一家专业性农业保险公司——安信农业保险股份有限公司在上海成立。2005年1月,我国第一家相互制农业保险公司——阳光农业相互保险公司在黑龙江成立。2004年12月,我国第一家专业汽车保险公司——天平汽车保险股份有限公司成立,总部设在上海。2007年9月29日,我国第一家专业责任保险公司——长安责任保险股份有限公司成立,总部设在北京。2016年,我国第一家信用保险公司阳光信保正式成立,该公司已经建立了房贷保、车贷保等多条业务产品线。此外,还有专业航运保险公司——东海航运保险公司,专业的农业保险公司——国元农业保险公司等。我国财产保险市场体系不断完善。

截至2014年底,全国共有保险法人机构187家,分支机构7.8万家。全国财产保险公司共有67家,其中中资45家、外资22家。保费收入前5家公司市场份额共计74.7%(参见表1-2)。基本形成了综合性、专业性、区域性和集团化保险机构齐头并进,自保、相互、互联网等新型市场主体创新发展,统一开放、协调发展、充满活力的现代保险市场体系。

表1-2　　　　　　　　　　2014年财产保险公司保费收入前十名

排名	公司名称	资本结构	保费(亿元)	市场份额(%)
1	中国人民财产保险股份有限公司	中资	2524.2	33.4
2	中国平安财产保险股份有限公司	中资	1428.6	18.9
3	中国太平洋财产保险股份有限公司	中资	928.4	12.3
4	中国人寿财产保险股份有限公司	中资	404.0	5.4

续表

排名	公司名称	资本结构	保费（亿元）	市场份额（%）
5	中华联合财产保险股份有限公司	中资	348.7	4.6
6	中国大地财产保险股份有限公司	中资	223.6	3.0
7	阳光财产保险股份有限公司	中资	211.7	2.8
8	中国出口信用保险公司	中资	181.2	2.4
9	太平财产保险有限公司	中资	132.7	1.8
10	天安财产保险股份有限公司	中资	111.5	1.5
合计			6494.6	86.1

资料来源：《2015 中国保险市场年报》，中国金融出版社 2015 年版。

3. 财产保险产品结构日趋合理

我国自 1980 年恢复保险业务以来，财产保险的各类业务都得到较大发展。1980~1987 年，各财产保险公司的业务中企业财产保险占有绝对优势，其次是机动车辆保险，家庭财产保险、货物运输保险和农业保险所占比重很小。

1987 年机动车辆保险保费收入首次超过企业财产保险，成为第一大险种。此后车险保费收入逐年增加，2014 年已经达到 73%。企业财产保险在整个财险业务中的占比从 1985 年的 42%，下降到 2005 年的 13%，2014 年为 5.1%。

目前我国财产保险业务涵盖了全部业务类型，包括机动车辆保险、企业财产保险、家庭财产保险、农业保险、责任保险、信用保险、保证保险、工程保险、货物运输保险、船舶保险、特殊风险保险以及意外险与健康险。

但在财产保险业务中机动车辆保险占财产保险业务的比重逐年上升，并且趋于稳定，在财产保险业务结构中呈现一险独大的局面。财险公司以车险为主的业务结构极为不合理，未来应转向多元化业务的发展方向。

随着我国政策性农业保险的全面发展，农险已经成为财产保险业务中第三大险种。以 2014 年为例，财产保险公司实现保费收入 7546.1 亿元，同比增长 16.4%。其中车险保费收入 5515.9 亿元，同比增长 16.8%，非车险保费收入 2030.2 亿元，同比增长 15.3%（见图 1-4）。保费收入排在前 5 位的是车险、企财险、农业险、责任险和信用险，分别为 5515.9 亿元、387.4 亿元、325.8 亿元、253.4 亿元、200.7 亿元，占全部保费收入的 88.6%。

外资财产保险公司业务结构中，车险、企财险、责任险、货运险、农业保险、意外险构成了业务主要来源，上述六个险种占比分别为 56.6%、11.5%、9.1%、7.3%、5.9% 和 4.7%，合计占比 95.1%。

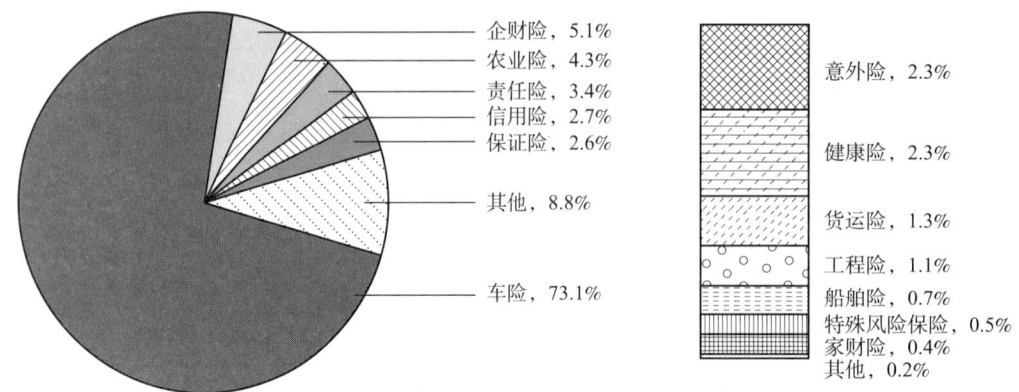

图 1-4　2014 年财产保险公司业务结构

4. 保险法律体系不断完善

《中华人民共和国保险法》1995 年 6 月颁布，至今已经历 2002 年 10 月、2009 年 2 月以及 2015 年 4 月三次修订，保险法不断完善；2001 年国务院颁布了《中华人民共和国外资保险公司管理条例》；2004 年和 2009 年中国保监会颁布了《保险公司管理规定》；2015 年进行了修订。随着《中华人民共和国道路交通安全法实施条例》（2004 年）的颁布实施，2006 年 7 月 1 日《机动车交通事故责任强制保险条例》颁布施行。与此同时，保险监管机关还发布了《保险代理人管理规定》《保险经纪人管理规定》《保险公估人管理规定》《保险机构高级管理人员任职资格规定》《保险公司风险管理指引》《保险公司内部控制制度设计指导原则》《保险公司合规管理指引》等，2012 年 10 月 24 日我国颁布了《农业保险条例》并于 2013 年 3 月 1 日起施行。以《保险法》为核心的保险法律法规和规章体系不断完善。

5. 财产保险保险市场前景广阔

虽然经过近 40 年的发展，我国财产保险的保险深度和保险密度明显提高，但是保险深度、保险密度仍然较低，这说明中国的保险市场仍然有较大的发展潜力。例如，家庭财产保险就是有着较大潜在需求的险种。目前，家财险业务规模小、投保率低，这里既有产品种类单一、无法满足客户多样化的需求的原因，也存在保险公司重视不够，宣传不到位的问题。加快家财险的市场开发，有利于优化财产保险业务结构，为保险公司带来新的业务增长点。

未来随着各种新型经济形态的不断出现，海外投资风险、网络风险、恐怖主义风险、巨灾风险、环境风险等各类财产风险不断升级或涌现，财产保险业在满足这些不断涌现的风险保障需求，推动实体经济健康发展方面，实现自身的转型与升级和多元化发展仍然有很长的路要走。这些无疑都对我国财产保险业提出了更高的要求，财产保险业只有不断地创新理念、创新制度、创新产品、创新科技才能满足不断出现的风险保障需求。推动自身多元化发展，促进与其他行业深度融合，追踪科技前沿发展是我国财险业务未来需要关注与努力的主要方向。风险保障需求带来的是不断产生的发展可能，立足于创新发展，我国财产保险业未来发展前景十分广阔。

本章小结

　　财产保险是以各种物质财产及与其相关的利益作为保险标的的保险。根据业务经营的范围，财产保险又分为狭义财产保险与广义财产保险。狭义财产保险仅指财产损失保险；广义财产保险包括财产损失保险、责任保险、信用保证保险。广义财产保险包括了狭义财产保险。而本书研究的正是广义的财产保险内容。根据财产保险承保的标的，财产保险又分为有形财产保险和无形财产保险两种。

　　与人身保险相比，财产保险主要有以下特征：承保范围具有广泛性；财产保险具有损失补偿性质；财产保险的保险金额根据保险价值确定；财产保险纯费率依据各种风险的损失概率厘定；财产保险的经营具有技术复杂性；承保过程复杂；风险管理也更为复杂。

　　财产保险的基本职能是经济补偿。在经济补偿功能的基础之上，财产保险还具有资金融通功能、社会管理职能、防灾防损职能。

　　财产保险的作用可以从宏观和微观两个方面考察。财产保险的宏观作用包括：保障国民经济持续稳定的发展；推动科学技术的推广应用；保障社会生活秩序的正常与稳定；促进国际贸易，增加外汇收入。财产保险的微观作用表现在以下几个方面：有助于企业及时恢复经营、稳定收入；有利于企业加强经济核算；促进企业加强风险管理；有利于安定人民生活；有利于提高企业和个人信用；有利于民事赔偿责任的履行。

　　财产保险有多种分类方法：按保险标的的内容进行分类，可以将财产保险分为物质财产保险、经济利益保险和责任保险；按照保险价值的确定方式不同，可以将财产保险分为定值保险和不定值保险；按照保险风险具体内容不同进行分类，财产保险包括火灾保险、洪水保险、地震保险、产品责任保险等。按照实施方式不同可以分为强制保险和自愿保险。按经营目标的不同，可以将财产保险分为营利性财产保险和非营利性财产保险。根据保险性质的不同，财产保险可以分为政策性财产保险和商业财产保险。

　　财产保险业务的种类包括：火灾保险，运输保险，工程保险，农业保险，责任保险，保证业务与信用保险。

　　设计财产保险商品，必须遵循经济原则，技术原则和社会原则。财产保险商品的命名方法分为直观命名和寓意命名。

　　财产保险起源于海上保险，此后逐步经历了火灾保险的产生与发展、责任保险的产生与发展、信用保证保险的产生与发展。财产保险从承保单一的火灾保险扩大到各种自然灾害和意外事件，保险标的也从单纯的物质财产扩大到与物质财产相关的利益责任。

中国保险起步晚，发展过程曲折。我国保险业真正的发展当从1979年保险业恢复开始，至今财产保险业发生了巨大变化。经过近40年的发展，财产保险市场体系不断完善，财产保险产品结构日趋合理，保险法律体系不断完善，保障水平不断提升，财产保险市场前景广阔。

复习思考题

1. 按照保险标的可以将财产保险划分为哪些类型？
2. 试述财产保险区别于人身保险的特征。
3. 比较定值保险与不定值保险。
4. 财产保险有哪些职能？

第二章

财产保险合同

第一节 财产保险合同的形式

一、投保单

投保单,也称要保书、投保申请,是投保人要求获得保险保障的申请书,投保单实际上是投保人保险要约的书面形式,也是保险人审核并决定是否接受投保申请的书面文件。投保单中主要列明保险双方需要明确的主要合同条件,如投保人姓名、地址、保险标的、标的坐落地点、保险险别、保险价值、保险金额、保险费率等。

投保单必须由投保人亲自填写,并如实回答投保单中所列的各项问题。投保单是保险人赖以承保的依据,如果投保人填写不实,将影响保险合同的效力。投保单是保险合同签发前必不可少的法律程序。投保单有助于投保人了解自己的权利义务,也使保险人履行了介绍保险产品核心内容的职责。

二、暂保单

暂保单也称临时保险单。是在正式保险单尚未签发之前,由保险人或代理人向投保人出具的临时性保险证明文件。暂保单的内容比较简单,只载明与保险人已商定的基本保险条件,如保险标的、被保险人、保险金额及保险费率、承保险种等。暂保单期限较短,通常为30天。在保险单正式出立之前,暂保单具有与正式保险单同等的效力。如果暂保单有效期满,保险人未签发正式保险单,暂保单失效。在暂保单有效期内,保险人一经出具正式保险单,暂保单就会自动失效。

暂保单一般在下列情况下使用:

（1）保险代理人，在招揽到保险业务后，未向保险人办妥保险单手续前，为避免业务外流，可先出具暂保单，以作为保险的证明。

（2）保险公司的分支机构在承揽到超出业务审批权限或危险单位比较特殊的业务后，在未获得上级保险公司或保险总公司批准前，为避免业务外流，先出具暂保单，以作为保险的证明。

（3）保险人和投保人在洽谈或续订保险合同时，双方已就主要保险条件达成协议，但尚有一些条件需要进一步商讨，在未完全谈妥前可先出立暂保单，以作为保险的证明。

（4）保险单是出口贸易结汇的必备文件之一，在尚未出具保险单和保险凭证之前，可先出具暂保单，证明出口货物已经办理保险，作为出口结汇的凭证之一。

三、保险单

保险单简称保单，是保险人和投保人之间订立保险合同的正式书面文件。一般由保险人签发给投保人。保险单应详尽列明保险合同的全部内容，包括以下各项内容：

（1）保险人名称和固定地点；
（2）投保人和被保险人名称和固定地点；
（3）保险标的的名称坐落地点；
（4）保险责任与责任免除；
（5）保险期间与保险责任开始时间；
（6）保险金额与赔偿限额；
（7）保险费以及支付办法；
（8）保险金赔偿或者给付办法；
（9）违约责任和争议处理；
（10）订立合同的年、月、日；
（11）保险人与被保险人的权利义务。

四、保险凭证

保险凭证俗称"小保单"，是保险人签发给被保险人的证明保险合同已经成立并获得某项保险保障的书面文件。其所列项目与保险单完全相同，只是不载明保险条款，实质上是一种简化了的保险单，但却有着与保险单完全相同的作用与效力。一般保险凭证上所列的内容比较简单，不能全面反映保险条件，必须以原始保险单为准。因此在使用保险凭证时，对于保险凭证上尚未列明的内容，则应以同类保险单载明的详细内容为准。如果保险凭证上已经有了保险人的特殊说明，此时这份保险凭证就具有了批单的意义，在与原始保险单的保险条件发生矛盾时，要以保险凭证为准。

保险凭证通常在两种情况下使用：一是在团体保险业务中用于证明被保险人身份，团体保险业务中保险人一般只为被保险人所在的团体出具一张集体保险单，对每个被保险人则只出具保险凭证，证明被保险人已经投保；二是当被保险人从事某项活动必须携带保险单的场合下，为了方便起见，由被保险人自行携带保险凭证，例如汽车第三者责任保险业务中，除签发保险单外，还必须签发保险凭证，以便于运输途中保险事故的处理和有关部门查询之用。类似地，货物运输保险和意外伤害保险中也在广泛使用保险凭证。

除上述功能之外，保险公司还可以利用保险凭证为客户提供附加服务，从而成为保险公司争取客户的具有想象空间的重要经营手段。例如，在普通汽车保险中，可以将保险凭证扩展到除了涉及汽车本身的保险项目外，还可以由保险公司与汽车服务公司、加油站等合作，向被保险人提供汽车维修保养、加油等的优惠服务，为购买保险的汽车提供免费的清洗、检修等服务。具体地说，由保险公司与汽车维修公司或加油站联名出具保险凭证，保险凭证要制作得像银行卡那样精制（以方便携带和信息查询），卡上注明某某保险公司于某某汽车维修公司或加油站联名卡，只要被保险人到联名的维修公司和加油站便可享受比平时更优惠的服务。这不仅为汽车公司或加油站提供了长期稳定的客户资源（因此汽车公司或加油站一定会愿意与保险公司合作），同时被保险人由于购买汽车保险，在享受保险服务的同时也享受到了由此带来的增值服务，保险公司因此也可以赢得客户的信赖，因而会与保险公司保持长期的合同关系。可以说这是一种实现多赢的经营手段。类似的，保险公司还可以与餐饮、旅游服务等商业企业合作，为被保险人提供形式多样的优惠服务。这样，普通的保险凭证就具有了多重服务功能，提高了保险公司的附加值服务，成为保险公司增强市场竞争力的辅助手段。

五、批单

批单又称背书，是保险双方当事人修订或增删保险单内容的证明文件。批单可以更改保险单内容。我国《保险法》第二十条规定："投保人和保险人可以协商变更合同内容。变更保险合同的，应当由保险人在保险单或者其他保险凭证上批注或者附贴批单，或者由投保人和保险人订立变更的书面协议。"

批单通常在两种情况下适用：

（1）对已印刷好的标准保险单所做出的部分修正，这种修正并不改变保险单的基本保险条件，只是缩小或扩大保险责任范围。

（2）在保险合同订立后的有效期内，对某些保险项目进行调整或更改，但要以不改变保险单规定的保险责任和责任免除事项为前提。保险合同订立后的有效期内双方当事人可以通过协议更改和修正保险合同的内容。如果被保险人申请更改保险合同的内容，需经保险人同意后出具批单，方可变更保险合同内容。

实务中批单有以下几类：退费批单，退保批单、变更保险金额批单、变更被保险人批单以及其他批单等。

批单可以采取加批注或加贴批条等多种形式，无论保险合同经过几次批改，最后出具的批单效力大于先前出具的批单，手写的批单优先于打印的或其他形式的批单。批单一经签发，就自动成为保险合同的重要组成部分。经过批改的保险单内容均以批单为准。

批单实际上是在不改变保险单基本条件的前提下，对已经印制好的标准保单所做的部分修正。批单可以作为保险人满足顾客多样化需求的重要手段之一。

第二节 财产保险合同的内容

一、财产保险合同的当事人、关系人和中介人

（一）财产保险合同的当事人

1. 保险人

保险人又称承保人，保险公司，是依法成立的经营保险业务的法人组织，是与投保人订立保险合同，收取保险费，并按照合同约定承担赔偿或者给付保险金责任的保险公司。保险人是保险合同的一方当事人，是经营保险业务的人。大多数国家的法律规定只有法人才能成为保险人，自然人不得从事保险人的业务。我国《保险法》第六条规定："保险业务由依照本法设立的保险公司以及法律、行政法规规定的其他保险组织经营，其他单位和个人不得经营保险业务。"《保险法》第一百八十一条规定：保险公司以外的其他依法设立的保险组织经营的商业保险业务，适用本法。根据《中华人民共和国公司法》和《保险法》的规定，我国保险人的组织形式为：有限责任公司，股份有限公司，其他组织形式。我国《保险法》第九十四条规定："保险公司，除本法另有规定外，适用《中华人民共和国公司法》的规定。"

2. 投保人

投保人亦称要保人，是与保险人订立保险合同，并按照保险合同负有支付保险费义务的人。我国《保险法》对投保人做了明确的定义。自然人和法人都可以成为投保人。根据我《民法通则》规定，投保人首先必须具有相应的权利能力和行为能力，其次投保人应当对保险标的具有保险利益。保险利益是指投保人或被保险人对保险标的

具有的法律上承认的利益。财产保险的保险利益来源于三个方面：一是所有权，包括保管、托管、租赁及使用权益；二是行政隶属或雇佣权益，如雇主对雇员；三是法律上承认或认可的继承、赠予权益。

（二）财产保险合同的关系人

1. 被保险人

被保险人是受保险合同保障，享有保险金请求权的人。被保险人可以是自然人，也可以是法人。当投保人为自己具有的保险利益投保时，投保人与被保险人就是同一人，投保人也就是被保险人；当投保人为具有保险利益的他人财产投保保险时，投保人与被保险人就是两个不同的人。投保人与保险人的区别在于，二者在保险合同中的主体位置不同，投保人是保险合同的当事人，是承担支付保险费义务的人；被保险人是保险合同的关系人，是约定的保险事故发生时享有保险金赔偿请求权的人。

2. 受益人

财产保险中的受益人通常是指当保险责任形成时，保险合同所列明的被保险人由于各种法律原因或与保险标的同时灭失不能行使保险金请求权时，有权领取保险金的自然人或法人。受益人或者是由被保险人指定，或者是法律承认的被保险人的合法继承人。

（三）财产保险合同的中介人

财产保险合同的中介人是协助合同当事人办理保险合同有关事项的人。由于保险业务具有较强的专业性和技术性，因此需要借助有关专门技术人员来协助办理有关业务。这样既可拓展业务，也可保障其合法权益。保险合同的中介人包括：保险代理人、保险经纪人与保险公估人。

1. 保险代理人

保险代理人（Insurance Agent）是根据保险代理合同或授权书，代表保险人招揽业务并签发保单的人。我国《保险法》第一百一十七条规定："保险代理人是根据保险人的委托，向保险人收取佣金，并在保险人授权的范围内代为办理保险业务的机构或者个人。"我国保险代理人分为保险代理机构和个人保险代理人，而保险代理机构分为专门从事保险代理业务的保险专业代理机构和兼营保险代理业务的保险兼业代理机构。我国《保险法》第一百二十七条规定："保险代理人根据保险人的授权代为办理保险业务的行为，由保险人承担责任。保险代理人没有代理权、超越代理权或者代理权终止后以保险人的名义订立合同，使投保人有理由相信其有代理权的，该代理行为有效。保险人可以依法追究越权的保险代理人的责任。"这说明保险代理人是代表保险人办理业务，代理人在代理权限范围内的一切行为后果均由保险人负责。对保险代理人超越代理权的行为后果，保险人也要承担民事责任，这是为了保障善意投保人的利益。

在财产保险业务中,保险代理人的业务范围主要是代理保险人展业、承保、理赔以及追偿。

截至2014年末,全国共有保险专业中介机构2546家,其中,保险专业代理机构1764家,占中介机构总数的69.3%。保险兼业代理机构网点210108个。

截至2014年末,保险代理机构实现保费收入967.9亿元,占2014年全国总保费收入的4.8%,其中财产险保费收入893亿元。佣金收入184.8亿元,其中财产险佣金收入156.6亿元。

2014年,全国保险兼业代理渠道实现保费收入7008.9亿元,占2014年全国总保费收入的34.6%,其中财产险保费收入1898.6亿元。全国保险个人代理渠道实现保费收入7662.9亿元,占2014年全国总保费收入的37.9%,其中财产险保费收入1488.4亿元。[①]

2. 保险经纪人

保险经纪人是投保人的代表,为投保人与保险人订立合同提供中介服务。我国《保险法》第一百一十八条规定:"保险经纪人是基于投保人的利益,为投保人与保险人订立保险合同提供中介服务,并依法收取佣金的机构。"这说明,在我国保险经纪人限于依法成立的法人机构。保险经纪人的佣金由保险人在收取的保险费中按一定比例支付。《保险经纪机构管理规定》将保险经纪人具体分为直接业务保险经纪人和再保险经纪人。保险经纪机构可以采取的组织形式为:合伙企业,有限责任公司,股份有限公司。

作为投保人的代表,保险经纪人接受投保人或被保险人的委托向保险人办理投保手续、代交保险费,或提出索赔等事宜。针对保险经纪人在执业过程中可能对客户造成的损失,我国《保险法》第一百二十八条规定:"保险经纪人因过错给投保人、被保险人造成损失的,依法承担赔偿责任。"这是保险经纪人区别于保险代理人的一个重要方面。根据《保险经纪机构管理规定》关于保险经纪人业务范围的规定,保险经纪人具有居间、代理、咨询的性质。因此,保险经纪人在财产市场主要是为投保人代理投保、介绍保险人、为投保人或被保险人提供咨询、或代为索赔等服务。

在西方发达的国家保险市场,保险经纪人在财产保险市场具有举足轻重的作用。如在英国,保险经纪人控制了大部分市场,其海外保险业务的90%以上是由经纪人招揽的。财产保险公司借助保险经纪人展业,有利于提高财产保险的承保质量。

截至2014年末,全国共有保险专业经纪机构445家,占中介机构总数的17.5%。保险经纪机构实现保费收入504.5亿元,占2014年全国总保费收入的2.5%,其中财产险保费收入441.7亿元。业务收入94.2亿元,其中财产险业务收入71.9亿元,再保险业务收入1.8亿元,咨询业务收入8.9亿元。[②]

[①][②] 资料来源:《2015中国保险市场年报》中国金融出版社2015年版。

3. 保险公估人

保险公估人又称保险公证人,是接受保险人或被保险人委托,站在第三者的立场依法为保险合同当事人办理保险标的承保时的估价、发生保险事故时的查勘、鉴定损失原因、损失金额估算中介机构。《保险公估机构管理规定》第二条规定:本规定所称保险公估机构只能是机构,保险公估机构的组织形式为合伙企业、有限责任公司或股份有限公司。

保险公估人在财产保险中的辅助作用在于:在保险合同订立时对投保风险进行查勘,在风险事故发生后判定损失的原因及程度,并出具公估报告。公估报告不具备强制性,但却是保险争议处理的权威性依据。被保险人、保险人都有权委托保险公估人办理公估事宜。保险公估人的酬金一般由委托人支付。但在一些国家,保险合同当事人双方为证明和估价所支出的费用,除合同另有约定外,无论哪一方委托,均依法由保险人承担。保险公估人由于工作中的过失给委托人造成损失的,由保险公估人承担赔偿责任。

截至2014年底,全国共有专业保险公估机构337家,占中介机构总数的13.2%。保险公估机构实现业务收入22.6亿元。[①]

二、财产保险合同的对象

财产保险合同的对象,也就是保险标的,是财产保险合同双方当事人权利义务共同指向的对象。财产保险合同的对象包括:有形的物质财产、由物质财产而产生的利益及损害赔偿责任。

财产保险合同实际上保障的是被保险人对保险标的所具有的利益,即保险利益。

三、投保风险、可保风险与保险风险

(一)投保风险

投保风险是投保人要求保险人承保的风险,也是投保人想要转嫁的风险。投保风险没有任何限制条件,凡是可能对投保人的物质财产和经济利益造成损害的风险都属于投保风险的范畴。投保风险只有经保险人选择后才有可能转化为承保风险。

(二)可保风险

可保风险是指保险市场可接受的风险。商业性的保险市场对承保风险是有所选择的。投保风险只有在剔除保险市场不能认同和接受的风险后,才有可能转化为可保风

---

① 《2015中国保险市场年报》中国金融出版社2015年版。

险。在保险市场上，只有符合保险人经营要求的自然灾害和意外事故才能成为可保风险。可保风险必须具备以下条件：

可保风险指具体的保险人可以承保的风险。

（1）可保风险应当具有发生的可能性。保险责任的履行是基于各种风险发生的可能性，如果某种风险根本不可能发生，那么保险人也没有履行自己基本责任的可能，保险也就变得毫无意义了。

（2）可保风险的发生具有偶然性。偶然性是指不论保险人或投保人都必须对保险危险是否发生、何时发生和破坏力多大，具有不可知性。如果在订立合同时已经预知某项保险标的一定要发生某种风险，那么保险合同就不能成立。

（3）同类风险必须是大量的、分散存在的，只有这样的危险才能适用于大数法则的基本原理。

（4）可保风险所造成的保险标的的损失率是可以测定的。可以根据概率统计的原理，核定出可保风险发生的损失率，它是制定保险费率和保险业务经营核算的基础。

（三）保险风险

保险风险是指具体的保险人可以承保的风险。财产保险业务实践中，不同的保险人由于经营技术或专业分工的需要，在承保风险的选择上通常有所区别，并非保险市场上所有保险人都可以承担相同的风险。保险人必须根据自己的经营需要，在可保风险中筛选出自己经营的保险风险。保险市场认可的可保风险转化为具体的保险人所接受的保险风险必须具备以下条件：

1. 保险风险必须是保险人的资金实力和技术手段可以接受的

由于保险人之间的在资金实力和管理技术方面存在差异，接受可保风险的能力也势必存在很大差异。因此，作为保险人必须从实际出发准确定位自身所能接受的保险风险。

2. 保险风险必须是保险人的经营范围可以接受的

由于保险人之间在业务范围和业务经营区域的差异，使得可保风险向保险风险转化存在区别。例如，农业保险作为可保风险是毫无疑问的，但是并非所有财产保险公司都将农业保险纳入自己的经营范围，同时政府也可能对于承保法定保险业务的保险人进行选择，从而形成保险人的经营范围对于保险风险的限制条件。

（四）投保风险、可保风险与保险风险的关系

投保风险是可保风险成立的基础，没有投保风险就不会出现可保风险；而可保风险是保险风险成立的前提，凡是保险市场不予接受或认可的风险均不属于可保风险，这种风险也就不可能成为保险人接受的保险风险。所以，从投保风险、可保风险与保险风险之间的数量关系进行分析，三者之间存在着以下关系：投保风险 ≥ 可保风险 ≥

保险风险。

四、保险责任与责任免除

保险责任是指保险人承担赔偿或给付保险金责任的风险项目，是保险条款的重要构成要素。保险人通常采取列举的方式明确保险人所承担的风险范围，并载于合同中，作为保险事故发生时保险人承担赔偿责任的依据。

责任免除又称除外责任，是保险人依照法律或合同约定的不承担赔偿或给付保险金责任的风险项目，是保险条款的重要构成要素。责任免除条款也采取列举的方式加以规定。

在保险合同中列明保险责任和责任免除的目的在于明确保险人的赔付范围，避免承担无限制的责任。

五、保险价值与保险金额

1. 保险价值

保险价值是保险标的的实际价值。一般按照保险标的投保或者出险时的市场实际价值确定。也可以由投保人与保险人约定并在保险合同中载明。

2. 保险金额

保险金额简称保额，是保险人承担赔偿责任的最高限额。保险金额也是计算保险费的依据。

财产保险的损失补偿原则要求保险金额按照保险标的的实际价值确定。当保险金额等于保险价值时，称为足额保险。足额保险的被保险人在保险标的发生保险事故时可以按照实际损失获得足额赔偿；当保险金额小于保险价值时，称为不足额保险。不足额保险的情况下，当保险标的发生保险责任范围内的损失时，由保险人按照保险金额占保险价值的比例计算赔偿，其中不足额的部分视作被保险人自保。当保险金额大于保险价值时，称为超额保险。我国《保险法》第五十五条规定："保险金额不得超过保险价值。超过保险价值的，超过部分无效，保险人应当退还相应的保险费。"可见，只有准确地对保险标的进行估价，才能合理地确定保险金额，从而使保险标的得到实际的保障。

六、保险费与保险费率

保险费率是单位保险金额的保险费计收标准，是保险费与保险金额的比率。保险费率通常用百分率或者千分率来表示。保险费率由保险人预先拟订并载于合同中。财产保险业务的保险费率水平根据保险标的的种类和性质、危险程度、保险责任范围、保险期限长短以及免赔额的高低等因素来确定。

保险费是投保人为取得保险保障而向保险人支付的价金。保险费等于保险金额与保险费率的乘积。缴纳保险费是投保人应履行的义务，也是保险合同生效的一个基本条件。

七、保险期间和保险责任开始的时间

保险期间又称保险期限，是保险人和投保人约定的保险合同的有效时间界限。它既是计算保险费的依据，又是保险人和被保险人享有权利和承担义务的责任起讫期限。因此保险期限必须在保险合同条款中予以明确。

确定保险期间通常有两种方式：

（1）自然时间界限。是根据保险标的保障的自然时间所确定的保险期限，通常以年为计算单位，如机动车辆保险、家庭财产保险等。

（2）行为时间界限。是根据保险标的保障的运动时间所确定的保险期间，通常以保险标的的运动过程为计算单位，如建筑工程保险、货物运输保险分别以工程时间和航程时间作为保险期间。

八、保险金赔付方法

财产保险合同中需要明确保险金的赔偿标准与赔偿方式。对赔偿处理方式通常有三种选择：一是货币支付，即保险人以支付现金方式赔偿被保险人的经济损失；二是修复方式，即通过对受损保险标的的修复的方式赔偿被保险人损失，通常适用于车辆、船舶和机器设备等保险标的损失；三是置换方式，即以更换受损保险标的的方式赔偿被保险人损失。财产保险实务中，保险人通常以现金方式进行支付，而不以实物进行补偿或者对保险标的恢复原状，但是保险合同当事人另有约定的除外，如重置、修复等方式。保险人有选择赔偿方式的权利。

有些保险合同规定了免赔额（率），即保险人不予承担责任的金额（或比率）。保险人规定免赔额一方面是为了控制风险而要求投保人或被保险人承担一部分损失，另一方面是为了限制保险标的的小额损失引起的索赔。免赔额（率）分为相对免赔额（率）和绝对免赔额（率）两种形式。

相对免赔额（率）是指保险标的的损失只要达到保险单规定的金额或百分率，保险人就不做任何扣除地全部予以赔付。如果保险标的的损失没有达到保单规定的金额或比率，保险人不予赔偿。

绝对免赔额（率）是指保险标的的损失必须超过规定的金额或比率，保险人才对

超过部分负责赔偿。如果保险标的的损失没有超过保单规定的金额或比率，保险人不予赔偿。即对保险标的发生的保险责任范围内的损失，保险人在扣除规定的免赔额或免赔率以后承担赔付责任。

九、违约责任与争议处理

（一）违约责任

违约责任是指财产保险合同双方当事人违反约定或未履行合同应尽义务所应当承担的法律责任。我国《保险法》和保险合同条款对违约责任均有相应的规定。财产保险的投保人或被保险人如果违约，需要承担的违约责任主要有：保险人不承担损失赔偿责任；增加保险费；相应扣减损失补偿金额；解除保险合同；赔偿保险人损失。保险人违约需要承担的责任包括：不得解除保险合同；履行损失补偿责任；赔偿因违约造成的投保人或被保险人损失。

（二）争议处理

争议处理是指保险人与被保险人就保险标的的损失赔偿问题发生争议时采用的处理方式。

1. 财产保险合同的解释原则

合同解释是指当事人对合同条款的意思产生争议时，合同当事人、法院或者仲裁机构按照一定的方法和规则对其作出的确定性判断。我国《合同法》第一百二十五条规定："当事人对合同条款的理解有争议的，应当按照合同所使用的词句、合同的有关条款、合同的目的、交易习惯以及诚实信用原则，确定该条款的真实意思。"财产保险合同既要遵循合同解释的一般原则，同时也要考虑保险的特性。财产保险合同的解释原则主要有：

（1）文义解释原则。文义解释是按保险合同条款所使用文句的通常含义、保险法律法规及保险行业习惯，并结合保险合同整体内容来解释。即财产保险合同中用词应按通用和公认文字含义和语法意义解释，财产保险合同中的专业术语应按该行业通用和公认的文字含义解释，对保险法律术语则按照立法解释、司法解释及行政法解释。

（2）意图解释原则。是指以订立财产保险合同的真实意图来解释合同条款。意图解释只适用于文义不清、用词混乱和含糊的情况。如果文字准确、意义毫不含糊，就应该按照字面意思解释。在实际工作中，应尽量避免使用意图解释，以防止意图解释过程中可能发生的主观性和片面性。

（3）按照有利于非起草人的解释原则。保险合同是格式合同、附和性合同。保险合同条款是保险人出立的，保险人在拟订合同条文时，往往偏重于考虑自身利益，而投保人与被保险人对保单条文则往往在事先未做过细心的研究，只能就接受或不接受保险条款做出取舍，却不能对保险条款进行修改。因此，当遇到保险合同条文含混不清时，从公平合理的角度出发，应按有利于被保险人利益的角度进行解释。按照国际惯例，对于单方面起草的合同进行解释时，应遵循有利于非起草人的原则。我国《保险法》第三十条规定："采用保险人提供的格式条款订立的保险合同，保险人与投保人、被保险人或者受益人对合同条款有争议的，应当按照通常理解予以解释。对合同条款有两种以上解释的，人民法院或者仲裁机构应当作出有利于被保险人和受益人的解释。"但这一解释原则不能随意使用，只有在经过文义解释、意图解释后，合同条款仍然存在含混不清时，才能使用这一原则。保险实践中应防止此项原则的滥用。

（4）尊重保险惯例的原则。保险业务是一种专业性极强的业务。在长期的业务经营活动中，保险业产生了许多专业用语和行业习惯用语，这些用语的含义常常有别于一般的生活用语，并为世界各国保险经营者所接受和承认，成为国际保险市场上的通行用语。为此，在解释保险合同时，对某些条款所用词句，不仅要考虑该词句的一般含义，而且还要考虑其在保险合同中的特殊含义。

2. 财产保险合同争议解决的方式

（1）协商。协商是在争议发生后由当事人双方在平等、互相谅解基础上通过对争议事项的协商，互相做出一定的让步，取得共识，形成双方都可以接受的协议，以消除纠纷，保证合同履行的方法。这种解决争议方式的好处是一方面可以节省仲裁或诉讼的费用；另一方面，争议双方通过平等、友好协商解决纠纷，灵活性也较大，有利于合同继续履行。

（2）调解。调解（Mediation）是在第三人主持下根据自愿、合法原则，在双方当事人明辨是非、分清责任的基础上，促使双方互谅互让，达成和解协议，以便合同得到履行的方法。

根据调解时第三人的身份不同，财产保险合同的调解可分为行政调解、仲裁调解和法院调解。行政调解是由各级保险管理机关主持的调解，从法律效果来看，行政调解不具有法律强制执行的效力。仲裁调解和法院调解一经形成调解协议，即具有法律强制执行的效力，当事人不得再就同一事件提交仲裁或提起诉讼。任何一方当事人不履行仲裁调解协议或法院调解协议，对方当事人都可申请法院强制其执行。我国在处理合同纠纷时，坚持先行调解原则，在调解不成时，仲裁机关可做出裁决或由人民法院作出判决。

（3）仲裁。仲裁是指保险双方当事人通过协商解决争议无效的情况下，提请社会仲裁机构予以仲裁处理。

仲裁具有以下特点：①仲裁以当事人事先约定或事后达成的仲裁协议或仲裁条款为前提，是在自愿的基础上进行的，因此仲裁裁决是终局性的。仲裁裁决与法院判决具有同等效力。经过仲裁机构裁决的案件，当事人不得再向法院提起上诉。②仲裁员是以裁判的身份对争议的事项做出裁决。仲裁员多为精通保险业务的专家，能保证决断的质量，有利于提高结案的效率。③仲裁有利于当事人双方在平和的气氛中解决争议，对争议双方的商业信誉影响较小。

（4）诉讼。诉讼是指保险人和被保险人在通过协商处理争议无效的情况下，又不愿意选择仲裁方式解决争议，可选择通过法律诉讼程序要求法院予以裁决。法院的裁决具有法律强制效力。采取诉讼方式除了要支付较高的诉讼费用，还可能损害双方当事人的商业关系与信誉。

第三节　财产保险合同的订立、变更、中止与终止

一、财产保险合同的订立

保险合同的订立一般经过要约与承诺两个步骤，合同即告成立。要约是保险当事人一方向另一方提出订立合同的意思表示，希望另一方接受；承诺是指当事人一方对他方提出的要约表示接受。财产保险合同投保人提出保险要求，填写投保单即为要约，经保险人签章同意承保，即为承诺，财产保险合同关系即告成立。保险人应当及时向投保人签发保险单或者其他保险凭证。要约可以反复进行，当保险人对投保人提出的合同内容或者补充的条款提出异议时，就保险人发出了新的要约即反要约。要约与反要约是投保人与保险人对标准合同条款以外的内容进行协商的过程。直到合同另一方作出承诺（达成一致），保险合同成立。我国《保险法》第十三条规定："依法成立的保险合同，自成立时生效。投保人和保险人可以对合同的效力约定附条件或者附期限。"从订立保险合同的法律程序上分析，交费与签约是财产保险合同生效的条件。

二、财产保险合同的变更

保险合同变更是指在保险合同有效期间，保险合同主体与内容的改变。财产保险合同的变更通常包括合同主体的变更和合同内容的变更。

（一）财产保险合同主体的变更

财产保险合同主体的变更通常指投保人与被保险人的变更。由于投保人的变更并不影响已经生效的保险合同的法律效力，所以我们主要讨论被保险人变更的情况。

由于财产保险合同主体的变更大都是由保险标的的所有权发生转移而引起的，因此合同主体的变更实际上是合同的转让。财产保险合同关系成立后，如果保险标的所

有权发生转移，就会改变原有的保险合同关系，即被保险人发生改变。为了维护保险人的利益，规定一般财产保险合同的转让必须事先征得保险人的书面同意，方可继续维持保险合同的关系；这就要求被保险人事先将保险标的所有权转移的情况书面通知保险人，经保险人同意并对保单批改后，方可更改被保险人。否则，财产保险合同自保险标的所有权转移、风险增加之时起失效。我国《保险法》第四十九条规定：保险标的转让的，保险标的的受让人承继被保险人的权利和义务。保险标的转让的，被保险人或者受让人应当及时通知保险人，但货物运输保险合同和另有约定的合同除外。被保险人、受让人未履行通知义务的，因转让导致保险标的的危险程度显著增加而发生的保险事故，保险人不承担赔偿保险金的责任。但货物运输保险的保险单可以随着保险标的的转让而自动转移，不需征得保险人同意，只要被保险人背书即可变更被保险人。海上货物运输保险中，货物在整个运输过程中始终在承运人的掌管与控制之下，被保险人的变化并不会引起保险危险的增加，保险人承担的风险责任也就不会发生改变。因此，货物运输保险合同经被保险人背书后就可与代表货物所有权的提单同时转让。

（二）财产保险合同内容的变更

财产保险合同内容的变更是指在主体不变的情况下保险合同中保险标的种类变化、数量的增减、存放地点、保险险别、风险程度、保险责任、保险期限、保险费、保险金额等内容的变更。保险有效期间，投保人和保险人可以协商变更保险合同内容。变更财产保险保险合同内容，应当由保险人在保险单或者其他保险凭证上批注或者附贴批单，或者由投保人和保险人订立变更的书面协议。

三、财产保险合同的中止

保险合同的中止是指保险合同生效后，被保险人违反保险合同的某些条件，根据合同的约定暂时中止保险合同效力的一种方式。如果被保险人在规定的期限内恢复履行保险合同的这些条件后，保险合同继续有效。如果被保险人在规定的期限内没有恢复履行保险合同的这些条件，保险人将根据合同的规定解除双方的保险关系，保险合同的中止也就变成终止。例如投保人支付首期保险费后，超过规定期限未支付当期保险费，保险合同中止；如果投保人在规定的期限恢复交纳保险费，保险合同继续有效。

四、财产保险合同的终止

财产保险合同的终止是财产保险合同成立后因法定的或约定的事由发生，而使保险关系消灭，其效果是财产保险合同的法律效力不复存在。导致财产保险合同终止的原因主要有：

（一）自然终止

自然终止是指财产保险合同规定的保险期限自然届满，保险关系自然消灭；合同生效后承保的风险消失或保险标的因保险事故以外的原因而完全灭失，保险合同终止。

（二）义务履行完毕终止

是指在财产保险合同有效期间，约定的保险事故已经发生，保险人按照合同全部履行了赔偿责任，则保险合同即告终止。

（三）违约终止

（1）投保人、被保险人或者受益人故意或因过失不履行告知义务足以影响保险人决定是否承保或者提高保费承保，保险人有权解除合同。

（2）被保险人或者受益人在未发生保险事故的情况下，谎称发生了保险事故并向保险人提出赔偿或者给付保险金请求的，保险人有权解除合同。

（3）投保人、被保险人或受益人故意制造保险事故，保险人可解除保险合同。

（4）投保人不履行缴纳保险费义务。

（5）被保险人不履行危险增加的通知义务。

（6）在财产保险合同中，投保人、被保险人未按照约定履行其对保险标的的安全应尽的义务的，保险人有权解除合同。

第四节　财产保险合同的基本原则

一、最大诚信原则（The Principle of Utmost Good Faith）

（一）最大诚信原则的含义

诚信原则是民事法律关系的基本原则之一。诚信即诚实守信。民事上的权利行使与义务履行均以诚信原则为依据。在保险法律关系中对当事人的诚信要求比一般民事活动更严格，即保险合同双方当事人必须最大限度地保持诚意，恪守信用。最大诚信原则要求保险合同当事人必须向对方提供有关合同的全部真实情况，不得隐瞒欺诈。订立合同的任何一方，对于实质性的事实如有隐瞒或误报，将使合同无效。

最大诚信原则源于海上保险。在早期的海上保险实践中，保险双方当事人订立合同时，往往远离船舶和货物所在地，保险人不可能对保险标的进行实地查勘，只能根据投保人对保险标的情况的陈述来决定是否予以承保和以怎样的条件承保。在这样的情况下，投保人是否诚实，是保险人关心的重要问题。因为投保人的任何欺诈或隐瞒，都有可能导致保险人判断失误，从而对保险人造成损害。

英国1906年《海上保险法》第十七条对最大诚信做出了规定：海上保险是建立在最大诚信基础上的保险合同，如果一方当事人不遵守最大诚信原则，他方可宣告合同无效。该法第十八条规定：在合同订立前，被保险人应将其所知的重要事实告知保险人。如果被保险人未如实告知，保险人可宣告合同无效。此外，凡能影响谨慎保险人关于确定保险费的事项，或关于确定是否承保之事项，均认为是重要事实。后来这一原则从海上保险扩展到所有保险业务，随着保险业务的不断发展，最大诚信原则成为保险业务实践中双方当事人必须遵守的基本原则。

我国《保险法》第五条规定：保险活动当事人行使权力、履行义务应当遵循诚实信用原则。《保险法》第十六条规定："订立保险合同，保险人就保险标的或者被保险人的有关情况提出询问的，投保人应当如实告知。"该条款还规定："投保人故意或者因重大过失未履行前款规定的如实告知义务，足以影响保险人决定是否同意承保或者提高保险费率的，保险人有权解除合同。""投保人故意不履行如实告知义务的，保险人对于合同解除前发生的保险事故，不承担赔偿或者给付保险金的责任，并不退还保险费。""投保人因重大过失未履行如实告知义务，对保险事故的发生有严重影响的，保险人对于合同解除前发生的保险事故，不承担赔偿或者给付保险金的责任，但应当退还保险费。"

（二）最大诚信原则的本质

最大诚信原则是克服信息不对称的必然选择。对保险人而言，风险的性质及大小直接决定着保险人承担责任的大小。保险标的是在投保人的掌管和控制之下，投保人对保险标的的风险状况最为了解，保险人只能依据投保人的告知来决定是否承保和以什么样的条件承保。对投保人而言，保险经营的专业性和技术性以及复杂程度决定了保险的规则远非投保人所能了解，而保险条款及其费率是由保险人单方拟订的，投保人是否投保完全取决于保险人的告知。可见，保险活动中存在的信息不对称使得保险双方当事人都存在欺诈的可能。也就是说信息不对称会导致道德危险的发生和引起逆选择，从而影响保险业的健康发展。因此，保险双方只有遵守最大诚信原则，善意、诚实地披露信息，进行保险交易，才能克服道德危险和逆向选择，充分发挥保险的经济补偿功能。

（三）最大诚信原则的内容

1. 告知

在财产保险合同中，告知（Disclosure）是财产保险合同一方当事人在签订保险合同以及签订保险合同前，以及合同有效期内就重要事实向另一方所做的口头或书面的陈述。保险合同生效之前的所有告知必须是真实的，由于不真实的告知而签订的保险合同不具有法律效力。

（1）投保人告知。投保人或被保险人必须对重要事实如实申报。所谓重要事实是对保险人决定是否承保以及决定保险费率起作用的情况，包括超出事物正常状态的情况；保险标的的风险程度；保险人所负较大责任的事实；有关投保人或被保险人的资信情况；保险合同有效期内危险增加的事实等。

此外，保险人要求被保险人必须履行通知义务，包括两方面内容：一是危险增加的通知义务，即在保险合同有效期内，保险标的的危险程度增加，被保险人按照保险合同的约定及时通知保险人。保险人有权视危险增加的程度要求增加保险费或解除合同；二是保险事故发生后的通知义务，即投保人或被保险人必须按照保险合同的约定，在保险事故发生后及时通知保险人。"及时"的期限以保险合同相关规定为准。

（2）保险人告知。保险人必须要告知的重要事实是足以影响投保人是否投保以及投保条件的事实，包括承保条件、保险责任与责任免除等。

我国《保险法》第十七条就保险人的告知行为做出了明确规定："订立保险合同，采用保险人提供的格式条款的，保险人向投保人提供的投保单应当附格式条款，保险人应当向投保人说明合同的内容。对保险合同中免除保险人责任的条款，保险人在订立合同时应当在投保单、保险单或者其他保险凭证上作出足以引起投保人注意的提示，并对该条款的内容以书面或者口头形式向投保人作出明确说明；未做提示或者明确说明的，该条款不产生效力。"

2. 保证

保证（Warranty）是投保人或被保险人在保险期间对某种事情的作为或不作为、存在或不存在的允诺。保证是一项从属于主要合同的承诺，违反保证使受害方遭受损失，受害方有权请求赔偿；保险合同的保证是保险合同成立的基本条件，它使受害方有权解除合同。

保证按照形式来分有两种：明示保证和默示保证。明示保证通常以书面形式填写，或以特约条款的形式附加于保单之内，此时被保险人的保证事项已构成保险合同的条件。如果被保险人的保证事项没有明文规定，但习惯上公认的被保险应保证某一事项的作为或不作为，就是默示保证。如海上保险要求船舶必须适航（Seaworthiness）和不改变航道（No deviation），都被视作船东的默示保证，虽在保险合同中没有明文规定，但船方仍应严格遵守。所以默示保证和明示保证一样，对被保险人都具有法律约束力。由此可见，被保险人对其保险事项，无论是明示保证或是默示保证都必须始终严格遵守，如有违背或破坏，保险人可以解除合同。被保险人因违反保证而使合同无效，保险人可以不退还保费。

3. 弃权与禁止反言

弃权是保险合同当事人一方明确表示放弃其在保险合同中可以主张的某项权利；禁止反言是指保险合同一方当事人既然已经放弃在保险合同中可以主张的某种权利，之后便不得再向他方重新主张这种权利。从理论上说，保险合同双方都存在弃权与禁止反言的问题，但在保险实践中，弃权与禁止反言主要是用于约束保险人的。

保险人或保险代理人弃权主要基于两种原因：一是出于疏忽；二是为了扩大业务或保险代理人为取得更多的代理手续费。保险代理人的弃权行为可视为保险人的弃权行为，保险人不得解除保险代理人因代理人弃权而已经承保的不符合保险条件的保单；日后发生保险责任范围内的损失，保险人不得以被保险人破坏保险单的规定为由而拒绝赔偿。例如：某车主将其一辆作为营业用的小轿车到保险公司投保了车辆损失保险和第三者责任险，在投保单上载明了车辆的用途为营业用车，但保险人核保时疏忽，按非营业用车收取了保费，而按营业用车办理了承保手续，并签发了保单。日后发生了保险事故，则保险人不得因该投保人少支付了保险费而拒赔。我国《保险法》第十六条规定："保险人在合同订立时已经知道投保人未如实告知的情况的，保险人不得解除合同；发生保险事故时，保险人应当承担赔偿或者给付保险金的责任。"

（四）违反最大诚信原则的后果

1. 违反告知义务的后果

投保人或被保险人违反告知义务的情况通常有：对重要事实未申报、误报或漏报；故意隐瞒或欺诈。投保人或被保险人违反告知义务将影响保险合同的效力，保险人可以采取以下措施：解除保险合同；不负赔偿责任；对受到损害可以要求投保人或被保险人赔偿；出于多种原因继续维持合同效力或协商变更保险合同。对此，我国《保险法》第十六条、第二十一条做出了明确规定：

（1）投保人故意或者因重大过失未履行如实告知义务，足以影响保险人决定是否同意承保或者提高保险费率的，保险人有权解除合同。前款规定的合同解除权，自保险人知道有解除事由之日起，超过三十日不行使而消灭。自合同成立之日起超过二年的，保险人不得解除合同；发生保险事故的，保险人应当承担赔偿或者给付保险金的责任。投保人、被保险人或者受益人知道保险事故发生后，应当及时通知保险人。故意或者因重大过失未及时通知，致使保险事故的性质、原因、损失程度等难以确定的，保险人对无法确定的部分，不承担赔偿或者给付保险金的责任，但保险人通过其他途径已经及时知道或者应当及时知道保险事故发生的除外。

（2）投保人故意不履行如实告知义务的，保险人对于合同解除前发生的保险事故，不承担赔偿或者给付保险金的责任，并不退还保险费。

（3）投保人因重大过失未履行如实告知义务，对保险事故的发生有严重影响的，保险人对于合同解除前发生的保险事故，不承担赔偿或者给付保险金的责任，但应当退还保险费。

2. 违反保证的后果

保证作为保险合同的一部分，投保人或被保险人必须严格遵守。任何不遵守保证条款或保证约定、不信守合同约定的承诺或担保的行为，均属于违反保证。如果违反或破坏保证条款，保险人有权解除合同；并且不承担赔偿或给付保险金的责任。无论是否故意违反保证义务，对保险合同的影响都是同样的。

二、保险利益原则（The Principle of Insurable Interest）

（一）保险利益原则的内容

保险利益又称可保利益，是指投保人或被保险人因其对保险标的所具有的某种权利和利害关系，从而享有的可以保险的利益。所谓利害关系是指如果保险标的安全，投保人或被保险人就会继续享有原来的利益，如果保险标的因保险事故遭受损失，就会丧失原来拥有的利益。我国《保险法》将保险利益定义为：保险利益是投保人或被保险人对保险标的具有的法律上承认的利益。

可保利益是财产保险合同存在的必要条件，投保人或被保险人必须对某项财产具有法律上承认的权利或者对该财产具有合同性的权利，方可为其投保财产保险，没有这种权利的保险是非法的。

（二）保险利益成立的条件

（1）保险利益必须是合法的利益。被保险人所具有的保险利益必须是合法的利益，法律允许的利益。是客观存在的对于这一财产所具有的某种权利或利害关系。假如保险事故不发生，被保险人可以继续享有原有的利益，如果保险标的遭受保险事故就会发生程度不同的损失，使被保险人的经济生活受到影响，这就是利害关系。

投保人对保险标的所具有的可保利益，必须是法律承认的并可以主张的利益。如果投保人以法律禁止的事项所产生的利益，或者以违反公共道德所产生的利益，那么不管是善意还是恶意，保险合同自动无效。如盗贼以赃物投保火险，货主以违禁品投保水险，都是不合法利益，所以不能成为保险标的。

（2）可保利益必须是确定的利益。其价值能以金钱来计算。无论可保利益是现有利益或是预期利益，必须是可以实现的利益，其价值必须能随时以金钱来计算，对于那些仅凭预测、推断可能会获得的利益或在保险事故发生后无法估价或鉴定的物品，虽然投保人或被保险人对其具有利害关系也不能作为保险标的而列入保险合同。如（会计上的）账簿、借据、纪念品等，虽然对所有人具有相当的利益，但这个利益无法以金钱来计算，所以不能作为保险标的。

(三) 保险利益的来源

可保利益的产生与存在，概括起来有下列三方面的来源：一是所有权；二是据有权；三是根据合同规定产生的利益。

1. 所有权

(1) 所有人，即财产的绝对所有人，不论这一财产是个人所有还是与他人所共有，均具有可保利益。对共有财产，每一所有人的保险利益限于他对财产拥有的份额。

(2) 受托人、受益人。当财产委托给某人保管时，受托人就是法定的所有人；享有别人利益的人叫受益人，他是有效的所有人，这两种人都对财产具有可保利益。如：财产的所有人已死亡，而财产为其法定代表所据有，即由指定的遗嘱执行者（如果是有效的遗嘱所指定）或他的管理人（如果法院指定）代替受益人保管财产，由于财产在保管中，则法定代表和受益人都有可保利益。但是，不允许以将来的事实作为提前得益的条件。例如：父亲立下遗嘱将其财产于死后归其子继承，但在父亲死之前，儿子就不能得益，因而也就没有可保利益。

2. 据有权

(1) 对财产安全负有责任的人。

对财产的安全负有责任的人享有可保利益。事故发生时，对委托者所负法律责任的承担程度，保险人只在负有法律责任的人所负责任限度内赔付。

(2) 对财产享有留置权的人，对该项财产也有可保利益。在债务人的债务未清偿前，债权人依法享有扣留其财产的权利，对该项财产也有可保利益。例如：货物运输中，收货人或提单持有人若不付清运费、空舱费、延滞费等，承运人对该承运货物有留置权，他对该项货物也有可保利益。

3. 根据合同规定产生的利益

(1) 抵押人与抵押权人。对财产享有抵押权的人，对受抵押的财产具有可保利益。在抵押贷款中，抵押人（债务人）要把财产转让给受押人（债权人），作为还款保证。抵押人对抵押的财产有保险利益，因他负有还款的责任，受押人对抵押财产也有可保利益，但只限于他所借出款项的那一部分。由于抵押贷款的合同关系产生了受押人对抵押财产的可保利益。在这种情况下，一般由抵押人和受押人联名投保，或由抵押人投保全部财产，并附贴"赔款支付"条款，说明在债权利益范围内应先赔款给债权人。例如：抵押人以价值100万元的房屋向受押人抵押贷款60万元，如房屋发生全部损失，则保险人应先将60万元赔给受押人，而将剩余的40万元赔给抵押人。

(2) 出租人与承租人。依据租约享有租用权益的房屋承租人，对承租房屋有一定的可保利益。例如：根据租房合同，某人对房屋花10万元取得了10年的租用权，因此他对所租房屋就具有10万元的可保利益。

(四) 保险利益与保险效力

财产保险一般要求从保险合同的签订到保险事故发生都应具有可保利益。如果保险合同在订立时具有保险利益，而当保险事故发生时不具有保险利益，则保险合同无效。按照我国《保险法》第四十九条规定：保险标的转让的，保险标的的受让人承继被保险人的权利和义务。保险标的转让的，被保险人或者受让人应当及时通知保险人。这说明保险利益可以随着保险标的所有权的转移而转移。但在货物运输保险中，保险单或保险凭证可由投保人背书转让，财产的所有权随提单的转移而转换所有人，无须征得保险人的同意，只要求被保险人在索赔时对保险标的具有保险利益。

我国《保险法》明确规定：财产保险的被保险人在保险事故发生时，对保险利益应当具有保险利益。保险事故发生时，被保险人对保险标的不具有保险利益的，不得向保险人请求赔偿保险金。保险利益是保险人经营保险，特别是其承保与理赔环节中必须严格审查的关键问题。因此，投保人或被保险人必须对保险标的具有保险利益是判断保险合同是否有效的一项基本原则。

(五) 保险利益原则的意义

1. 限制保险保障的程度

财产保险中，被保险人对保险标的所具有的保险利益既是确定保险金额的依据，也是保险人承担赔偿责任的最高限度。因为保险利益的存在是以既得利益为范围，在财产损失时保险人只能对原有的利益进行补偿。被保险人不能因保险标的受损而获得额外利益。

2. 可以避免赌博行为的发生

保险与赌博都是取决于偶然事件的发生。如果投保人可以为与自身毫无利害关系的保险标的投保，就可能因意外事故的发生获得远远高于所交保费的额外收益，这就是以小的损失谋取较大利益的投机行为，此时保险就变成了赌博。

有保险利益的限制，被保险人在保险标的发生损失时不可能获得额外利益，购买保险只是为了获得经济保障，也就不会希望保险事故发生。因此，保险与赌博有着本质的区别。

3. 防止道德危险的产生

如果投保人可以为与本人没有任何关系的财产投保，容易发生投保人订立合同后故意制造保险事故，以谋取赔偿的现象，从而产生道德危险。有了保险利益的约束，即使被保险财产损失，被保险人最多也只能获得原有利益的补偿，被保险人无法额外获利，也就避免了道德危险的产生。

三、损失补偿原则（The Principle of Indemnity）

（一）损失补偿原则的含义

损失补偿原则又称赔偿原则，是指当约定的保险事故引起的损害发生时，被保险人不能获得超过实际损失的补偿，被保险人不能因保险补偿而额外获利。其核心是保险人对被保险人损失的补偿只能使保险标的恢复到损失发生前的状态。损失补偿原则适用于非寿险合同。

（二）损失补偿的限制

按照损失补偿原则，保险人在履行赔偿责任时应掌握以下几个限度。

1. 以实际损失为限

当保险标的发生保险事故时，保险人的赔偿以不超过被保险人遭受的实际损失为限。由于衡量财产的价值主要以该财产市场价值为准，因此对实际损失的衡量，首先要确定该项财产的市价，保险人的赔偿金额绝不能超过该项财产损失当时的市价，但定值保险和重置价值保险属于例外。如某一房屋在年初时市价为100万元，而到年末房屋跌价至80万元，在年末的保险业有效期内，房屋发生火灾全部焚毁，这时投保人所遭到的实际经济损失是80万元，而不是100万元。因此，按照以实际损失为限的原则，虽然保险单上载明的保险金额是100万元，但保险人只能按实际损失80万元赔付。

2. 以保险金额为限

保险金额是保险人承担赔偿责任的最高限度。保险人承担的赔偿金额只能小于等于保险金额。如上例所保房屋，如果到年末该房屋涨价到120万元，在年末的保险有效期内，房屋发生火灾全部焚毁，这时被保险人所遭受的实际经济损失为120元，但是由于保险单上列明的保险金额为100万元，而保险金额是保险人，承担赔偿责任的最高限度。因此，保险人只能按100万元赔偿。

3. 以保险利益为限

被保险人在索赔时，对遭受损失的财产必须具有可保利益，索赔金额以被保险人对该项财产具有的可保利益为限。如在抵押贷款的财产保险中，以受押人的名义对抵押品房屋投保火灾保险，但如果受押人借出的款项为60万元，日后，房屋在保险有效期内发生火灾全部损毁，即使该财产市价为100万元，受押人也只能获得60万元的赔偿，因为受押人对该房屋的可保利益只有60万元。

以上三种限度是财产保险赔偿中必须遵循的原则。但以市场价值为限的原则对于定值保险并不适用。因为定值保险是按双方约定的价值投保，在财产发生损失时，不论该项财产的市价涨落如何，均按事先约定的价值予以赔偿。

(三) 损失补偿的范围

财产保险损失补偿的范围包括：第一，对保险标的遭受的实际损失在保险金额限度内赔偿；第二，发生保险事故后被保险人为防止或减少保险标的损失所支付的必要的、合理的费用；第三，为了查明和确定保险事故的性质、原因和保险标的的损失程度所支付的必要的、合理的费用，如受损标的检验、估价等其他费用；第四，责任保险的被保险人因给第三者造成损害的保险事故而被提起仲裁或者诉讼的，被保险人支付的仲裁或者诉讼费用以及其他必要的、合理的费用，除合同另有约定外，由保险人承担。

我国《保险法》第五十七条规定："保险事故发生后，被保险人为防止或者减少保险标的的损失所支付的必要的、合理的费用，由保险人承担；保险人所承担的费用数额在保险标的损失赔偿金额以外另行计算，最高不超过保险金额的数额。"

可见，损失补偿原则不仅是对保险标的损失的赔偿，而且还是对被保险人可能遭受的各种经济损失的赔偿，充分体现了保险赔偿原则的全面性。

(四) 防止被保险人额外获利的其他相关规定

财产保险的赔偿原则是对损失进行补偿，而不能使被保险人通过损失补偿来获得更多的好处。各国对此都有相关的法律规定。没有赔偿原则的制约将诱使被保险人故意去制造损失以获取额外利益，从而引发道德风险，保险公司将无法经营。

防止被保险人额外获利通常有以下规定：

(1) 如果保险事故由第三者责任所引起，则被保险人从保险人处获得全部赔偿以后，必须将其对第三者享有的任何有关损失财产的所有追偿权利转让给保险人，防止被保险人从第三者那里再得到额外的赔偿。

(2) 当被保险人将其财产向多家保险人投保时，被保险人只能获得相当于其财产总值的赔偿数额。

(3) 保险标的遭受损失以后的残余部分，应作价并在赔款中扣除。

(五) 赔偿方式

财产保险基本赔偿方式有三种，即比例赔偿方式、第一危险赔偿方式和限额责任赔偿方式。不同的赔偿方式计算赔偿金额的结果各不相同，因此保险合同中必须明确规定采用哪一种赔偿方式。在核定费率时采用哪一种赔偿方式也存在很大差别。这三种赔偿方式因承保形式不同，还有各种不同的赔偿计算方法。

1. 比例赔偿方式

比例赔偿方式是按照保险财产的保险金额与出险时实际价值的比例来计算赔偿金额，如果保险金额低于实际价值则得不到十足赔偿。因此，它要求保险财产按实际价值足额投保，否则，未保的部分视作被保险人自保，保险人只负投保部分的比例责任，也就是发生保险事故时损失要由保险人与投保人比例分摊，其计算公式如下：

$$赔偿金额 = 损失金额 \times \frac{保险金额}{实际价值}$$

例：如果财产实际价值20万元，保险金额为10万元，被保险人遭受5万元的损失，保险单规定按比例责任赔偿，被保险人所能得到的赔款计算如下：

$$赔偿金额 = 5 \times \frac{10}{20} = 2.5（万元）$$

从上述公式中，我们可以看到保险金额越接近实际价值，赔偿金额就越接近损失金额，按保险标的实际价值足额投保的，损失就能得到足额赔偿；当保险金额高于实际价值时，即构成超额保险，保险人承担的赔偿金额也只能等于损失金额。

在不定值保险中，投保时双方不约定保险财产的实际价值，根据出险当时的市价作为实际价值，一般用上述公式计算赔偿金额。

在重置价值保险中，上述公式中的实际价值应换成重置价值，损失金额为实际重置费用。

在定值保险中，保险双方以投保时约定的保险价值作为保险金额，出险时不论当时保险标的的实际价值或市价涨落变动如何，全部损失按保险金额全部赔偿，部分损失按损失成数赔偿，其计算公式如下：

$$赔偿金额 = 保险金额 \times \frac{损失价值}{完好市价}（贬值率或损失成数）$$

例如：某人以其10万元的财产投保火灾保险，保险金额为8万元，发生保险责任范围内的事故后，财产实际损失为5万元，赔偿金额为：

$$赔偿金额 = 8 \times \frac{5}{10} = 4（万元）$$

2. 第一危险赔偿方式

第一危险赔偿方式适用于家庭财产保险。是以一次灾害事故所可能达到的最高损失金额作为保险金额投保。第一危险赔偿方式实际上把损失划分成两个部分，保险金额限度内的损失看作第一危险，超过保险金额的损失看作第二危险。在发生损失时，由于第一危险在保险金额限度内，所以保险人按实际损失金额赔偿，即保险人的赔偿金额等于损失金额（也就是损失多少赔多少）。超过保险金额的第二危险视为被保险人自保。这种赔偿方式的最大特点是：计算简便，可以避免比例分摊的复杂计算。适用于家庭财产保险。

3. 限额责任赔偿方式

限额责任赔偿方式，保险人仅在损失超过一定限额时才负有赔偿责任。限额内的微小损失一般对投保人或被保险人不构成严重经济影响，可由被保险人自行承担。采用这种赔偿方式，有利于增强投保人或被保险人的责任感，并可减轻其保险费负担。

（1）固定责任赔偿方式。是指保险人事先在保险合同中规定保障的标准限额，保险人只对实际价值低于标准保障限额的差额予以赔偿的方式。这种方法适用于农作物保险。当灾害事故发生致使农作物实际收成达不到限额时，以差数为赔付额。其计算公式为：

$$赔偿金额 = 保障限额 - 实际收获量$$

（2）免责限度赔偿方式。是预先规定一个免责限度，通常以免赔率或免赔额表示，在规定的免赔率或免赔额内的损失，保险人不负赔偿责任。免赔率可分为相对免赔率与绝对免赔率。

相对免赔率是指保险财产的损失达到规定的免赔率时，保险人按全部损失不做任何扣除地如数赔偿。其计算公式为：

$$赔偿金额 = 保险金额 \times 损失率 \ (损失率大于免赔率)$$

相对免赔率有利于减少保险人因大量零星小额赔偿而产生的工作量，同时有助于增强被保险人的责任感。

绝对免赔率是指损失超过规定免赔率时，保险人仅就超过免赔率的部分进行赔偿，其计算公式为：

$$赔偿金额 = 保险金额 \times (损失率 - 免赔率) \ (损失率大于免赔率)$$

绝对免赔率主要运用于减少自然损耗或运输途耗损失的赔款。以此增强被保险人的责任心，减少保险事故的发生。

四、代位求偿原则（The Principle of Subrogation）

（一）代位求偿原则的内容

1. 代位求偿原则的含义

代位求偿原则是损失补偿原则的派生原则，适用于损失补偿性合同。是指当保险标的损失是由第三者造成的情况下，保险人可以根据保险合同先赔偿被保险人损失，然后取得代替被保险人向对损失负有责任的第三者追偿的权利。

当保险标的发生保险责任范围内的损失是由第三者责任造成的情况下，被保险人既可以向第三者索赔，又可以向保险人索赔，那么被保险人就可能因保险事故获得双重赔偿，此时被保险人就因保险事故发生而获得额外利益，这就违背了损失补偿原则。代位求偿原则有利于维护保险人自身的合法利益。

2. 代位求偿的条件

保险人行使代位求偿权必须满足以下几个基本条件：

（1）第三者对保险标的所造成的损失必须属于保险合同规定的保险责任范围；如果保险标的的损失虽然是由第三者责任方造成的，但不属于保险责任范围，保险人不负赔偿责任,也就不存在代位求偿。

(2) 保险责任的形成必须是由负有责任的第三者所造成。因为保险事故的发生由第三者承担责任,被保险人才有可能向保险人转移其赔偿请求权,保险人才有代位求偿的可能;反之,保险事故的发生虽然是由第三者的行为所致,但第三者不需要承担民事赔偿责任,那么代位求偿也无法成立。

(3) 被保险人不能放弃向第三者追偿的权利。在保险人赔偿之前如果被保险人放弃了向第三者索赔的权利,也就同时放弃了向保险人索赔的权利。我国《保险法》第六十一条规定:在保险事故发生后,保险人未赔偿保险金之前,被保险人放弃对第三者请求赔偿的权利的,保险人不承担赔偿保险金的责任。保险人向被保险人赔偿保险金后,被保险人未经保险人同意放弃对第三者请求赔偿的权利的,该行为无效。被保险人故意或者因重大过失致使保险人不能行使代位请求赔偿的权利的,保险人可以扣减或者要求返还相应的保险金。上述规定旨在保护保险人的权益。

(4) 保险人必须首先向被保险人履行赔偿责任。因为代位求偿权是建立在履行赔偿义务的基础之上的。保险人在未履行赔偿责任之前,被保险人实际上拥有或保留向第三者求偿的权利,保险人无权取得代位求偿权。

(5) 保险人只能在支付的赔偿金额限度内行使代位求偿权。如果保险人在行使代位求偿权过程中所获得的赔偿金额超出其赔付给被保险人的赔款金额,那么保险人必须将超过部分返还给被保险人。即保险人不能运用代位求偿权利而获得超出其所承担的实际赔偿责任的利益。

假如某项保险金额为80万元的固定资产发生保险责任范围内的损失,该项保险责任是由第三者造成的,如果该项固定资产损失时的实际价值为100万元,损失金额为50万元,保险人在向被保险人支付了赔款40万元($50 \times 80/100 = 40$)以后取得了向第三者进行追偿的权利。这个案件会因追偿金额的不同,出现若干个追偿结果:

①追偿金额为30万元,则保险人收回24($30 \times 80\%$)万元,余下6万元归被保险人;

②追偿金额为40万元,则保险人收回32($40 \times 80\%$)万元,余下8万元归被保险人;

③追偿金额为50万元,则保险人收回40($50 \times 80\%$)万元,余下10万元归被保险人;

④追偿金额为100万元,则保险人收回40万元(追偿金额与保障程度的乘积已超过40万元),余下60万元均归被保险人。

运用代位求偿原则的目的在于限制被保险人因保险事故的发生而得到额外收益。保险人正确行使代位权利能有效控制赔偿金额,维护保险人的自身利益。我国《保险法》第六十条规定:因第三者对保险标的的损害而造成保险事故的,保险人自向被保险人赔偿保险金之日起,在赔偿金额范围内代位行使被保险人对第三者请求赔偿的权利。保险人依照本条第一款规定行使代位请求赔偿的权利,不影响被保险人就未取得赔偿的部分向第三者请求赔偿的权利。因此,我们可以得出以下结论:第一,保险人行使代位追偿权的时间从赔偿保险金之日起；第二，保险人的代位追偿权不得超过其支付的保险赔款；第三，保险人行使代位追偿权时不影响被保险人还应具有的剩余追偿权，即当被保险人的追偿权只是部分转移给保险人时，被保险人自己拥有的追偿权同时有效。

（二）委付

1. 委付的条件

委付是指当保险标的发生保险责任范围内的损失后，经保险人对保险标的推定全损后，被保险人将其对保险标的的一切权利连同义务转让给保险人而请求保险人赔偿全部保险金额的一种申请赔偿的方式。委付必须由保险人接受才能成立。保险人可以接受委付，也可以不接受委付。委付一经保险人接受，不得撤回，并对保险双方当事人产生法律约束力。

委付的成立必须具备一定的条件：

(1) 委付须由被保险人向保险人提出申请；

(2) 委付必须就保险标的的全部提出请求；

(3) 委付不得附带任何条件；

(4) 委付必须经保险人同意才能生效。

委付可能给保险人带来利益的同时也可能给保险人带来义务，所以保险人在接受委付时必须慎重。

2. 委付与代位求偿的区别

(1) 当事人不同。代位求偿涉及三方当事人，即债权人、债务人和保险人，其保险事故是由负有责任的第三者引起的；而委付涉及两方当事人，即被保险人和保险人。

(2) 代位求偿权是一种纯粹的追偿权，取得这种权利的保险人无须承担其他义务；而保险人接受委付，既享有保险标的的权益，同时也要承担保险标的带来的义务。

(3) 保险人获得的权利不同，在代位求偿中，保险人最多只能取得相当于其所支付的赔偿金额的权益；而在委付中，由于保险人取得了保险标的的处分权，有可能获得超过其所承担赔偿金额的利益，但也可能因保险标的带来的义务而收不抵支。

例如：某艘保险金额为 8000 万元的船舶因保险责任范围内的事故而在某海域发生沉船事件，由于技术条件限制暂时无法打捞，因此保险人很难确定沉船的损失状况，只能接受被保险人的委付申请，对这起事故做推定全损处理，并赔偿了全部保险金额。事故发生两年后，保险人委托打捞公司将船舶打捞成功，经修复后将船舶按照 8500 万元价格出售，获利 500 万元。被保险人认为保险人为不当收益，因此通过诉讼形式要求取得保险人收益的一部分，经司法判决，被保险人败诉。因为被保险人通过委付已经丧失了对这艘船的全部利益。委付一经成立就具有法律效力，双方均不能撤销。

五、重复保险分摊原则（Principle of Contribution）

（一）重复保险分摊原则的内容

重复保险的分摊原则是损失补偿原则的另一派生原则。重复保险是指投保人对同一保险标的、同一保险利益、同一保险事故分别与两个以上保险人订立保险合同，且保险金额总和超过保险价值的保险。重复保险的分摊原则是指在重复保险的情况下，对保险事故发生所造成的保险标的损失，必须在各保险人中间进行分摊，使各保险人的赔偿金额总和不超过损失金额。分摊原则是适用于重复保险的原则。重复保险必须具备以下条件：

1. 同一标的、同一保险利益

保险标的相同，但保险利益不同，不构成重复保险；同一保险利益可以理解为拥有保险利益的同一被保险人，如果被保险人不同也就不会出现重复保险。

2. 同一危险

如果两张保险单承保了引起损失的同一危险，不管这两张保单是否还承保其他危险，也构成重复保险。

3. 同一期间

并不是指全部承保期间均相同，只要有部分期间重复，就构成重复保险。

4. 订立多个保险合同且保险金额总和超过了保险标的的价值

分摊原则是一项公平原则。分摊只适用于承保同一危险的不同保险人之间。只要被保险人对同一危险取得一个以上的保险单，不论是有意取得还是无意取得，被保险人只能从一个保险人那里取得全部损失的赔偿，而不能从所有保险人那里都取得赔偿，否则被保险人就会获得额外利益，从而违背保险的损失补偿原则。支付过赔款的保险人有权根据民法中的公平原则向其他保险人要求分摊赔偿金额。分摊原则仅适用于财产保险等赔偿性保险合同，对人身保险则不适用。各国保险法对重复保险均有规定。财产保险单中一般都规定适用分摊原则。我国《保险法》第五十六条规定："重复保险的投保人应当将重复保险的有关情况通知各保险人。重复保险的各保险人赔偿保险金的总和不得超过保险价值。除合同另有约定外，各保险人按照其保险金额与保险金额总和的比例承担赔偿保险金的责任。"

（二）重复保险分摊的方式

重复保险分摊的方式有：比例责任分摊、限额责任分摊、顺序责任分摊。

（1）顺序责任分摊。顺序责任分摊是按照每个保险人签发保险单的时间顺序来承担赔偿责任，即由第一个出单的保险人首先履行赔偿责任，只有前一个保险人的赔偿未能补偿保险标的的实际损失时，才由下一个保险人承担赔偿责任，直到补偿保险标的的实际损失为止。

（2）比例责任分摊。比例责任分摊方式是按各个保险人承保的保险金额与总保险金额（各个保险人承保的保险金额加总）的比例来分摊赔偿责任的方式。其公式为：

$$某保险人分摊的赔偿责任 = 损失金额 \times \frac{某保险人承保的保险金额}{所有保险人承保的保险金额总和}$$

例如，某企业以价值500万元的财产向甲、乙、丙三家保险公司投保，保险金额分别为250万元、200万元、150万元，保险事故发生时，若发生全部损失，则甲、乙、丙三家保险公司应分摊的赔偿金额分别为：

甲保险公司的赔偿金额 = 500 × 250/(250 + 200 + 150) = 208.3（万元）
乙保险公司的赔偿金额 = 500 × 200/(250 + 200 + 150) = 166.7（万元）
丙保险公司的赔偿金额 = 500 × 150/(250 + 200 + 150) = 125（万元）

若发生部分损失，损失金额为300万元，则甲、乙、丙三家保险公司应分摊的赔偿金额分别为：

甲保险公司的赔偿金额 = 300 × 250/(250 + 200 + 150) = 125（万元）
乙保险公司的赔偿金额 = 300 × 200/(250 + 200 + 150) = 100（万元）
丙保险公司的赔偿金额 = 300 × 150/(250 + 200 + 150) = 75（万元）

（3）限额责任分摊，是以各保险人单独承担的赔偿责任与各个保险人单独责任总和的比例为基础来分摊损失责任，其公式为：

$$某保险人分摊的赔偿责任 = 损失金额 \times \frac{某保险人独立责任限额}{所有保险人独立责任总额}$$

例如，某投保人为价值120万元某批货物分别向甲、乙两家保险公司投保了货物运输保险，其保险金额分别为80万元、120万元，保险事故发生时，若发生全部损失，损失金额为120万元，则甲、乙两保险公司的独立责任分别为80万元、120万元。两家保险公司分摊的赔偿金额分别为：

甲保险公司承担的赔偿金额 = 120 × 80/(80 + 120) = 48（万元）
乙保险公司承担的赔偿金额 = 120 × 120/(80 + 120) = 72（万元）

若发生部分损失，损失金额为60万元，则甲、乙两保险公司单独承担的责任分别为40万元、60万元，两家保险公司分摊的赔偿金额分别为：

甲保险公司承担的赔偿金额 = 60 × 40/(40 + 60) = 24（万元）
乙保险公司承担的赔偿金额 = 60 × 60/(40 + 60) = 36（万元）

上述三种分摊方式中，顺序责任分摊方式显然不够合理，导致权利与义务不对等，从而显失公平。比例责任分摊方式不仅能体现权利与义务对等的原则，且便于计算，被广泛采用。我国《保险法》规定重复保险采取比例责任分摊方式。在保险实务中，保险人为避免分摊的麻烦，往往在保险单上附加条款声明。如我国《企业财产保险基本险》规定：若本保险单所保财产存在重复保险时，本保险人仅负按照比例分摊损失的责任。

六、近因原则（The Principle of Proximate cause）

（一）近因原则的内容

近因是造成保险标的损失的最直接、最有效、起决定作用的原因，而不是在时间上、空间上最接近损失的原因。保险人在分析引起损失的原因时以近因为准。根据近因原则，只有当保险标的的损失是直接由于保险合同所列明的保险责任造成的，保险人才承担赔偿责任。

近因原则是法律上判定复杂因果关系案件时通常采用的原则。也被世界各国保险人在分析损失的原因和处理保险赔案时所采用。

财产保险实务中，导致保险损害事故的原因不只一个，往往存在多种原因，并且各种损害发生的原因经常交织在一起而错综复杂。如果这些原因都是保险人所承保的危险，问题就简单得多。然而，保险单中既有保险危险又有不保危险，即使是一切险的保险单也有除外责任和不保的危险，所以就需要确定各种导致损害的危险与损害后果之间的因果关系，从而判断保险人是否应负赔偿责任。对损害原因的分析是建立在直接因果关系范围内的。如果不以直接原因为准，则损害原因就难以确定。因此，保险人在分析引起损失的原因、确定保险责任时以近因原则为准。

（二）近因的确定

1. 损失由单一原因所造成

如果保险标的的损失是由单一原因造成的，该原因属于保险责任，保险人就必须承担赔偿责任；该原因如果属于责任免除事项，保险人就不负赔偿责任。例如，1983年7月安康洪灾中有一起赔偿案，当时洪水进入了安康地区烟酒副食品公司的一个纸烟仓库，投保的纸烟底下一层已被洪水浸泡，但上面几层纸烟未被浸泡，该公司为了防止损失扩大，采取措施将烟库内遭受潮气的纸烟全部拨到各县门市部立即削价出售，事后向保险公司提出赔偿损失差价的要求。在处理该案时，双方对被保险人就部分没有被洪水浸泡的纸烟的销售差价应否承担赔偿责任发生了争议。在调解中，被保险人提供了洪水进入仓库时，防潮设施被淹没失效的证明，以及纸烟受潮后不能保存和短期将霉变失去价值的鉴定。根据近因原则，这部分纸烟虽然没有遭到洪水的直接浸泡，但纸烟受潮与洪水有着必然联系：纸烟仓库进水、防潮设施失效均为洪水所致。纸烟受潮当时虽然表面是完好的，但鉴定的结果已表明纸烟不能再继续保存，否则就会导致霉变的结果。因此，被保险人在纸烟未发生霉变前采取果断措施削价处理是合理的、有效的。以上事实可以归纳为：纸烟贬值是霉变的必然结果，霉变是受潮的必然结果，受潮是纸烟仓库进水和防潮设施失效的必然结果。

洪水→烟库进水→防潮设施失效→纸烟受潮→霉变→纸烟贬值

可见，决定这一系列因果关系的主因是洪水，因此保险人对此应承担赔偿责任。

2. 损失由多种原因所造成

如果保险标的损失是由多种原因所造成，应根据具体情况确定近因。

（1）多种原因同时发生。多种原因同时发生且无先后之分，并对损害结果的形成都有直接或实质的影响效果，那么这些原因都属于近因。如果同时发生的造成损失的多种原因均属于保险责任，保险人必须对保险标的损失负责赔偿；若同时发生导致损失的多种原因均属于责任免除，则保险人不负赔偿责任。若同时发生导致损失的多种原因既有保险责任，又有除外责任，并且它们所导致损失能够分清，那么保险人只对承保危险所造成的损失负责；如果保险责任和除外责任所造成的损失无法分清，保险人可以不承担任何赔偿责任或者采取公平合理地协商处理方法进行赔付。

例如，货物运输保险中承保一批棉布，装船后因船舶发生碰撞事故，海水涌入船舱，油罐破裂，致使船上装载棉布一部分受到水渍，另一部分受到油污，如果被保险人只投保了水渍险，则保险人只对遭受水渍损失的棉布承担赔偿责任，对遭受油污损失的棉布不负赔偿责任；如果一部分棉布既遭受水渍，又遭受油污，损失可以分别估计，保险人仅负责水渍部分的损失；如果损失不能分别估计，保险人或者不承担赔偿责任，或者由保险人与被保险人协商赔付。

（2）多种原因连续发生。如果多种原因连续发生导致损失，前因与后因之间具有因果关系，且各原因之间的因果关系没有中断，则最先发生并造成一连串事故的原因就是近因。保险人的责任可以根据下列情况来确定：

第一，若连续发生的多种原因均属保险责任，则保险人应对全部损失负赔偿责任。如船舶在运输途中因遭雷击而引起火灾，火灾引起爆炸，由于两种危险均属于保险责任，由此造成的损失保险人均负责赔偿。若连续发生的多种原因均属责任免除范围，则保险人不负赔偿责任。

第二，若连续发生的多种原因既有保险责任，又有除外责任，不保危险先发生，保险危险后发生，如果保险危险是不保危险的结果，则保险人对保险危险造成的损失不负赔偿责任。如一艘轮船先被敌方鱼雷击中，在驶向港口时触礁沉没。如果被保险人只投保了船舶保险，而未加保战争险，则保险人不负赔偿责任。此案中除外责任（鱼雷击中，属于战争险）发生在先，保险责任（触礁、沉没）发生在后，船舶遭鱼雷袭击后始终没有脱离危险，被鱼雷击中是起决定作用的损失原因。因此，船舶沉没的近因是战争，保险人不负赔偿责任。

第三，连续发生的多种原因中，保险危险先发生，不保危险后发生。如果不保危险仅为因果连锁中的一环，保险人对保险危险所造成的损失应负赔偿责任。

（3）多种原因间断发生。造成损失的多种原因间断发生，即在先后发生的原因中，前因与后果之间不存在关联，有一种新的独立原因介入，使原有的因果关系连锁中断，并导致损失，则新的独立原因就是近因。如果近因属于保险责任范围的事故，则由此造成的损失保险人应负赔偿责任；反之，如果近因属于责任免除范围，则保险人不负赔偿责任。可见，造成损失的多种原因间断发生的情况下，保险人是否负有赔偿责任，取决于新的独立原因是否为保险危险。

本章小结

财产保险合同主要有以下几种形式：投保单、暂保单、保险单、保险凭证、批单。投保单，也称要保书、投保申请，是投保人要求获得保险保障的申请书。暂保单也称临时保险单，是在正式保险单尚未签发之前，由保险人或代理人向投保人出具的临时性保险证明文件。保险单简称保单，是保险人和投保人之间订立保险合同的正式书面文件，保险单应详尽列明保险合同的全部内容。保险凭证俗称"小保单"，是保险人签发给被保险人的证明保险合同已经成立并获得某项保险保障的书面文件。批单又称背书，是保险双方当事人修订或增删保险单内容的证明文件。

财产保险合同的内容通常包括：财产保险合同的当事人、关系人和中介人；财产保险的标的；投保风险、可保风险与保险风险；保险责任与责任免除；保险价值与保险金额；保险费与保险费率；保险期间和保险责任开始的时间；保险金赔付方法；违约责任与争议处理。

保险合同的订立一般经过两个步骤，即要约与承诺。

保险合同变更是指在保险合同有效期间，保险合同主体与内容的改变。财产保险合同的变更通常包括合同主体的变更和合同内容的变更。

保险合同的中止是指保险合同生效后，被保险人违反保险合同的某些条件，根据合同的约定暂时中止保险合同效力的一种方式。

财产保险合同的终止是财产保险合同成立后因法定的或约定的事由发生，而使保险关系消灭，其效果是财产保险合同的法律效力不复存在。

财产保险合同适用的基本原则包括：最大诚信原则、保险利益原则、损失补偿原则、代位求偿原则、重复保险的分摊原则以及近因原则。

复习思考题

1. 投保单与保险单的区别是什么？
2. 暂保单、保险凭证与批单有什么不同？
3. 试述财产保险的投保人与被保险人的关系。
4. 财产保险的中介人是如何构成的？它们之间存在哪些区别？

5. 论述保险双方当事人如何履行最大诚信原则。
6. 比较投保风险、可保风险与保险风险的区别。
7. 简述重复保险的分摊原则。
8. 简述应用保险利益原则的意义。
9. 财产保险的赔偿原则的意义是什么？
10. 试述代位求偿与委付的区别与联系。

第三章

财产保险的费率与财务稳定性

第一节 财产保险费率的厘定

一、财产保险费率的含义及构成

保险费率即保险价格,是保险人按单位保险金额向投保人收取的保险费,是保险人计收保险费的标准。保险费率等于保险费与保险金额的比率,通常以每百元或每千元保险金额的保费来表示。

保险费率一般由纯费率和附加费率两部分构成,习惯上又称为毛费率。纯费率也称净费率,是根据一定时期内的损失概率计算出来的,用于保险事故发生后赔偿被保险人的损失和建立赔偿基金的费率。附加费率,对应于保险人每单位保额的经营费用。按附加费率收取的保费即附加保费,用于保险人的各项业务费用支出、手续费支出以及提供部分保险利润等。附加费率通常以纯费率的一定比例表示。

二、财产保险费率厘定的基本原则

(一) 充分性原则

充分性原则是指保险人收取的保险费足以应付赔款的支出及各种营业费用、税收及公司的预期利润。充分性原则的核心是保证保险人有足够的偿付能力。因为保险费是补偿保险标的损失的基本来源,如果费率过低,就会导致保险公司缺乏偿付能力,最终使被保险人因得不到保障而受到严重损害。

(二) 公平合理原则

公平合理原则指保险费率在保险人与投保人之间及各投保人之间要公平合理。保险人与投保人之间的公平合理，一方面表现为保证补偿原则的贯彻，另一方面则强调保险费率不能偏高。保险费率过高，会损害投保人利益而使保险公司获得超额的利润。因此，纯费率的制定必须以损失概率为依据，而制定附加费率时对业务费用和预期利润的估算也必须适当。各投保人之间的公平合理，是指保险人向投保人收取的保险费，应当与保险标的的危险程度相适应。要按照危险性的大小，相应地分担保险的损失与费用。对危险程度高的保险标的，按较高的保险费率收取保险费；对危险程度低的保险标的，则应按较低的费率收取保险费。风险性质相同的被保险人应承担相同的保险费率，风险性质不同的被保险人，则应承担有差别的保险费率。我国《保险法》第一百一十四条规定：保险公司应当按照国务院保险监督管理机构的规定，公平、合理拟订保险条款和保险费率，不得损害投保人、被保险人和受益人的合法权益。

(三) 稳定灵活原则

稳定灵活原则指保险费率的厘定，要考虑到保险收费标准的相对稳定性。因为费率如果时常波动，会诱发投保人的投机心理，从而与保险宗旨相悖；也会使投保人难以确定保费预算，增加对保险公司的反感，影响保险公司的信誉，终将导致业务量的减少；另外还会给保险公司本身的财务核算带来困难。当然，稳定是相对的。费率也要随着风险的变化、保险责任的变化和市场需求等因素的变化而调整，具有一定的灵活性。

(四) 促进防灾防损原则

促进防灾防损原则指保险费率的制定要有利于促进被保险人加强防灾防损，减少危险事故，有利于社会安定。这就是说保险费率的制定，一方面是要鼓励和引导被保险人从事预防损失的活动，例如配置防火救火设备以减少火灾风险，配备防盗装置以降低盗窃风险等等，可适当降低费率。另一方面，保险公司也应积极从事防灾防损活动，其所需经费，在厘定保险费率时，也应予以考虑。

三、财产保险费率厘定的一般方法

实务中确定保险费率的方法主要有观察法、分类法和增减法。

（一）分类法

分类法是将性质相同的风险，分别归类，而对同一分类的各风险单位，制定出相同的费率。这是最常用的也是最重要的费率厘定方法。由于分类法制定的费率所反映的是每一群体的平均损失经验，因此，在决定分类时，应注意每一种类中各单位的风险性质是否相同，以及在适当的时期中，其损失经验是否一致，以确保费率的精确度。根据分类法确定的费率，常常被载于保险手册中，以便于查找运用，因此又称该方法为"手册法"，并广泛应用于财产保险、人寿保险中。

（二）观察法

观察法又称个别法或判断法。是指按具体的每一标的风险因素进行分析，观察其优劣，估计其损失概率，分别单独确定其费率的方法。观察法确定的费率主要凭借精算人员的知识和经验判断，最能反映个别风险的特性，具有灵活精确的特点。当某些险种没有以往可信的损失统计资料或风险单位数量很少的情况下就只能根据个人的主观判断确定费率。

（三）增减法

增减法又称修正法。是在分类法的基础上，结合个别标的的风险状况予以变动确定费率的方法。增减法确定费率，既可以根据保险期间的实际损失经验，也可以根据不同的情况提高或降低费率，对分类费率予以修正。增减法确定费率，更能反映个别标的的风险程度，体现了公平负担保险费的原则。增减法在实施中又有表定法、经验法、追溯法等多种形式。

1. 表定法

该方法以每一风险单位为计算依据，在对每一风险单位确定一个基本费率的基础上，根据个别标的的风险状况增减修正。由于具体的经营和操作将影响到标的的风险状况，所以该方法通常用于承保厂房、商业办公楼和公寓等财产保险。确定费率时通常要考虑构造、用途、位置及消防设施等。表定法以其能够反映保险标的的风险状况，促进防灾防损而见长。

2. 经验法

经验法是根据被保险人以往的损失经验，对按分类法所确定的费率予以增减变动的方法。经验法一般采用过去三年的平均损失经验数据来确定下一保险期的保险费率。其优点是确定费率时已经考虑到了影响风险的各个因素，并能促使被保人防灾防损。该方法常适用于大企业和普通责任保险、意外伤害保险等。

3. 追溯法

追溯法是与经验法相对的一种调整费率方式，它是以保险期间内被保险人的实际损失为基础来确定当期保险费的方法。由于被保险人实际应缴保险费在保险期满后才能计算出来，因此使用这种方法时，须在保险期开始前先确定预缴保险费。在保险期满后，再根据实际损失对已缴保费进行调整修正。追溯法的运用较经验法复杂，仅适用于少数大企业。

四、财产保险费率厘定的基本步骤

(一) 纯费率的确定

依照保险费率厘定的公平合理原则,纯费率应当等于损失概率。因此,纯费率的确定,应从损失概率入手。损失概率是用来反映未来保额损失的可能性的指标,我们能够借助统计学的原理,利用过去的资料推断出这种可能性的大小(即损失概率)。

实务中,通常是选择一组适当的历年保额损失率,计算其算术平均值——我们称为平均保额损失率,用以近似地代替损失概率,进而据以确定纯费率。

(二) 保额损失率

保额损失率是同类业务一定期间保险赔偿金额(赔款数额)与承保责任金额(保险金额)之比。它是由该类保险标的的平均出险次数、毁损率、毁损程度和受损标的的平均保额与所有保险标的的平均保额之比四个因素决定的。

例1 某保险公司承保某项业务,保险金额为6000万元,在保险期间共支付赔款30万元,则该项业务的保额损失率为:

保额损失率 = 30/6000 = 5‰

这说明每千元保险财产平均损失5元。

关于保额损失率这一概念,需要说明两点:

第一,保额损失率不是保险标的损失额与保额之比,而是赔款与保额之比。保险实务中,由于保险责任和各种赔偿方式的具体规定,保险人实际承担的赔偿金额与保险标的实际损失金额总是存在差异的,所以在计算保额损失率时我们用赔偿金额表示保险人承担的赔偿责任。

第二,计算保额损失率的数据必须源于保险公司的经验。为求未来的保额损失率,我们需要借助过去的损失经验,即过去的保额损失率。但这组保额损失率必须是源于保险公司的经验数据,而不是出自社会的财产损失统计资料。事实上,保险财产的损失率一般要高于社会平均财产损失率。因此计算保险费时只有使用保险公司的经验数据,才是公平合理的,才能保证保险公司的财务稳定性。

下面我们计算平均保额损失率。

例2 某公司过去10年某项业务各年保额损失率统计见表3-1。

表 3-1　　　　　　　某公司 1981~1990 年某项业务保额损失率统计

年度	保额损失率（‰）	年度	保额损失率（‰）
1981	6.1	1986	6.3
1982	5.7	1987	6.0
1983	5.4	1988	6.2
1984	6.4	1989	5.9
1985	5.8	1990	6.2

那么该公司 10 年平均保额损失率为：

$$\overline{X} = \frac{1}{10}(6.1‰ + 5.7‰ + 5.4‰ + 6.4‰ + 5.8‰ + 6.3‰ + 6‰ + 6.2‰ + 5.9‰ + 6.2‰) = 6‰$$

（三）历年保额损失率的选择

为使平均保额损失率更精确，并可以近似地替代损失概率，必须选择适当的历年保额损失率。因为对于过去真实情况反映越是准确，它与未来损失概率就越接近。所谓"适当"是指：

（1）必须有足够的年份。一般至少需要有保险事故发生比较正常的连续五年的保额损失率；

（2）每年的保额损失率必须基于大量的统计资料；

（3）这一组保额损失率必须是稳定的。

为此引入稳定性系数（K）这一指标，用该组保额损失率的均方差与算术平均值之比来反映该组保额损失率的稳定性：

$$K = \frac{\sigma}{\overline{X}}$$

其中，σ 为均方差：$\sigma = \sqrt{\frac{\sum_{i=1}^{n}(X_i - \overline{X})^2}{n}}$；$\overline{X}$ 为算术平均值：$\overline{X} = \frac{1}{n}\sum_{i=1}^{n}X_i$

根据上面的公式可知，稳定性系数 K 越大，那么这组保额损失率的稳定性就越差，即各年保额损失率差别越大，损失赔付情况就越不平衡；反之，稳定性系数越小，则该组保额损失率的稳定性就越好，即各年保额损失率差别就越小，损失赔付情况就越均匀。

例 3　现有甲、乙两组保额损失率，试比较它们的稳定性。

数组甲是甲项保险业务以往 9 年的各年份保额损失率，按大小排列见表 3-2。

表3-2　　甲项保险业务以往9年的各年份保额损失率及偏差

年份 n	保额损失率（‰）X_i	偏差 $X_i - \overline{X}$	偏差的平方 $(X_i - \overline{X})^2$
	3.3	-0.7	0.49
	3.5	-0.5	0.25
	3.6	-0.4	0.16
	3.8	-0.2	0.04
	4.0	0	0
	4.1	0.1	0.01
	4.4	0.4	0.16
	4.6	0.6	0.36
	4.7	0.7	0.49
9	$\sum_{i=1}^{9} X_i = 36‰$	$\sum_{i=1}^{9} (X_i - \overline{X}) = 0$	$\sum_{i=1}^{9} (X_i - \overline{X})^2 = 1.96$

平均保额损失率：$\overline{X}_{甲} = \dfrac{36‰}{9} = 4‰$

数组乙是乙项保险业务以往9年的各年份保额损失率，按大小排列见表3-3。

表3-3　　乙项保险业务以往9年的各年份保额损失率及偏差

年份 n	保额损失率（‰）X_i	偏差 $X_i - \overline{X}$	偏差的平方 $(X_i - \overline{X})^2$
	1.2	-2.8	7.84
	1.4	-2.6	6.76
	1.8	-2.2	4.84
	2.6	-1.4	1.96
	2.7	-1.3	1.69
	3.9	-0.1	0.01
	5.2	1.2	1.44
	7.2	3.2	10.24
	10.0	6.0	36.00
9	$\sum_{i=1}^{9} X_i = 36‰$	$\sum_{i=1}^{9} (X_i - \overline{X}) = 0$	$\sum_{i=1}^{9} (X_i - \overline{X})^2 = 70.78$

平均保额损失率：$\overline{X}_{乙} = \dfrac{36‰}{9} = 4‰$

现计算甲、乙两数组的稳定性系数 $K_甲$ 和 $K_乙$。

$$\sigma_甲 = \sqrt{\frac{\sum_{i=1}^{9}(X - \overline{X}_甲)^2}{9}} = \sqrt{\frac{1.96}{9}}/1000 = 0.467‰$$

$$K_甲 = \frac{\sigma_甲}{\overline{X}_甲} = \frac{0.467‰}{4‰} = 0.117$$

$$\sigma_乙 = \sqrt{\frac{\sum_{i=1}^{9}(X_I - \overline{X}_乙)^2}{9}} = \sqrt{\frac{70.78}{9}}/1000 = 2.804‰$$

$$K_乙 = \frac{\sigma_乙}{\overline{X}_乙} = \frac{2.804‰}{4‰} = 0.701$$

我们看到，虽然甲乙两组的平均保额损失率均为4‰，但它们的稳定性系数却相差很大。计算结果表明，数组甲比数组乙稳定得多，因此数组甲可以作为甲项业务确定纯费率的依据；而数组乙由于各年份保额损失率波动太大，所以必须增加观察年度或扩大调查统计，才能据以确定可靠的纯费率。

（四）附加均方差，确定纯费率

根据一组适当的保额损失率，我们能够得到纯费率的近似值——平均保额损失率，但还不能直接将其定为纯费率。事实上，平均保额损失率既然是以往各年份保额损失率的算术平均值，那就必然会出现某些年份的保额损失率高于或低于平均保额损失率的情况。倘若我们直接将平均保额损失率作为纯费率，那么一般说来每两年就会有一年的赔偿金额超过当年的纯保费。

为了减少不利年份（即赔偿金额超过纯保费的年份）的出现，通常采用在平均保额损失率上附加该组年保额损失率的一次、二次或若干次均方差的方法来确定纯费率。

例4 根据例2的资料，我们可以列出表3-4。

表3-4　　　　　　　　　　平均保额损失率与偏差计算

保额损失率（‰）X_i	平均保额损失率（‰）$\overline{X}$	偏差（‰）$X_i - \overline{X}$	偏差的平方 $(X_i - \overline{X})^2$
6.1	6	0.1	0.01×10^{-6}
5.7	6	-0.3	0.09×10^{-6}
5.4	6	-0.6	0.36×10^{-6}
6.4	6	0.4	0.16×10^{-6}
5.8	6	-0.2	0.04×10^{-6}
6.3	6	0.3	0.09×10^{-6}
6.0	6	0	0

续表

保额损失率（‰）X_i	平均保额损失率（‰）$\bar{X}$	偏差（‰）$X_i - \bar{X}$	偏差的平方 $(X_i - \bar{X})^2$
6.2	6	0.2	0.04×10^{-6}
5.9	6	-0.1	0.01×10^{-6}
6.2	6	0.2	0.04×10^{-6}
$\sum_{i=1}^{10} X_i = 60‰$	6‰	$\sum_{i=1}^{10}(X_i - \bar{X}) = 0$	$\sum_{i=1}^{10}(X_i - \bar{X})^2 = 0.84 \times 10^{-6}$

由此可以求出均方差：

$$\sigma = \sqrt{\frac{\sum_{i=1}^{10}(X_i - \bar{X})^2}{10}} = \sqrt{\frac{0.84 \times 10^{-6}}{10}} = 0.29‰$$

若附加一次均方差，则纯费率为：6‰ + 0.29‰ = 6.29‰
若附加二次均方差，则纯费率为：6‰ + 2 × 0.29‰ = 6.58‰
若附加三次均方差，则纯费率为：6‰ + 3 × 0.29‰ = 6.87‰

那么，纯费率应该在平均保额损失率上附加几个均方差为宜呢？假定保额损失率的发生是服从正态分布的，则我们可以得出附加均方差与不利年份的关系，见表3-5。

表3-5　　　　　　　　附加均方差与不利年份的关系

附加均方差	赔偿金额超过纯保费的概率	几年一遇
一次均方差	0.15866	6.5
二次均方差	0.02275	44
三次均方差	0.00135	741
四次均方差	0.00003	33333

由此可见，附加均方差次数越多，赔偿金额超过纯保险费的可能性越小，保险公司的经营就越稳定，相反投保人的负担也就越重。根据费率厘定的原则，附加均方差的次数必须适当。一般认为，所附加均方差与平均保额损失率之比，以10%～20%为宜，像例4这种情况，附加二次或三次均方差都可认为是合适的，因为

$$\frac{2\sigma}{\bar{X}} = \frac{0.58‰}{6‰} = 9.67\%$$

$$\frac{3\sigma}{\bar{X}} = \frac{0.87‰}{6‰} = 14.5\%$$

五、附加费率的确定

附加费率是一定时期内保险业务经营费用与保险金额的比率。其确定方法比较简单,可按单位保额所需的附加费用来确定,即

$$附加费率 = \frac{附加费用}{保险金额} \times 1000‰$$

由于实务中通常按保险费的一定比例提取附加费用,如营业税、代理手续费、业务费等,与此相适应,上述公式可变形为:

$$附加费率 = \frac{保险费 \times 按保费提取附加费用的比例}{保险金额}$$

$$= 保险费率 \times 按保费提取附加费用的比例$$

此外,附加费率也可按照纯费率的一定比例来决定。

第二节 财产保险业务的财务稳定性分析

一、财务稳定性指标

保险公司自身的赔偿能力只有与承担的风险相适应,才能在保险事故发生时及时履行赔偿义务,保障被保险人的合法权益。测定保险企业的赔偿能力,主要依据保险业务财务稳定性的测定。财产保险的财务稳定性是指,就某一保险企业或其某项保险业务而言,保险人对被保险人所承担损失补偿能力的可靠程度。因此,财务稳定性要求实际发生的赔款不能超过预计的保险赔偿基金。超过的可能性越大,保险业务的稳定性就越差;超过的可能性越小,保险业务的财务稳定性就越好。所谓保险赔偿基金,即纯保费总数,是根据未来的保额损失率(即损失概率)预计出每年平均要付出的赔款数,但实际付出的赔款,可能超过也可能达不到这个数字。实际发生的赔款超过保险赔偿基金的幅度越大,则该项业务的财务稳定性就越差;幅度越小,财务稳定性就越好。

为刻画这种稳定性,我们引入稳定性系数 K:

$$稳定性系数\ K = \frac{保险赔款均方差\ \sigma}{保险赔偿基金\ P}$$

其中保险赔款均方差表示未来可能支付的赔款与保险赔偿基金的偏差程度(需要注意的是,此处未来可能支付的赔款是一随机变量,而保险赔偿基金则是这一随机变量的数学期望),它与保险财产的保险金额有关,因此是一个绝对数。保险偿付能力则

随着赔偿基金的大小而不同。例如，一家有 1 亿元赔偿基金的保险公司，500 万元的偏差对它来说只是基金的 5%；而对另一家有 2000 万元赔偿基金的保险公司，500 万元的偏差却已等于赔偿基金的 25%，相比之下，前者的财务稳定性当然要比后者好得多。因此，保险赔款均方差必须与保险赔偿基金相比，这样得到的稳定性系数才能较好地反映保险业务的财务稳定性。

二、保额相同业务的财务稳定性

假设某项财产保险业务的纯费率（即损失概率）为 q，各危险单位的保险金额均为 a，该项业务承保的危险单位数量为 n，则

$$\sigma = a\sqrt{nq(1-q)}$$
$$P = naq$$

于是稳定性系数可表示为：

$$K = \frac{a\sqrt{nq(1-q)}}{naq} = \sqrt{\frac{1}{n}\left(\frac{1}{q}-1\right)}$$

例 5 保险公司某项业务承保 5000 个危险单位，每个危险单位保额相同，纯费率为 5‰，则其稳定性系数为：

$$K = \sqrt{\frac{1}{50000}\times\left(\frac{1}{5‰}-1\right)} = \sqrt{\frac{199}{5000}} = 0.1995$$

从公式 $K = \sqrt{\frac{1}{n}\left(\frac{1}{q}-1\right)}$ 我们看到，K 与 n 和 q 成反比。因此在保额相同的同类业务中，要想增强财务稳定性（使 K 缩小），就必须扩大业务量（增大 n，即增加危险单位数），或者提高纯费率（加大 q）。通常，增强财务稳定性的主要途径是扩大业务量，因为扩大业务量要比提高纯费率更为可行，而且这两种方法对于财务稳定性的影响也是以扩大业务量更为显著。

一般说来，保险业务的财务稳定性系数不宜超过 10%，即 K≤0.1，现在我们来研究为降低稳定性系数所需要扩大的业务量。由公式

$$k = \sqrt{\frac{1}{n}\left(\frac{1}{q}-1\right)}$$

解出：$n = \frac{1-q}{K^2 q}$。

于是，对于既定的纯费率 q，就可以通过所期望的稳定性系数 K 来推算出所应当具有的基本业务量 n，也就是最低承保危险单位的数量。

例 6 假设某保险公司某项保额相同业务的纯费率为 5‰，要求稳定性系数不超过 0.1，则业务量至少要达到：

$$n = \frac{1-5‰}{0.1^2 \times 5‰} = \frac{995}{0.05} = 19900 \text{（危险单位）}$$

三、保额不等业务的财务稳定性

前面的讨论是以各危险单位的保险金额全部相同为前提的。但在实务中，它们常常是不相同的，这时保险公司业务的财务稳定性就会发生变化。这就是说，影响财务稳定性的因素，除了业务量和纯费率以外，还有各危险单位保险金额的参差程度。

由于数组均方差与数组参差程度成正比，因而稳定性系数 K 的值与各危险单位保险金额的参差程度成正比：参差程度越高，K 值越大，该项业务的财务稳定性就越差；参差程度越低，K 值越小，该项保险业务的财务稳定性就越好。

在这种情况下，我们可以按保险金额将全部业务分成若干类（如 n 类），根据前面介绍的办法计算出各类等保额业务的稳定性系数 K_i，然后再计算全部业务的稳定性系数 $K_总$，设第 i 类业务保险赔款均方差为 Q_i，保险赔偿基金为 P_i，则

$$K_i = \frac{Q_i}{P_i}$$

$$K_总 = \frac{\sqrt{\sum_{i=1}^{n} Q_i^2}}{\sum_{i=1}^{n} P_i}$$

例 7 假定有甲、乙两个保险公司，它们的业务量、保险总额、纯费率和保险费总收入均相同，但甲公司每个危险单位的承保金额相差不大，而乙公司却是相差悬殊。通过计算相应的均方差和稳定性系数就可以分析比较这两个公司的财务稳定性（见表 3-6）。

表 3-6　　　　　　甲、乙两公司财务稳定性系数计算

公司	类别	对每一危险单位承保金额（万元）a	业务量（笔）n	纯费率（%）q	保险总额（亿元）	纯保费（万元）P	均方差（万元）σ	稳定性系数 K
甲公司	一	100	1400	2	14	280	167	0.60 } 0.27
	二	80	2000	2	16	320	160	0.50
	三	50	4000	2	20	400	141	0.35
	合计		7400	2	50	1000	270	
乙公司	一	1000	100	2	10	200	446	2.23 } 0.61 } 0.51 } 0.28
	二	500	300	2	15	300	386.5	1.29
	三	50	2000	2	10	200	100	0.50
	四	30	5000	2	15	300	94.8	0.32
	合计		7400	2	50	1000	606	

根据表3-6中给定的数据，乙公司的保险业务财务稳定性比甲公司要差得多，全部业务的稳定性系数为0.61。从上表可以看出该公司如果除去第一类保险业务，稳定性系数仅降到0.51，但除去一、二类保险业务时稳定性系数可降到0.28。由此可见，7400笔保险业务中只因承保了400笔较高的保险金额使财务稳定性受到了巨大影响。这样，乙公司就应当将巨额保险责任用再保险方式分散出去，以保证保险业务不致因遭遇巨额赔款而亏损。这也是再保险的理论依据。

四、保险人自留额的确定

保险公司应自留多少业务量，承担多少风险责任，分出多少责任，就需要确定适当的自留额。如果自留额定得太低，则会使大量保险费多分给再保险人，减少了保险公司（即原保险人）自身的收益；反之，若定得太高，则达不到财务稳定的要求。在保险经营中，保险人能否合理确定自留额，反映其经营水平的高低。我国《保险法》第一百零二条规定：经营财产保险业务的保险公司当年自留保险费，不得超过其实有资本金加公积金总和的四倍；第一百零三条规定：保险公司对每一危险单位，即对一次保险事故可能造成的最大损失范围所承担的责任，不得超过其实有资本金加公积金总和的10%；超过的部分应当办理再保险。

保险公司通常根据稳定性系数（K）和纯保险费（P）来计算自留额：

最大自留额 $= 2K^2 \times P$

仍以例7为例，甲、乙公司的最大自留额按公式计算如下：

甲公司：$2 \times 0.27^2 \times 1000 = 146$（万元）

乙公司：$2 \times 0.28^2 \times 500 = 78$（万元）

可见，甲公司对每一危险单位的承保金额在146万元以内的可以尽量承保，不会影响财务稳定性系数0.27，由于它承保的7400笔业务都在最大自留额内，所以该公司无须进行分保，只有承保146万元以上业务时才需要进行溢额分保。但是乙公司则不同，它对一、二类业务只能自留78万元，将溢额部分分保出去才能保持稳定性系数0.28的目标。

第三节 财产保险的责任准备金

财产保险的责任准备金，是保险人为履行其承担的保险责任或者备付未来的赔款，从所收取的保险费中提留的资金准备。《保险法》第九十八条规定保险公司应当根据保障被保险人利益、保证偿付能力的原则，提取各项责任准备金。财产保险的责任准备金主要有未到期责任准备金、赔款准备金和总准备金三种。

一、未到期责任准备金

未到期责任准备金,又称保费准备金,是保险人在会计年度决算时将保险责任期限尚未届满,应属于下一年度的部分保费提存出来形成的准备金。财产保险的合同期限大多为一年,由于会计年度与保险年度的不一致,部分保单的有效期必然要跨年度。而这些保单的保费都已在前一年度由保险公司收入,所以前一年度年终未满期的保单,其保费不能全部算作前一年度的保费收入,必须提存未到期责任准备金,作为保险公司履行保险责任的准备。未到期责任准备金在会计年度决算时一次计算提取。提留方法有:年平均法、季平均法、月平均法和日平均法。

(一) 年平均估算法

假定每年中的所有保单是在 365 天中逐日均匀开立的,即每天开立的保单数量及保险金额大体相等,每天收取的保险费数额也相差不多,这样一年的保单在当年还有 50% 的有效部分未到期,则应提留有效保单保费的 50% 作为准备金。该方法计算简便,但不很准确。

(二) 季平均估算法

假定每一季度中承保的所有保单是逐日开出的,且每天开出的保单数量、每份保单的保额及保险费大体均匀。因此每季度末已到期责任为 1/8,未到期责任为 7/8,而后每过一季,已到责任加上 2/8,未到责任减去 2/8,因此有:

$$未到期责任准备金 = 第一季度保费收入 \times 1/8$$
$$+ 第二季度保费收入 \times 3/8$$
$$+ 第三季度保费收入 \times 5/8$$
$$+ 第四季度保费收入 \times 7/8$$

(三) 月平均估算法

假定一个月内所有承保的保险单是 30 天内逐日开出的,且保单数量、保额、保费大体均匀,则对一年期保单来说,出立保单的当月已到期责任为 1/24,23/24 的保费则是未到期责任准备金。以后每过一个月,已到期责任加上 2/24,未到期责任准备金减少 2/24,到年末,1 月份开出的保单其未到期责任准备金为保费的 1/24,2 月份的是 3/24,其余类推,到 12 月份的保单则为 23/24。具体见表 3-7。

表 3-7　　　　　　　　　　　开出保单月份与未到期责任

出立保单月份	1	2	3	4	5	6	7	8	9	10	11	12
年末未到期责任	1/24	3/24	5/24	7/24	9/24	11/24	13/24	15/24	17/24	19/24	21/24	23/24

这种方法比年平均估算法和季平均估算法都要精确，适用于每月内开出保单份数与保额大致相同而各月之间差异较大的业务。

（四）日平均估算法

日平均估算法是根据所有有效保单的天数和未到期天数来计算未到期责任准备金。其计算公式为：

未到期责任准备金 = 有效保单保费 × 未到期天数/保险期天数

日平均估算法固然精确，但需要逐笔计算未到期责任准备金，其工作量很大。

二、赔款准备金

赔款准备金又称为未决赔款准备金。是保险人在会计年度决算时，为该会计年度已发生保险事故应付而未付赔款所提存的一种资金准备。赔款准备金可分为三种类型：

（一）对于未决赔案应提取的未决赔款准备金。所谓未决赔案，是指被保险人已提出索赔，但保险人与索赔人就索赔案件是否属于保险责任范围、保险赔款应为多少等事项尚未达成协议的案件。未决赔款准备金的估计方法有三：

1. 逐案估计法

即由理赔人员逐一估计每起索赔案件的赔款额，然后记入理赔档案，到一定时间对这些估计的数字汇总，并进行修正，据以提留准备金。这种方法比较简单但工作量大，适用于索赔金额确定，或索赔数额大小相差悬殊而难以估算平均赔付额的财产保险业务，如火灾保险、信用保险之类。

2. 平均值估计法

先根据保险公司的以往损失数据计算出平均值，然后再根据对将来赔付金额变动趋势的预测加以修正，用这一平均值乘以已报告索赔案数目就能得出未决赔款额。这一方法适用于索赔案多而索赔金额并不大的业务，如汽车保险。

3. 赔付率法

选择一定时期的赔付率来估计某类业务的最终赔付数额，从估计的最终赔付额中扣除已支付的赔款和理赔费用，即为未决赔款额。这种方法简便易行，但假定的赔付率与实际赔付率可能会有较大出入，此时按这种方法计算的结果不很准确。

（二）对于已决未付赔案应提取的已决未付赔款准备金。所谓已决未付赔案，是指索赔案件已经理算完结,应赔金额也已确定,但尚未赔付或尚未支付全部赔款的案件。这种情况下,赔款准备金只要逐笔计算即可。

(三)对于已发生保险事故但尚未报告的索赔案应提取的已发生未报告赔款准备金的估计比较复杂。一般以过去的经验数据为基础,然后根据各种因素的变化进行修正,如出险单位索赔次数、金额、理赔费用的增减、索赔程序的变更等。这种索赔估计需要非常熟悉和精通业务的管理人员准确判断。

由于赔款准备金包括赔款额和理赔费用两部分,因此应将两部分分别提留。在美国,理赔费用准备金占全部准备金的5%~20%。

三、总准备金

总准备金又称公积金,是保险人为应付周期较长的巨额赔款而建立的资金准备。它是构成保险偿付能力的具有决定因素的资金。我们知道,按纯费率收取的纯保费,在一般情况下能够满足保险赔款支付的需要,并可略有节余。但由于自然情况下能够满足发生的随机性,在个别年份有可能会使保险人入不敷出。对于实际损失超过损失期望的情况,保险人必须有相应的对策——建立总准备金,即保险人应在平时营业盈余中提留一部分资金,累积起来,以预防和弥补这种不正常年份所发生的超过纯保费收入的赔款开支。因此,总准备金是在扣除了赔款准备金、未到期责任准备金和各种税金及保险公司留利后剩余部分中提取。

与赔款准备金和未到期责任准备金不同,总准备金有以下特点:

第一,总准备金的积累必须年复一年地进行,经过较长时期形成一笔巨额资金。而赔款准备金和未到期责任准备金则是在各会计年度末提留,供下一年度使用。总准备金可在保险人处长期存放,并可充分地、稳妥地加以运用,使之增值,进而增强保险人的偿付能力。

第二,影响总准备金积累规模的因素很多。它不仅取决于保险人承担保险责任的规模和历年保额损失率,而且受到保险基金运行机制和业外环境的制约。例如,在分保机制完善的条件下,保险公司可通过再保险方式将超过其负担能力的风险责任转嫁给其他保险人,这时该保险公司的总准备金就可以少留一些。

对于总准备金的提存,一般都由国家以法令形式规定。我国《保险法》第九十九条规定,保险公司应当依法提取公积金。公积金的积累必须有适度的规模,国际上一般认为,公积金与资本金之和所构成的保险偿付能力应不低于自留保险费的20%。

本章小结

保险费率即保险价格,是保险人按单位保险金额向投保人收取的保险费。保险费率一般由纯费率和附加费率两部分构成。

财产保险费率厘定应遵循充分性原则、公平合理原则、稳定灵活原则以及促进防灾防损原则。

实务中，厘定财产保险费率的一般方法主要有观察法、分类法和增减法。

财产保险费率厘定的基本步骤：首先，根据损失概率确定纯费率。实务中，通常是选择一组适当的历年保额损失率，计算出平均保额损失率，再附加均方差得出纯费率。其次，根据一定时期内保险业务经营费用与保险金额的比率计算出附加费率。纯费率与附加费率之和即是毛费率。

考察保险企业的赔偿能力，主要依据保险业务财务稳定性的测定。财产保险的财务稳定性是指保险人对被保险人所承担损失补偿能力的可靠程度。按照财务稳定性要求实际发生的赔款不能超过预计的保险赔偿基金。超过的可能性越大，保险业务的稳定性就越差；超过的可能性越小，保险业务的财务稳定性就越好。

在保险经营中，保险人能否合理确定自留额，直接反映其经营水平的高低。

财产保险的责任准备金，是保险人为履行其承担的保险责任或者备付未来的赔款，从所收取的保险费中提留的资金准备。财产保险的责任准备金主要有未到期责任准备金、赔款准备金和总准备金三种。

复习思考题

1. 试述财产保险费率厘定的基本原则。
2. 解释总准备金、未到期责任准备金、赔款准备金。

第四章

火灾保险

第一节 火灾保险概述

一、火灾保险的定义

火灾是社会物质财富面临的最基本和最主要的风险。早期的财产保险主要是针对火灾对各种财产所造成的损害。随着保险经营技术的进步，保险人开始将火灾保险单承保的责任扩展到各种自然灾害和意外事故对财产所造成的损失。因此，火灾保险是指以火灾为主要责任的保险，除了承保火灾外，还承保各种自然灾害和意外事故。保险市场上习惯地将物质损失保险称为火灾保险，也称作普通财产保险。我国目前的企业财产保险、家庭财产保险和房屋保险都属于此类。

对火灾的解释，不同的国家有不同的解释方式。

（一）中国构成火灾的条件

在我国，凡由于异常性的燃烧造成了财产损毁的即为火灾。异常性燃烧就是偶然意外发生的燃烧，失去控制，有蔓延扩大的趋势。仅有燃烧现象并不等于火灾。我国构成火灾还需具备以下三个条件：第一，有燃烧现象，即有热有光有火焰；第二，偶然、意外发生的燃烧；第三，燃烧失去控制并有蔓延扩大的趋势。

可见，仅有燃烧现象并不等于构成本火灾保险中的火灾责任。在生产、生活中有目的用火，如为了防疫而焚毁沾污的衣物，点火烧荒等属正常燃烧，不属于火灾责任。因烘、烤、烫、烙造成焦煳变质等损失，既无燃烧现象，又无蔓延扩大趋势，也不属于火灾责任。电机、电器、电气设备因使用过度、超电压、碰线、弧花、漏电、自身发热所造成的本身损毁，不属于火灾责任。但如果发生了燃烧并失去控制蔓延扩大，才构成火灾责任,并对电机、电器、电气设备本身的损失负责赔偿。

(二) 英国对"火灾"的解释

在英国,构成火灾的条件有:
(1) 点燃并有燃烧现象。
(2) 属于意外事故。
(3) 烧了不应烧的东西。

如煤炭在火炉里燃烧,它是应该烧的东西,故不属火灾。1941 年 Harris V. Poland 案例,原告家不久前进入盗贼,所以她就把巨额钞票和宝石藏在炉膛里以免再次被盗,并把炉里塞满了木头、煤,作出要点火的样子。一天原告回家后,忘了(valuable)贵重物品藏在炉膛里这件事,点着了炉子,这时才突然想起钱和宝石还放在炉子里。钞票全着了,宝石烧坏了一部分,残余的部分已经破坏,丧失价值。原告于是向保险人提出对宝石的索赔,她投保的是劳合社的家主保单(Lloyd's horseholders policy),按照通常对"火灾"的解释,被告(保险人)主张损失不在保单责任范围之内,因为保险人承保的火灾仅在火势超出一定着火范围或在不应着火的地方着了火,在不该点燃的地方点燃,这个案例中的火没有超出火炉的范围,且火炉是应该着火的地方,并且火是原告故意点燃的,所以保险人拒赔。但被保险人(原告)不服,上告到法院,经法院判决,结果认为损失在保单责任范围之内,保险人应负责赔偿原告的损失。法官认为宝石藏到炉里,而后点火使宝石损失,当属无意的行为。因此法院判决保险人赔偿原告的损失。由于英国是执行判例法的国家,此后,法律上对这种凡是意外的燃烧造成的损失也负责赔偿。

(三) 美国对"火灾"的解释

构成火灾要有三个条件:
(1) 有热,有光,发出火焰;
(2) 须为"敌意之火"(Hostile Fire)所造成;
(3) 须不属保单除外不保的范围。

美国普通法中把火灾分为"友善之火"(Friendly Fire)和"敌意之火"两种。友善之火是为了一定的目的,在一定范围内故意点燃的有用之火都为友善之火。敌意之火是指越出一定的范围,在不该燃烧的地方燃烧,就称为敌意之火。

二、火灾保险的责任范围

我国火灾保险分为火灾保险基本险和火灾保险综合险。火灾保险基本险的保险责任包括:火灾、爆炸、雷击及空中运行物坠落。

火灾保险综合险的保险责任包括：基本险的各项风险，再增加列明的各种自然灾害和意外事故：台风、龙卷风、暴风、暴雨、洪水、暴雪、冰雹、冰凌、泥石流、崩塌、突发性滑坡、地面突然下陷。

此外，被保险人采取合理的、必要的措施而造成保险财产的损失和因采取施救、保护、整理措施而支付的合理费用，保险人也负责赔偿。

责任免除分为基本免除和特定免除，基本免除是根据保险市场的承保技术状况，保险人在开办任何险种的保险业务中都不予承保的风险责任；特定免除是保险人根据企业财产保险业务的特点，为了避免承保动态风险和企业财产保险业务管理的需要而特别申明不予负责的风险责任。如我国财产保险基本险条款和财产保险综合险条款对于下列基本的责任免除原因所致的保险标的的损失不予赔偿：战争、敌对行为、军事行动、武装冲突、罢工、暴动；被保险人及其代表的故意或纵容行为；核反应、核子辐射和放射性污染。

三、国外火灾保险简介

（一）英国标准火险保单

1. 承保的范围

（1）保险责任。包括火灾、雷击、爆炸。但爆炸责任仅限于：①家用锅炉的爆炸；②家用照明或取暖用的煤气在屋内发生爆炸，但该房屋必须不属于煤气工厂的一部分；③爆炸的损失，爆炸引起的火灾及震动损失也包括在内。

（2）责任免除。包括：①自身酝酿发热或在加热过程中发生的损失，即物质本身的变化及自然发热；②地震；③地下火；④骚扰；⑤民众暴动，因该行为不一定构成谋反，故通常不列为战争风险范围，而列入罢工风险范围（包括罢工、骚乱、民众暴动）；⑥战争、入侵、敌对行为；⑦内乱、谋反、革命、叛乱以及军事霸占或篡权，凡与国内发生的内战或内乱等有关联的火灾，亦不在承保范围之内；⑧爆炸，有限制的爆炸以外的其他爆炸，包括纯粹震动型的和急速燃烧型的，亦称黑色爆炸和红色爆炸，虽然爆炸也是急速燃烧，但不同于标准火灾保险单中所指的爆炸与火灾。

2. 承保与理赔

（1）特别分摊（Special Condition of Average）。又称75%分摊，即保险金额低于实际价值的75%时适用比例赔偿方式计算；高于75%时，则不适用于比例分摊而按实际损失赔偿，但以保险金额为限。例如，若某投保人投保了火灾保险，其保险金额为282万英镑，在保险期间发生保险事故，损失金额为100万英镑，保险事故发生时的保险标的的实际价值为300万英镑，则因保险保障程度为94%，大于75%，故保险人应当在保险金额内按实际损失赔偿，赔偿金额为100万英镑；若其他条件不变，保险金额为210万英镑，此时保险保障程度为70%，小于75%，保险人应当按保险保障程度赔偿，赔偿金额为70万英镑。

（2）统保保单（Blanket Coverage）。亦称"总括保单"，是以一个总的保险金额承保同一地点的不同财产或几个地点的同一种或多种财产的保险单。拥有许多房屋的投保人可将全部财产的总保险金额分项投保，如分为全部房屋、全部财产、全部货物三项，若以全部房屋投保，其房屋为多处，只要一个总保险金额投保，则全部房屋中的任何房屋受损均能得到赔偿。统保保单的特点在于：一是以一个总的保险金额承保几个地点的财产；二是拥有许多房屋的大企业可以将全部财产的总保额分项承保，如将全部财产分为全部房屋、全部财物（货物除外）、全部货物三项。这种方式有利于被保险人，所以，承保时往往采取统保加费或分摊条款，以制约投保人的低额投保，或用统保加费保障保险人的利益。

（3）两种条件分摊（Two Conditions of Average）条款。在承保的保单中，有的保单是指明仓库、指明货物的保单；有的保单则是统保保单，一张保单所保货物分别储存于几个仓库中，遇到保险事故，其损失由承保指明仓库、指明货物的保单按比例分摊条件先赔，剩余部分由统保保单分摊。

（4）申报保险（Declaration Insurance）。英国为保险货物专设了申报保单，保额为一年中货物可能达到的最高价值，先按75%收取保险费，以后由被保险人每隔一段时间对保险人发出申报单，申报货物的价值，可能是某一固定日的价值，也可能是最高价值，视保单内容而定，保险人一收到申报单即按申报价值承保，并按实际价值赔偿，被保险人根据申报单按期向保险人结算保费，多退少补。这种方式对季节性生产或调拨物资频繁的单位非常适用，因这些单位淡季与旺季的库存物资的差距很大，如果按一年中货物可能达到的最高价值作为保险金额，将多支付保险费；按淡季价值作为保险金额，一旦旺季出险，则可能因保险金额不足而得不到足额赔偿，因而采用该种方式。

（二）美国纽约标准火灾保单

1. 承保的范围

（1）保险责任包括：火灾，雷击，受上述风险威胁时向屋外搬移财产的损失。

（2）除外责任包括：①战争，含敌人攻击、敌人入侵、本国海陆空军的对抗行动、叛乱、谋反、革命、内战、篡权等，凡由于战争引起的火灾，保险人均不负责；②内政当局的命令焚毁的财物不在承保之列，但内政当局为防止火灾蔓延所采取的破坏行动则在承保之列，但上述火灾必须不是由除外、不保风险所引起的；③被保险人疏于采取合理抢救行动所致的损失；④偷窃，保险标的物在火灾发生时被偷窃，保险人可以不赔；⑤爆炸与骚扰，纽约保单不承保爆炸与骚扰，但因爆炸与骚扰所引起的火灾，仍须赔偿火灾损失，若所保火灾引起爆炸或骚扰，则爆炸或骚扰的损失又可视同火灾予以赔偿。

纽约标准火险保单并未将自身酝酿或发热、地震及地下火除外不保，故保险人对由于上述风险所致的火灾仍须负责赔偿，并且该保单虽未将标的物在加热过程中因过热所致的损失除外不保，但由于该损失系善意之火所致，故保险人对此损失可不予赔偿。

2. 承保与理赔方式

（1）共同保险（Coinsurance）。除私人住宅外，美国的火灾保险条款通常采用共同保险条款。在美国火灾赔案中，其损失金额在保险标的价值10%以下的占绝大多数，投保人往往不愿意以高额投保。保险人针对这一情况，在保单上添加共同保险条款，要求投保人按保险标的价值的若干成以上投保。最常见的共同保险条款是"80%共同保险条款"。根据这一条款，在损失发生后进行估价时，如果保险金额大于或等于保险标的价值的80%，则任何金额的实际损失在保额及保险利益范围内均能如数得到赔偿；如果保险金额小于保险标的价值的80%，则被保险人就需分摊一部分损失，即：赔偿金额＝实际损失×保险金额/80%保险标的的价值。

（2）统保保单。美国统保保单的特点与英国相同，但采用比例分配条款，在发生损失时，对每处财产的保险金额是按照每处财产占全部财产价值的比例来确定。从而起到限制投保人低额投保的作用。

第二节 企业财产保险

一、企业财产保险的承保范围

（一）可保财产

可保财产是投保人可以直接向保险人投保的财产。按目前我国企业财产保险条款规定，可保财产一般有三种：

（1）属于投保人所有或与他人共有而由投保人负责的财产；

（2）由投保人经营管理或替他人保管的财产；

（3）其他具有法律上承认的与投保人有经济利害关系的财产。

此外，按会计科目可保财产可分为固定资产、流动资产、专项资产、投资资产、账外资产五大类。按企业财产项目类别可保财产又可以分为房屋、建筑物及附属装修设备；机器及附属设备；作为商品或资产存放在固定地点的交通运输工具；工具、仪器及生产工具；通信设备和器材；管理用具及低值易耗品；原材料、半成品、在制品、产成品或库存商品、特种储备商品；建造中的房屋、建筑物和建筑材料；账外或已摊销的财产等。

(二) 特约可保财产

特约可保财产是指必须经过保险双方当事人特别约定并在保险单上载明才能投保的财产。特约可保财产主要分为：

（1）金银、珠宝、钻石、玉器、首饰、古币、古玩、古书、古画、邮票、艺术品、稀有金属等珍贵财物；该类财产的价值难以确定，或市场价格变化较大；需经过特别约定，并按定值保险予以承保，无须增加保费。

（2）堤堰、水闸、铁路、道路、涵洞、桥梁、码头；此类财产发生保险事故的可能性较小。

（3）矿井、矿坑内的设备和物资，这类财产的风险比一般财产的风险大，但是为了满足部分行业的特殊需要，需经保险双方特别约定并增加保险费才能予以承保。

(三) 不保财产

不保财产是指保险人不予承保的财产。凡是下列特别标明的财产，无论是否可以成为可保标的，都不能在企业财产保险业务项下予以承保：

（1）土地、矿藏、矿井、矿坑、森林、水产资源以及未经收割或收割后尚未入库的农作物；

（2）货币、票证、有价证券、文件、账册、图表、技术资料、电脑资料、枪支弹药以及无法鉴定价值的财产；

（3）违章建筑、危险建筑、非法占用的财产；

（4）在运输过程中的物资；

（5）领取执照并正常运行的机动车；

（6）牲畜、禽类和其他饲养动物；

（7）保险人根据保险业务风险管理的需要声明不予承保的财产。

保险人对上述财产不予承保，主要出于以下原因：

（1）有些财产不属于普通的生产资料和商品，如：土地、矿藏、矿井、矿坑、森林、水产资源、枪支弹药等，此类财产即使遭受损失也不是企业的损失，企业对该类财产不存在保险利益；

（2）缺乏价值依据，无法确定价值，如：文件、账册、图表、电脑资料、技术资料以及无法鉴定价值的财产；

（3）不是实际的物资，并且无法确定价值，如货币、票证、有价证券等；

（4）不符合政府有关法律法规要求的财产，如违章建筑、非法占用的财产、政府限制使用或拥有的财产，以及政府命令拆除、焚毁或破坏的财产等，这些财产承保后会与政府的有关法律法令相抵触；

（5）必然会发生风险的财产，如危险建筑、汛期处于警戒水位线以下的河堤附近的建筑物或财产等；

（6）不属于企业财产保险承保范围的财产，如未经收割或收割后尚未入库的农作物应该投保生长期农作物保险或者收获期农作物保险；处于运输过程中的物资应该投保货物运输保险；领取执照并正常运行的机动车应该投保机动车辆保险；牲畜、禽类和其他饲养动物应该投保农业保险中的养殖业保险等。

二、保险责任范围

（一）保险责任

1. 列明的保险责任项目

目前国内企业财产保险险种主要包括：财产保险基本险、财产保险综合险、财产保险一切险及其附加险种。

财产保险基本险条款承保的基本责任有四项：火灾、雷击、爆炸、飞行物体及其他空中运行物体坠落。其中：

（1）火灾责任是在时间和空间上失去控制的燃烧对保险标的所造成的损失。

（2）爆炸责任是由于物质在物理原因和化学原因的作用下，物质结构的温度和压力急剧升高所形成的能量释放现象对于保险标的所造成的破坏。爆炸是物质在瞬间分解或燃烧时放出大量的热和气体，并以强大的压力向四周扩散，以致发生破坏的现象。其分为物理性爆炸和化学性爆炸。①物理性爆炸，是由于液体变为蒸汽或气体膨胀所形成的压力急剧增加并大大超过容器所能承受的极限压力，因而发生爆炸。如锅炉、空气压缩机、压缩气体钢瓶、液化气罐爆炸等。其中，锅炉、压力容器爆炸是指锅炉或压力容器在使用中或试压时发生破裂，使压力瞬时降到等于外界大气压力的事故，称为"爆炸事故"。②化学性爆炸，是指物体在瞬息分解或燃烧时放出大量的热和气体，并以很大的压力向四周扩散的现象。如火药爆炸、可燃性粉尘纤维爆炸、可燃气体爆炸及各种化学物品的爆炸等。因物体本身的瑕疵、使用损耗或产品质量低劣以及由于容器内部承受"负压"（内压比外压小）造成的损失，不属于爆炸责任。

（3）雷击责任是由于雷电现象对于保险标的所造成的破坏。雷击指由雷电造成的灾害。雷电为积雨云中、云间或云地之间产生的放电现象。雷击的破坏形式分为直接雷击与感应雷击两种：①直接雷击是由于雷电直接击中保险标的造成损失，属直接雷击责任。②感应雷击是由于雷击产生的静电感应或电磁感应使房屋内对地绝缘金属物体产生高电位放出火花引起的火灾，导致电器本身的损毁，或因雷电的高电压感应，致使电器部件的损毁，属感应雷击责任。由于雷电是自然界产生的破坏现象，它所引起的风险基本属于纯粹风险的范畴，因此保险人通常承保雷电责任对于财产所造成的损失。

(4) 空中运行物体坠落。在我国企业财产保险条款中称为"飞行物体及其他空中运行物体坠落",是指空中飞行器、人造卫星、陨石坠落,吊车、行车在运行时发生的物体坠落,人工开凿或爆炸而致石方、石块、土方飞射、塌下,建筑物倒塌、倒落、倾倒,以及其他空中运行物体坠落。由于空中运行物体坠落对陆地上的保险标的造成的损失,保险人承担赔偿责任。

财产保险综合险条款采取一揽子保险责任的承保方式,通过在保险单中予以列明的方式承保16项意外危险和自然灾害。它除了承保财产保险基本险条款的4项基本责任,还包括常见的自然灾害12项:暴雨、洪水、台风、暴风、龙卷风、雪灾、雹灾、冰凌、泥石流、崖崩、突发性滑坡、地面突然塌陷。其中:

(1) 暴雨。指每小时降雨量达16毫米以上,或连续12小时降雨量达30毫米以上,或连续24小时降雨量达50毫米以上的降雨。

(2) 洪水。指山洪暴发、江河泛滥、潮水上岸及倒灌。但规律性的涨潮、自动灭火设施漏水以及在常年水位以下或地下渗水、水管爆裂不属于洪水责任。同样,对于堆放在露天、简易篷布下的保险标的所遭受的洪水损失,除非保险合同双方当事人另有约定,否则不属于洪水责任的范围。

(3) 台风。指中心附近最大平均风力12级或以上,即风速在32.6米/秒以上的热带气旋。

(4) 暴风。是指风速在28.3米/秒以上、风力等级为11级的大风。正常的情况下,一般地区很难遇到11级的大风。所以,我国企业财产保险业务中,保险人承担的暴风责任扩大至8级风,及风速达到17.2米/秒时,对保险标的所造成的破坏就属于暴风责任的范围。

(5) 龙卷风。是指平均最大风速为79~103米/秒,极端最大风速超过100米/秒,范围小、时间短的猛烈旋风。

(6) 雪灾。指由于每平方米的积雪超过建筑结构荷载规范规定的标准所出现的压塌建筑物及其建筑物内财产造成的保险标的的损失。

(7) 雹灾。是指由于冰雹降落对保险标的所造成的损失。指从强烈对流的积雨云中降落到地面的冰块或冰球,直径大于5毫米,核心坚硬的固体降水。

(8) 冰凌。指春季江河解冻期时冰块飘浮遇阻,堆积成坝,堵塞江道,造成水位急剧上升,以致江水溢出江道,漫延成灾。陆上有些地区,如山谷风口或酷寒致使雨雪在物体上结成冰块,成下垂形状,越结越厚,重量增加,由于下垂的拉力致使物体毁坏,也属冰凌责任。需注意的是,各种物资或管道由于严寒结冰所出现的冻裂均不属于冰凌责任。

(9) 泥石流。是指山地的泥沙、石块随着暴雨或冰雪融化所形成的洪流对保险标的的冲击所造成的损失。

(10) 崖崩。是指石崖、土崖受到自然风化、雨蚀、崩裂下塌,或者山上岩石滚落,或者大雨使山上砂土透湿而崩塌所造成的保险标的的损失。

(11) 突发性滑坡。是指由于山体存在自然斜度,致使处于不稳定状态的岩石或土层在重力作用下突然出现的整体向下滑落所造成的损失。

(12) 地面突然塌陷。是指地壳由于自然变异或者地层收缩而形成的突然塌陷现象对保险标的所造成的损失。这项责任还扩展到由于海潮、河流、大雨侵蚀或在建筑房屋前没有掌握地层情况,出现地下孔穴、矿穴以致地面突然塌陷对保险标的所造成的损失。但是,对于地基基础不牢固或未按照建筑施工要求所导致的建筑物地基下沉、裂缝、倒塌等损失和由于打桩、地下作业及挖掘作业引起的地面下陷下沉对保险标的造成的破坏均不属于保险责任。

2. 保险人对于被保险人的特别损失承担的责任

在我国的财产保险基本险条款和财产保险综合险条款中,保险人对于被保险人因为上述4项基本责任和12种风险导致的下列特别损失也承担赔偿责任:

(1) 保险人拥有财产所有权的自有的供电、供水、供气设备因保险事故遭受损失,引起停电、停水、停气以致造成保险标的的直接损失;

(2) 发生保险事故时,为抢救保险标的,或防止灾害蔓延,采取合理的、必要的措施而造成保险标的的损失;

(3) 保险事故发生后,被保险人为防止或减少保险标的的损失所支付的必要的合理的费用。

财产保险一切险的保险责任包括:在保险期限内,保险单明细表中列明的被保险财产因自然灾害或意外事故造成的直接物质损坏或灭失,保险人按照保险单的规定负责赔偿。其中,自然灾害是指雷电、飓风、台风、龙卷风、风暴、暴雨、洪水、水灾、冻灾、冰雹、地崩、山崩、雪崩、火山爆发、地面下陷下沉及其他人力不可抗拒的破坏力强大的自然现象;意外事故是指不可预料的以及被保险人无法控制并造成物质损失的突发性事件,包括火灾和爆炸。

(二) 责任免除

1. 基本责任免除

基本的责任免除项目是根据保险市场的承保技术状况,保险人在开办任何险种的保险业务中都不予承保的风险责任。我国财产保险基本险条款和财产保险综合险条款对于下列基本的责任免除原因所导致的保险标的损失不予赔偿:

(1) 战争、敌对行为、军事行动、武装冲突、罢工、暴动;

(2) 被保险人及其代表的故意或纵容行为;

(3) 核反应、核子辐射和放射性污染。

2. 特定责任免除

特定责任免除是保险人根据企业财产保险业务的特点,根据企业财产保险业务管理的需要而特别申明不予负责的风险责任。我国财产保险基本险和综合险条款特定的责任免除项目包括以下内容：

（1）保险标的遭受保险事故引起的各种间接损失；

（2）保险标的本身的缺陷、保管不善导致的损毁，保险标的变质、霉烂、受潮、受虫咬、自然磨损、自然损耗、自燃、烘烤所造成的损失；

（3）堆放在露天或罩棚下的保险标的以及罩棚由于暴风、暴雨造成的损失；

（4）由于行政行为或执法行为所致的损失；

（5）地震造成的一切损失；

（6）其他不属于保险责任范围内的损失和费用。

我国财产保险基本险条款的特定责任免除项目还包括：洪水、暴雨、台风、暴风、龙卷风、雪灾、雹灾、冰凌、泥石流、崖崩、滑坡、水暖管爆裂、抢劫、盗窃。

我国企业财产保险一切险条款的特定责任免除项目还包括：设计错误、原材料缺陷或工艺不善引起的损失和费用；非外力引起机械或电气装置本身的损坏；锅炉及压力容器爆炸引起其本身的损失；被保险人及其雇员的操作过失造成机械或电气设备损失；盘点时发现的短缺；贬值、丧失市场或使用价值等其他后果损失；固定在建筑物上的玻璃破碎；公共供电、供气及其他公共能源的中断引起的损失，但自然灾害或意外事故引起的中断不在此限；大气、土地、水污染及其他各种污染引起的任何损失、费用和责任；但不包括由于自然灾害或意外事故造成污染引起的损失；保险单明细表或有关条款中规定的应由被保险人自行负担的免赔额。

（三）附加责任

在我国保险市场上，对于财产保险基本险条款的投保人，可以通过单独加费的方式投保附加险以扩展保险责任。目前，我国财产保险基本险条款和财产保险综合险条款共同受理的附加险有：

1. 盗窃

这项责任是指由于外来、有明显盗窃痕迹的偷窃行为对于存放于保险单列明处所范围内的保险标的造成的损失或破坏。由于盗窃行为是由人为的故意因素所致，风险因素相对比较复杂，除了特别约定并且在保险单或批单上载明的财产外，通常不包括财产保险单项下特约承保的保险财产。

2. 露堆财产损失

这项责任承保被保险人按照仓储及有关部门的规定存放，并采取了相应的防护安全措施的存放于露天的保险标的因遭受暴风、暴雨所致的损失。

3. 锅炉压力容器损失

这项责任承保符合《锅炉、压力容器安全监督暂行条例》规定，并经劳动部门检验合格发给证明的锅炉或压力容器由于物理性和化学性爆炸、本岗位工人或技术人员疏忽行为、锅炉及压力容器配套设备的机件或部件发生故障所导致的锅炉及压力容器的损失。

4. 管道破裂损失

这项责任承保由于上下水管道、暖气管道发生意外破裂，致使保险单列明的保险标的遭受水淹、浸湿所引起的损失。

此外，对破坏性地震损失，可以附加地震保险。堤堰、水闸、涵洞保险、油田保险、高新技术企业关键研发设备保险、专利保险等均可以在财产保险基本险条款和财产保险综合险条款基础上附加承保。

三、企业财产保险的保险费率

企业财产保险的费率，主要根据被保险财产的种类、占用性质、地理位置，按照财产危险性的大小、损失率的高低、保险责任范围、保险期限以及经营费用等因素制定。此外，还应考虑被保险人防灾设备、保险财产所处的环境、交通状况等影响因素。在实际业务中，一般以表定费率为基础，根据具体的风险情况等因素，在一定的浮动范围内确定费率。

（一）基本责任保险费率

基本责任保险费率目前为行业费率，财产保险基本险和综合险把企业财产保险的年保险费率分为三大类13个号次。

1. 工业类（1~6号次）

工业险费率分为六级，号次为1~6。主要根据工业企业使用的原材料、主要产品（占用性质）把工业险费率划分为六个级别，一级工业危险程度最小，费率最低，如钢铁、机器制造、耐火材料等工业企业。六级工业危险程度最大，费率最高，如以特别危险品及其他爆炸品为主要原材料进行生产的企业、染料工业企业。由于工业险费率的厘定还兼顾到企业工业流程和设备现代化程度，故在实际订定费率时也应予以区别对待。

2. 仓储类（7~10号次）

仓储险费率分为四级，号次为7~10。主要根据仓储商品和物资的性质及危险程度把仓储险费率划分为四个级别：一般物资、危险品、特别危险品、金属材料和粮食专储。

3. 普通类（11~13号次）

普通险费率分为三级，号次为11~13。主要适用于工业险费率和仓储险费率中不包括的各类事业单位，这三个号次分别为：社会团体、机关、事业单位；综合商业、饮食服务业、商贸、写字楼、展览馆、体育场所、交通运输业、牧场农场、林场、科研院所、住宅、邮政、电信、供电高压线路、输电设备；石油化工商店、石油液化气供应站、日用杂品商店、废旧物资收购站、修理行、文化娱乐场所、加油站。其中，社会团体、机关、事业单位费率最低,石油化工商店、文化娱乐场所、加油站等单位费率最高。

财产保险年费率表分为基本险和综合险两种,综合险的年费率高于基本险年费率,费率按每千元保险金额计算。此外,综合险又分为两种:一种适用于华中、中南、西南地区,另一种适用于东北、华北、西北地区,除13号次外,前者费率均高于后者。另有财产保险短期基本险、综合险费率表,对保险期限不足一年的分别按年费率的一定百分比计收保险费,如保险期为半年,按年费率的60%计收保费。

(二) 附加保险费率

附加保险费率包括:

1. 附加露堆、罩棚暴风、暴雨责任。仓储险费率加收20%。
2. 附加城乡商业、供销系统盗窃责任。按全部流动资产投保该附加责任,应加收0.2‰~0.5‰;按科目投保的应加收0.5‰~1‰。
3. 附加工业企业全部流动资产盗窃责任,应根据被保险人的防盗安全条件在工业险费率基础上分别加收,1~3级加0.2‰~0.5‰;4~6级加收0.1‰~0.3‰。

(三) 短期费率

企业财产保险的保险期间通常为一年,其费率均是年费率。在实际业务中可能出现中途退保或保险期限不满一年的情况,这就需要按照短期保险费率计收保险费,即按照年费率的一定比例计算应交的保险费。对保险期限不足一个月的,按一个月计收保费。我国实行的短期费率表参见表4-1。

表4-1　　　　　　　　　财产保险短期费率表　　　　　　　　　单位:%

保险期限(月)	1	2	3	4	5	6	7	8	9	10	11	12
按年费率(%)	10	20	30	40	50	60	70	80	85	90	95	100

四、企业财产保险的保险金额与赔款计算

(一) 固定资产的保险金额与赔款计算

1. 保险金额的确定

我国保险公司在承保国内企业财产中的固定资产时,通常采用四种方式确定固定资产的保险金额。

(1) 按照固定资产的账面原值确定保险金额。这是将企业会计账目中登记的建造或购置固定资产原始价值或更新重置的完全价值,即账面原值作为保险金额的一种方式。在固定资产登记入账时间较短、固定资产的市场价值变化不大的情况下,该方式基本可以比较准确地反映固定资产的实际价值。但在固定资产登记时间较长,或固定资产的财务摊销已经接近规定的折旧年限,或固定资产的市场价值变化较大的情况下,这种方式则很难真实地反映固定资产的实际价值。

(2) 按照固定资产的账面原值加成确定保险金额。这是将企业会计账目中登记的固定资产账面原值作为确定保险金额的基础,在此基础上增加一定百分比使之基本接近固定资产的重置或重建价值,并据此作为保险人承保的保险金额的一种方式。采取这种方式必须由投保人和保险人事先协商,主要用于固定资产的市场价值变化较大的企业财产保险业务,以此抵御通货膨胀可能对固定资产的实际价值造成的贬值影响。这种确定固定资产保险金额的方式,适用于账面原值与实际价值差额过大的情况。

(3) 按照固定资产重置重建价值确定保险金额。这是将需要承保的固定资产在重新购置或重建的情况下所需支付的全部费用,即重置重建价值作为保险金额的一种方式。由于该方式回避了固定资产目前的实际价值,使得保险金额往往大于保险财产的实际价值。此种方法保障程度高,但费用也相应增加了。

(4) 按投保时的实际价值协商确定。这是按照固定资产投保时的实际价值即经过评估后的市场价值由保险双方协商确定。

固定资产的保险价值一般是按出险时的重置价值确定。

2. 赔款计算

(1) 固定资产发生全部损失的情况下的赔款计算。无论采用何种方式确定保险金额,必须通过比较保险金额和保险价值确定赔偿的实际金额。

当保险金额大于或等于重建重置价值时,其赔偿金额以不超过重建重置值为限。其计算公式为:

$$赔偿金额 = 重建重置价值 - 应扣残值$$

当保险金额小于重建价值时,其赔偿金额以不超过保险金额为限。其计算公式为:

$$赔偿金额 = 保险金额 - 应扣残值$$

(2) 固定资产发生部分损失情况下的赔款计算。

第一,按照固定资产原值加成或按照重置重建价值确定保险金额的承保方式下的赔款计算。按固定资产原值加成或按照重置重建价值的承保方式下,保险人在保险金额限度内,按受损财产恢复原状的实际修复费用计算赔偿金额。

第二,按照固定资产的账面原价值确定保险金额的承保方式下的赔款计算。按照账面原价值投保的财产发生保险责任范围内的损失后,必须将保险单列明的保险金额与受损财产损失当时的保险价值进行比较。

如果受损财产的保险金额低于受损财产损失当时的保险价值,则应根据保险金额按受损财产损失程度（或按修复费用占保险价值的比例）计算赔偿金额，其计算公式为：

$$赔偿金额 = 保险金额 \times 受损财产损失程度$$

或　$$赔偿金额 = 受损财产的修复费用 \times 保险金额 / 保险价值$$

例如，某企业将账面原值为 100 万元的固定资产向保险公司投保企业财产保险，保险合同有效期内发生保险责任范围内的损失，经查勘保险财产的损失程度为 80%，则保险人应支付的赔款为：$100 \times 80\% = 80$（万元）。

又如，某企业将账面原值为 100 万元的固定资产向保险公司投保火灾保险，保险合同有效期内发生保险责任范围内的损失，经查勘，受损财产按市价计算的修复费用为 60 万元，该固定资产受损当时的保险价值为 120 万元，则保险人应支付的赔款为：$60 \times 100 / 120 = 50$（万元）。

如果按账面原值确定的保险金额等于或大于保险价值，则按实际损失计算赔款金额，即：赔偿金额 = 损失金额 - 应扣残值

（二）流动资产的保险金额与赔款计算

1. 保险金额的确定

我国保险公司对企业财产中的流动资产，主要采取三种方式确定保险金额。

（1）按照流动资产最近 12 个月的平均余额确定保险金额。所谓最近 12 个月的账面平均余额是从承保当月向前倒推 12 个月的企业流动资产账面余额加总平均计算得出的月平均余额，并且以此作为企业流动资产投保时计算保险费的依据，即：流动资产的实际保险费 = 规定的保险费率 × 流动资产最近 12 个月的平均余额，而流动资产的实际保险金额则是流动资产发生损失当时的账面余额。所以，在这种承保方式下，平均余额为计算保险费的依据，保险金额为计算赔款的依据，流动资产损失当时的账面余额恒等于保险金额。该方式一般适用于流动资产变化较大且资产拥有量大的企业单位。

（2）按照流动资产最近账面余额确定保险金额。最近账面余额是指承保当月上一个月的企业流动资产会计账面价值登记的余额，并且以此作为承保企业流动资产的保险金额。

（3）按照投保人与保险人双方约定确定保险金额。

流动资产的保险价值一般是按出险时的账面余额确定。

2. 赔款的计算

（1）按照流动资产最近 12 个月的平均余额承保方式下的赔款计算。在流动资产发生全部损失时，由于保险金额就是流动资产发生损失当时的账面余额，这样就可以按照流动资产出险当时的账面余额（实际损失）确定保险人的赔偿金额。流动资产发生部分损失时，在保险金额限度内按实际损失计算赔偿金额。

（2）按照流动资产最近账面余额确定保险金额方式下的赔款计算。在流动资产发生全部损失时，则损失多少赔多少。在流动资产发生部分损失时，如果保险金额大于

或等于流动资产损失当时的账面余额，则按照实际损失赔偿；如果保险金额小于流动资产损失当时的账面余额，则应根据保险金额与流动资产出险当时的账面余额（实际损失）的比例计算保险人的实际赔款金额。

（三）已经摊销或不列入账面的财产的保险金额与赔款计算

1. 保险金额的确定

已经摊销或不列入账面的财产是根据企业财务管理的需要，按财产折旧的有关规定已经将财产的账面原值摊销完毕的财产；或者是某些特别情况下由被保险人占用、使用或保管而未列入企业会计科目的财产。对于这些不能按照财务会计科目计算价值的财产的保险金额的确定，则采取由投保人和保险人共同协商的方式，按财产的市价所反映的实际价值作为保险金额。

2. 赔款计算

（1）全部损失情况下的赔款计算。由于财产保险的保险金额为财产的实际价值，则保险财产发生全部损失时，按照保险金额赔偿；如果保险财产的保险金额高于保险财产损失时的实际价值，其赔偿金额以不超过保险财产损失当时的实际价值为限。

（2）部分损失情况下的赔款计算。由于保险财产的保险金额为财产的市价所反映的实际价值，因此这种保险形式为足额保险。在此情况下，保险财产发生部分损失后，保险人可按实际损失计算赔偿金额，但以不超过保险金额为限。

（四）保险财产损失发生后的施救、保护、整理费用支出的计算

保险财产发生保险责任范围内的损失时，保险人可以承担被保险人为了减少保险财产的损失而支付的施救、保护、整理费用。该费用的赔付必须与保险财产的损失赔偿金额分别计算，即施救、保护、整理费用不应该包括在保险财产的损失赔偿金额之内，而应单独计算。其赔付的最高限额为保险单列明的保险财产的有效保险金额。由于财产保险的承保方式不同，保险人在计算应该承担的被保险人支付的施救、保护、整理费用的方法也有所区别。

（1）在足额保险或超额保险的情况下，保险人在保险财产的保险金额限度内根据被保险人实际支付的施救、保护、整理费用计算应该承担的赔偿金额。

（2）在不足额保险的情况下，保险人根据保险金额与重置重建价值或出险当时的账面余额的比例计算应该承担的被保险人支付的施救、保护、整理费用，即：

$$赔款 = 实际支付的合理施救、保护、整理费用 \times 保险金额 / 财产实际价值$$

（五）保险财产损失发生后的残值的处理

保险财产遭受损失以后的残余部分，应当充分利用，协议作价折归被保险人，并且在保险人计算赔款时予以扣除，必要时也可由保险人处理。这里所说的保险财产遭

受损失以后的残余部分是指财产遭受损失以后尚有可以利用的经济价值，即残值。如果残值经协议作价折归被保险人，则保险人必须在计算赔款时予以扣除；如果保险财产的残值由保险人回收处理，那么保险人就不应该在计算赔款时扣减残值。

五、被保险人在企业财产保险过程中应尽的义务

财产保险合同是保险双方当事人同意履行规定的权利和义务的产物，被保险人在履行合同过程中，不能单方面要求保险人履行经济补偿的义务，还要遵守保险合同规定的被保险人应履行的义务。如果被保险人不履行规定的义务，保险人有权拒绝赔偿，或者书面通知被保险人中止保险合同。企业财产保险的被保险人应该履行如下义务：

（一）交付保费的义务

我国《保险法》第十四条规定："保险合同成立后，投保人按照约定交付保险费，保险人按照约定的时间开始承担保险责任。"因此，投保人必须按照保险合同所约定的期限和方法交付保险费。

（二）安全防灾的义务

被保险人应当遵守国家有关部门制定的保护财产安全的各项规定，对安全检查过程中发现的各种灾害事故隐患，在接到防灾主管部门或保险人提出的整改通知书后，必须认真付诸实施。我国《保险法》第五十一条规定："被保险人应当遵守国家有关消防、安全、生产操作、劳动保护等方面的规定，维护保险标的的安全。""投保人、被保险人未按照约定履行其对保险标的的安全应尽责任的，保险人有权要求增加保险费或者解除合同。"

（三）变更保险条件时的申请批改义务

在保险合同有效期内，如果被保险人名称变更、保险财产占用性质改变、保险标的坐落地点变动、保险标的危险程度增加及保险标的的权利转让等，被保险人应及时书面向保险人申请办理批改手续。如果需要增加保险费，被保险人应该按照规定补交。

（四）保险事故发生时的施救、通知义务

保险财产发生保险事故时，被保险人应当采取必要的施救措施，使损失减少到最低限度和防止灾害扩大。在保险事故发生时，被保险人还要保护现场并立即通知保险人，以便保险人及时进行现场查勘和必要的处理。

（五）提供索赔单证

被保险人在向保险公司提出索赔时，应提供下列单证：

（1）保险单正本。

（2）财产损失清单。

（3）有关部门出具的事故证明或技术鉴定书，包括发生火灾，应提供消防部门的证明；发生盗窃或恶意破坏，应提供公安部门的证明；发生锅炉、压力容器爆炸，应提供劳动部门出具的鉴定证明；发生雷击、暴雨、台风、暴风、龙卷风、雪灾、雹灾、泥石流等自然灾害时，应提供气象部门的证明。

（4）救护费用发票。

（5）必要的账簿、单据以及其他保险公司认为有必要的单证、文件。

第三节 利润损失保险

一、利润损失保险的含义

利润损失保险又称间接损失保险、营业中断保险或毛收入保险，是对被保险人（企业）因物质财产遭受自然灾害或意外事故导致损毁后，在一段时间内停产、停业引起的预期利润损失及营业中断期间必要的费用开支提供保障的保险。在我国利润损失保险，通常作为企业财产保险或机器损坏保险的附加险承保。只有当被保险财产发生了保险责任范围内的直接损失并获得保险人赔偿的前提下，保险人才能承担由于保险单所列明的保险责任对保险财产的破坏所引起的利润损失。

可见，利润损失保险是对传统的财产保险不予承保的间接损失提供保障。它以财产保险为基础，并且所承保风险必须与财产保险一致。利润损失保险赔偿的是投保企业合法、合理的经济损失。是指投保企业在未遭受灾害事故，正常营业或生产的条件下能够实现的收益或费用开支。利润损失保险对下列原因导致的利润损失不予承保：由于被保险人经营管理不善、计划不周或违反政府法令造成的利润减少；由于市价下跌、产品质量低劣、产品积压等原因造成的损失。

二、利润损失保险的赔偿期

赔偿期（Indemnity Period）是企业在保险有效期内遭受保险责任范围内的损失后，从企业利润损失开始形成到企业恢复正常生产经营所需要的具体时间，即企业财产受损后，立即进行重建，使其在短期内恢复到受灾前水平所需的一段时期，通常按照一个固定的时间长度来确定，或者以月为单位，或者以年为单位。保险人只对被保险人在赔偿期内遭受的间接损失予以赔偿，对超出赔偿期的损失均不负赔偿责任。

利润损失险的赔偿期与直接损失的保险期限是两个不同的概念。由于营业中断保险属于财产保险的附加险，因此间接损失的赔偿期的起点必须在企业财产保险单列明的保险期限之内，终点可以超出企业财产保险单列明的保险期限之外。因此，在承保营业中断保险时，必须根据企业财产保险单列明的保险标的发生最大限度的损失时，所需要的恢复或重置到损失发生前状态的最长时间内，由保险人和投保人确定合理的赔偿期限。

例如：某企业投保企业财产保险，保险期限为1年，保险单生效时间为2013年5月6日零时～2014年5月5日24时，该企业特约投保了利润损失险，约定赔偿期为10个月；2014年4月20日企业发生火灾，自2014年4月21日起进入停产恢复期，预计该企业将于1年后恢复正常生产；由于约定赔偿期为10个月，则保险人对于该企业1年内由于营业中断所产生的利润损失只承担10个月的赔偿。

三、利润损失保险的保险金额

与基础保单不同，利润损失险的保险金额通常由毛利润、工人利润、审计师费用或利息损失构成。

生产费用在直接损失发生后将暂时不再支出，在营业中断保险中不具有可保险利益，是计算营业中断保险的保险金额时必须扣除的部分；而固定费用则是在直接损失发生后为了企业的存在所必须支出的维持费用，在营业中断保险中具有保险利益，是计算营业中断保险的保险金额时必须考虑的部分。

为准确计算赔偿期的利润损失保险的保险金额，还必须先计算企业上一个会计年度的毛利润，用上年度的毛利润作为基础计算赔偿期可能形成的预期年毛利润。毛利润是净利润与固定费用（维持费用）之和，或营业额与生产费用之差。如果预计企业的营业状况将在上一年度的基础上进一步提高，同时考虑到通货膨胀的因素，企业的毛利润水平所体现的实际货币量将比上一年度增加，所以，按照上一个会计年度的损益表计算出来的预期年毛利润就可以作为保险公司承保间接损失保险时确定保险金额的依据。当然，预期年毛利润只是利润损失保险的保险标的最高可能实现的保险价值，投保人可以在预期年毛利润内确定利润损失险的保险金额。如果间接损失的保险金额超过预期毛利润，超过的部分为超额保险，保险公司不承担这部分超出预期毛利润的保险金额的损失。

在实际工作中，利润损失保险的保险金额与赔偿期存在着密切联系。一般来说，赔偿期在12个月或12个月以内时，保险金额可以根据按照上一个会计年度的损益表计算出来的预期年毛利润直接进行计算。如果赔偿期超过12个月，保险金额就必须在按照上一个会计年度的损益表计算出来的预期年毛利润的基础上增加一定的保险金额。

在确定间接损失保险的保险金额时，还可以将工资部分从固定费用中扣除，单独承保，单独计算保险金额。

四、利润损失保险的保险费与保险费率

由于利润损失保险是附属于财产保险单的附加或特约责任，因此利润损失保险的费率通常以财产保险单的基本费率为基础，再根据赔偿期的长短乘以规定的百分比。而且财产保险单附加或特约的保险责任越多，针对财产的直接损失所确定的总保险费率越高，利润损失的保险费率水平也越高。因此，在确定利润损失保险的保险金额后，根据赔偿期的不同，将保险金额乘以财产保险单的总保险费率，就可以得出利润损失保险的保险费。

表 4-2　　　　　　　　　　赔偿期与保险费率关系表

赔偿期（月数）	保险费率（%）
2	50
3	60
5	90
6	100
12	150
18	135
24	120
90	90

表 4-2 的使用方法为：当财产保险单的总保险费率为 1‰ 时，间接损失赔偿期如果规定为 5 个月，则费率标准为 1‰ × 90%。

五、利润损失保险的赔偿处理

（一）赔偿金额的计算

由于利润损失险的保险标的实际上是企业毛利润的损失，因此其赔款计算主要围绕着毛利润损失和费用支出，即因营业额减少所形成的毛利润损失、因营业费用增加而减少的毛利润及因压缩固定开支而减少的毛利润损失。

1. 营业额或销售额减少所形成的毛利润损失

企业发生财产的直接损失后，营业额或销售额会出现下降的局面，其最坏的结果是营业额或销售额为零。如果企业在损失发生后，还能够有一定的营业额或销售额，

则这种在赔偿期实现的营业额或销售额与按照上一个会计年度的营业额或销售额计算出来的预期营业额或销售额之间的差额所形成的毛利润损失则是需要保险人根据保险合同予以赔偿的。其计算公式如下：

营业额减少所形成的毛利润损失 =（预期营业额 – 赔偿期实现的营业额）
×（上年度毛利润/上年度营业额）×100%

上列公式中，预期营业额为赔偿期应该实现的标准营业额加上生产发展或通货膨胀因素后所形成的，即：

预期营业额 = 赔偿期应该实现的标准营业额 ×（1 + X%）

这里的 X% 就是由于生产发展或通货膨胀因素所增加的营业额比率，而公式中的（上年度毛利润/上年度营业额）×100% 则为预期毛利润率。需要注意的是，这个毛利润率并非反映上一个会计年度的毛利润水平，而是根据预期毛利润确定的预测赔偿期毛利润水平的一个指标。

例如：某企业于 2010 年 1 月 16 日投保企业财产保险并附加利润损失险，保险合同列明间接损失的赔偿期为 6 个月。该企业于 2010 年 2 月 1 发生火灾，营业额比上年度下降了 80%。经专家论证该企业将在 2011 年 1 月底恢复正常生产。那么该企业因营业额减少所形成的毛利润损失是多少？

根据该企业上一年度损益表，企业的营业额为 1000000 元，企业上一年度的毛利润为 300000 元，预计企业年内营业额增长的比率为 10%，则营业额减少所形成的毛利润损失为：

预期营业额 =（1000000 × 6/12）×（1 + 10%）= 550000（元）

赔偿期实现的营业额 = [1000000 –（1000000 × 80%）]× 6/12 = 100000（元）

预期毛利润率 = 300000 ×（1 + 10%）÷ 1000000 × 100% = 0.33

营业额减少所形成的毛利润损失 =（550000 – 100000）× 0.33 = 148500（元）

2. 营业费用增加所形成的毛利润损失

企业发生财产的直接损失后，被保险人为了恢复生产或解决临时性营业或销售的需要，可能需要发生因临时租用营业用房或其他与减少企业间接损失有关的费用开支，由于这部分费用是企业为了减少营业中断所造成的损失而形成的支出，保险人可以将其视为被保险人毛利润的损失，承担损失赔偿的责任。但这项费用以不超过被保险人在赔偿期挽回的营业额所形成的利润为限。这种限制在利润损失保险中称为"经济限度"。计算经济限度的公式为：

经济限度 = 赔偿期营业额 × 毛利润率

即为减少企业间接损失而增加的营业费用支出不能超过经济限度。

例如，某企业灾后为挽回损失，临时租用厂房支出费用 30000 元，期间完成营业额 80000 元，假如反映上年度毛利润水平的毛利润率为 30%，则经济限度为 80000 × 30% = 24000（元），可见租用厂房的费用超过了经济限度，在经济限度内的 24000 元可以构成营业费用增加所形成的毛利润损失的一部分,而另外超过经济限度的6000元则不构成毛利润损失。

3. 压缩固定费用开支所形成的毛利润损失减少

在实际工作中,企业发生损失后,作为固定费用的水电费的支出由于生产的暂时中断往往出现减少的情况。因此,在计算利润损失保险的赔款时,可以扣减由于生产的中断实际减少的水电费用的支出部分。例如,按照企业损益表中所列明的水电费支出为10000元,在发生损失后实际开支按50%计算,则企业的实际毛利润损失将减少 $10000 \times 50\% = 5000$(元)。

4. 利润损失保险的赔偿金额计算公式

根据上面的分析,在实际处理营业中断保险的赔偿金额计算过程中,必须考虑三个最基本的因素,即营业额减少所造成的毛利润损失、营业费用增加所造成的毛利润损失和固定费用实际开支少于确定保险金额时的数额而出现的毛利润实际损失减少的情况。同时,与企业财产保险的理赔处理方式相同,如果营业中断保险的保险金额大于或等于预计的赔偿期毛利润,保险公司可按实际损失的毛利润计算;如果利润损失保险的保险金额小于预计的赔偿期毛利润,则可采取比例赔偿方式。因此,其计算公式如下:

$$利润损失保险赔偿金额 = (营业额减少所造成的毛利润损失$$
$$+ 营业费用增加所造成的毛利润损失$$
$$- 压缩固定费用支出所减少的毛利润损失)$$
$$\times 保险金额 / 预计的赔偿期毛利润$$

(二) 利润损失保险的免赔额

营业中断保险的免赔额计算方式有:按货币量计算和按时间计算。按货币量计算就是保险业务中最普遍采用的规定损失金额的方式。按时间计算是规定间接损失形成后的一定天数为免赔时间。在营业中断保险中,无论采用何种免赔额的计算方式,都可以选择绝对免赔额和相对免赔额的处理方式。

六、利润损失保险的特别附加条款

营业中断保险还可根据被保险人要求在增加支付保险费的基础上扩展以下责任范围:

1. 通道堵塞条款

该条款主要承保被保险财产的进口通道因附近其他建筑物受毁而堵塞,使原料或顾客无法正常进入而造成被保险人停产所形成的利润损失。

2. 谋杀条款

该条款主要承保餐饮业或宾馆的营业场所因发生谋杀、自杀、猝死等事件后,使顾客因恐惧心理而不愿光顾或住宿造成被保险人停业所形成的利润损失。

3. 遗失债权证明文件条款

又称遗失欠款账册损失条款。该条款主要承保被保险人因营业中断保险责任范围内的风险造成债权证明文件（如账册、资料）的灭失而无法正常地从债务人那里追回欠款所造成的损失。

4. 公共事业扩展条款

该条款主要承保因被保险人遭受保险责任范围内的损失后，公用事业单位为了安全而暂时中止对被保险人水、电、气的供应，使被保险人停产而遭受的利润损失。

5. 恢复保险金额条款

在保险期间发生间接损失造成部分损失，被保险人在获得保险公司部分赔偿后，保险金额会相应减少，被保险人可支付规定的保险费，补足保险金额。

6. 调整保险费条款

调整保险费条款，在保险合同有效期内，由于企业生产经营或市场变化等原因，导致毛利润少于保险金额，被保险人可根据审计师的证明，要求保险公司按比例退还保险费的差额，并冲减利润损失保险的保险金额。

7. 包括全部营业额条款

包括全部营业额条款，即在赔偿期限内，如果为获得营业收入，被保险人或其他代表在营业处所之外的地点销售货物或提供服务所得到的或应得到的收入金额，在计算赔偿期限的营业额时应当包括在内。

8. 未保险的维持费用条款

未保险的维持费用条款，即如果被保险人未投保维持费用或仅投保几项维持费用，则在损失赔偿中，增加的营业费用中可赔付的金额应按毛利润与毛利润加上未保险的维持费用的比例计算。

第四节 家庭财产保险

一、家庭财产保险的概念与分类

家庭财产保险简称家财险，是财产保险的一种，是面向城乡居民家庭并以其住宅及存放在固定场所的物质财产为保险对象的保险，它强调保险标的的实体性和保险地址的固定性，属于火灾保险的范畴。

根据分类标准不同，家庭财产保险可以划分为多种类型。

根据承保标的不同，家庭财产保险可以分为房屋保险和其他财产保险，如农房保险,房屋装潢保险均属于房屋保险,家用电器专项保险、液化气罐保险等属于其他财产保险。

按承保风险划分可以分为单一风险家庭财产保险和综合家庭财产保险。单一风险家庭财产保险,只承保某一种风险责任,如城乡居民住宅地震巨灾保险;综合家庭财产保险指保险人在一张保单中承保多种风险责任,如保险市场上家庭财产综合险保单即属此类。

按照承保方式划分,可以分为家庭财产保险主险和附加险两类。家庭财产保险主险是由保险人单独出具保险单予以承保,附加险则只能在主险保险单基础上承保,它是对主险不予承保的风险或财产,经保险人与投保人特别约定后以附加险形式承保。

按家财险产品的功能可以划分为消费型、储蓄型、组合型。这三种不同的家财险种侧重的功能各有不同。消费型家庭财产保险,最大特点是保费低廉,若保险期满后,未出险则投保人所缴纳的保险费不予退还。储蓄型家财险则兼具储蓄和保障双重功能,保险期满时,无论在保险期内是否发生赔付,保险公司都会在保险期满按约定利率向被保险人返还本息;组合型的家财险就是将财产保险与人身保险的一些险种组合在一张保单中,如人保财险的美满e家组合保险,就是将火灾爆炸保险、盗抢险、管道破裂及水渍险、居家责任保险及人身意外伤害保险组合在一张保单中。

二、普通家庭财产保险

(一) 家庭财产保险的承保范围

1. 可保财产

凡是属于城乡居民所有或使用坐落于保险单载明固定地点的下列家庭财产均可以直接向保险公司投保:(1) 房屋及其室内附属设备(如固定装置的水暖、气暖、卫生、供水、管道煤气及供电设备、厨房配套的设备);(2) 室内装潢;(3) 室内财产:家用电器(包括安装在房屋外的空调器和太阳能热水器等家用电器的室外设备)和文体娱乐用品;衣物和床上用品;家具及其他生活用具;(4) 存放于院内室内的农机具、农用工具、生产资料、粮食及农副产品,但拖拉机、农用机械等需要另行投保专项保险。

2. 特保财产

投保人必须向保险人特别约定才能投保的财产,特保财产通常具有以下特征:其一,财产的实际价值很难确定,必须由专业鉴定人员或公估部门才能确定价值,如金银、珠宝、玉器、首饰、古玩、古书、字画等;其二,不属于普通的家庭财产,为专业人员在家庭从事业余研究和发明创造所使用的专业仪器和设备,如无线电测试仪器、专业光学设备等。因不同的保险人对于保险财产的界定有不同规定,上述必须特别约定才能投保的财产也可列入保险人不予承保的财产范围。

中国人保公司的家庭财产保险保单规定,下列财产经保险合同双方特别约定并在保险单中载明才能承保:(1)属于被保险人代他人保管或者与他人共有而由被保险人负责的前述财产;(2)无人居住的房屋以及存放在里面的财产;(3)被保险人所有的其他家庭财产。其中代保管财产不包括从事生产经营的个体工商户,如洗染店、寄售店、修理店、服装加工店、代销代购店等代他人修理、加工、保管的财产,不能纳入家庭财产保险特保财产范围。

3. 不保财产

家庭财产保险中的保险人不予承保的财产通常具有以下特征:第一,损失发生后无法确定具体价值的财产;第二,日常生活所必需的日用消费品;第三,法律规定不容许个人收藏、保管或者拥有的财产;第四,处于危险状态下的财产;第五,保险人从风险管理的需要出发,声明不予承保的财产。

家庭财产保险的不保财产包括:(1)金银、珠宝、钻石及制品,玉器、首饰、古币、古玩、字画、邮票、艺术品、稀有金属、手表等珍贵财物;(2)货币、票证、有价证券、文件、书籍、账册、图表、技术资料、电脑软件及电子存储设备和资料;(3)日用消耗品、机动车、商业性养殖及种植物;(4)仅用于生产和商业经营活动的房屋及其他财产;(5)用芦席、稻草、油毛毡、麦秆、芦苇、竹竿、帆布、塑料布、纸板等为外墙、屋顶的简陋屋棚及柴房、禽畜棚;与保险房屋不成一体的厕所、围墙;(6)政府有关部门征用、占用的房屋,违章建筑、危险建筑、非法占用的财产;(7)保险人认为不适于在家庭财产保险中投保的其他家庭财产。

(二)保险责任的范围

1. 家庭财产保险基本险责任

家庭财产保险基本险责任是保险人直接承保的保险责任。我国家庭财产保险直接承保的基本保险责任有:火灾;爆炸;雷击;空中运行物体的坠落;在发生上述灾害事故时,因防止灾害蔓延或施救所采取的必要措施造成保险财产的损失和支付的合理费用。

2. 家庭财产保险综合险责任

在保险期间内,由于下列原因造成保险标的的损失,保险人按照保险合同的约定负责赔偿:(1)火灾、爆炸;(2)雷击、台风、龙卷风、暴风、暴雨、洪水、暴雪、冰雹、冰凌、泥石流、崩塌、突发性滑坡、地面突然下陷;(3)飞行物体及其他空中运行物体坠落,外来不属于被保险人所有或使用的建筑物和其他固定物体的倒塌。

3. 附加责任

附加盗窃险,即有明显撬窃痕迹的盗窃行为对于存放在保险单列明地点的除了特约承保的财产之外的保险财产造成的破坏和损失,这是由于盗窃风险的特殊性,故保险人根据业务管理的需要,将其作为特约承保的风险。

4. 责任免除

保险人对于家庭财产保险单项下所承保的财产由于下列原因造成的损失不承担赔偿责任:

(1) 战争、敌对行动、军事行为、核辐射、核爆炸、核污染及其他放射性污染;

(2) 被保险人及其家庭成员、寄宿人、雇佣人员的故意或违法行为;

(3) 地震、海啸及其次生灾害;

(4) 行政行为或司法行为;

(5) 保险标的遭受保险事故引起的各种间接损失;

(6) 家用电器因使用过度、超电压、短路、断路、漏电、自身发热、烘烤等原因所造成本身的损毁;

(7) 坐落在蓄洪区、行洪区,或在江河岸边、低洼地区以及防洪堤以外当地常年警戒水位线以下的家庭财产,由于洪水所造成的一切损失;

(8) 保险标的本身缺陷、保管不善导致的损毁;

(9) 保险标的的变质、霉烂、受潮、虫咬、自然磨损、自然损耗、自燃、烘焙所造成本身的损失;

(10) 堆放在露天的财产,或用芦席、油毛毡、麦秆、帆布等材料为外墙、棚顶的简陋罩棚下的财产及罩棚,由于暴风、暴雨所造成的损失;

(11) 其他不属于本保险合同载明的保险责任范围内的损失和费用。

(三) 保险费率、保险金额和赔款计算

1. 家庭财产保险的保险费率

家庭财产保险的保险费率应该按投保财产坐落地点的实际危险程度制定,可以分为城市、乡镇和农村三类危险等级,每个等级又可以根据财产的实际坐落地点的位置和周围环境划分若干档次,以体现制定保险费率所应遵循的合理负担的原则。我国目前开办的家庭财产保险业务实行的是区域范围内的统一费率,在具体的保险人业务区域内,实行无差别费率,费率的标准在2‰~5‰。

2. 家庭财产保险的保险金额与赔款计算

家庭财产的保险金额一般有两种确定方式:一是保险人提供以万元为单位设置若干保险金额档次,投保人可以根据需要自行选择投保,如1万元、5万元、10万元和50万元等。二是由投保人根据家庭财产保险标的的实际价值自行估价确定。可根据保险人提供的各大类财产在保险金额中所占的比例确定。(1) 房屋及室内附属设备、室内装潢的保险金额由投保人根据当时实际价值自行确定。(2) 室内财产的保险金额由投保人根据当时实际价值分项目自行确定。不分项目的:按各大类财产在保险金额中所占比例确定,即室内财产中的家用电器及文体娱乐用品占40%(农村30%),衣物及床上用品占30%（农村15%），家具及其他生活用具占30%。(3) 农机具等财产的保险金额由投保人根据当时实际价值分项目自行确定。(4) 特约财产的保险金额由投保人和保险人双方约定，并在保险单中载明。

家庭财产保险业务的保险金额可以采取单一总保险金额制与分项总保险金额制。单一总保险金额制是指保险单只列明家财险的总保险金额。采取单一总保险金额制时，保险人只要求投保人根据投保财产的实际价值确定保险金额，而不考虑财产的类别。而分项总保险金额制是指保险单列明的总保险金额为各项财产保险金额之和。采取分项总保险金额制时，有两种操作方法：一种是投保人按照保险人提供的投保单所列明的投保财产的类别分项列明保险金额或者列明投保财产的名称及其保险金额，然后将各类财产的保险金额之和作为总保险金额；另一种是根据家庭财产的不同种类标明各种家庭财产所适用的保险费率，然后按照这个保险费率分别计算各类家庭财产的保险金额，最后计算保险单的总保额。

我国家庭财产保险业务采取第一危险的赔偿方式，凡是属于保险责任范围内的损失均可以在保险金额限度内获得赔偿。实际业务的处理过程是：保险人确定保险财产的损失属于保险责任范围后，根据保险财产的实际损失和保险财产损失当时的市场价值，并且按照其使用年限折旧计算赔款，最高赔偿金额以保险单规定的保险金额为限。保险财产损失后的残余部分折价后从赔款中扣除，归被保险人所有。

由于确定保险金额的方式不同，保险人在处理其赔款时采取的方式也不同：在单一总保险金额制方式下，其赔款计算主要是使实际赔款控制在保险金额限度内；在分项总保险金额制方式下，其赔款计算应该使实际赔款控制在分项保险金额和总保险金额限度内。

三、家庭财产保险的其他险种

为了使家庭财产保险业务更加广泛地开展，我国的保险公司还推出了家庭财产两全保险、家庭财产定期还本保险和家庭财产长效还本保险、团体家庭财产保险。这些险种前三种除在支付保费方面以支付保险储金所产生的利息作为保险费，并且按约定返回储金或本息而与普通家庭财产保险不同外，其余事项均相同；团体家庭财产保险则是以团体为投保单位，保障该团体职工的家庭财产的业务。这是为了满足企事业单位和其他法人团体为职工统一办理家庭财产保险的需要而采取的一种承保方式。

（一）家庭财产两全保险

该保险业务结合储蓄的部分功能，将每千元单位保险金额的保险费率设计为储金的方式，在规定的保险期限内，无论是否发生保险事故，保险期限结束时，投保人都可以领取以保险费形式交付给保险人的储金。即使在保险期限内发生了保险事故，保险人已经支付了相当于保险金额的赔款，投保人仍然可得到所交付的保险费形式的储金。但领取这笔储金的时间必须是已经生效的保险单规定的保险期限结束的时间，因为保险人经营该种保险业务所获得的实际保费是储金运用所产生的利息收入。

（二）家庭财产长效还本保险

家庭财产长效还本保险是在家庭财产两全保险基础上推出的险种。其具体做法是：投保时收取储金，合同终止或退保时退还，以1年（或3年）为一期，到期被保险人不申请退保，保险单自动续转。该保险业务形式将家庭财产两全保险单所规定的保险期限进行了调整，只列明保险责任的开始时间，不规定保险责任的结束时间，其保险期限的结束只有一个条件：保险单生效满一年。投保只要在保险单生效一年后的任何时间宣布终止保险合同，保险人即退还以保险费形式交付的储金。如果投保人不要求保险人退还这笔储金，则保险合同长期有效。即使发生了保险事故，保险人向被保险人支付了全部保险金额的赔款，只要投保人不要求保险人退还储金，这笔储金将自动为投保人开立一份新的保险单。这种长效保险的形式降低了保险业务成本，为保险人提供了一种可以进行长期投资的资金来源，也避免了投保人每年续保的麻烦。但是，由于我国开办这种业务采取的是"一揽子"保险责任的承保方式，保险责任过于宽泛，随着一揽子责任向单一责任的过渡，这种业务的储金所派生保险费可能低于正常的家庭财产保险业务的毛费率标准，如果保险人应用资金的效益不佳，则可能会造成这项业务的亏损。

家庭财产长效还本保险还有以下几个优点：第一，简化了手续。保险单采用到期自动续转，减少了被保险人每年续保和保险人收取保险费的工作量；第二，名称通俗易懂，展业宣传效果较好；第三，保险公司内部减少了手续费的支出，同时因每年不再续保出单，也节省了单证及人力费用；第四，积累的大量储金可以进行投资运用；第五，易于巩固业务。另外，为了扩展业务，还可开展还本付息保险，其分为定期还本付息保险和长效还本付息保险，它是上述业务的进一步扩展，区别点在于：除了返还储金外，还返还部分利息。

（三）城乡居民住宅地震巨灾保险

2016年7月1日，中国城乡居民住宅地震巨灾保险产品正式全面销售，标志着我国城乡居民住宅地震巨灾保险制度正式落地。这是我国巨灾保险制度由理论向实践迈出的重要一步，也是保险行业服务经济发展和社会民生的重要举措。城乡居民住宅地震巨灾保险是在深圳、宁波、云南、四川等地结合地方实际先行试点的基础上，根据"保基本、广覆盖、价格低、易接受"的原则设计的。

1. 保障对象

城乡居民住宅地震巨灾保险的保障对象为城乡居民住宅，以达到国家建筑质量要求（包括抗震设防标准）的建筑物本身及室内附属设施为主，不包括室内装潢、室内财产及附属建筑物。其中，室内附属设施指固定于房屋内部的供暖、卫生、供水、管道煤气及供电设施。附属建筑物则指附属于房屋外部或者独立于房屋的围墙、院门、车库、储物棚或储物室、游泳池、球场、喷泉、池塘、禽畜间等。

2. 保险责任

对发生 4.7 级（含）以上且最大烈度达到Ⅵ度以上的地震，及其引起的海啸、火灾、火山爆发、爆炸、地陷、地裂、泥石流、滑坡、堰塞湖及大坝决堤造成的水淹等次生灾害，造成城乡居民住宅一定程度损失的，保险人负责赔偿。

上述保险责任基本涵盖较严重的地震灾害，能够保障投保人房屋所面临的主要地震风险，符合巨灾保险的应有内涵。

3. 保险金额

城乡居民住宅地震巨灾保险的保险金额主要根据我国居民住宅的总体结构、平均再建成本、灾后补偿救助水平等情况，按城乡有别确定保险金额，城镇居民住宅基本保额每户 5 万元，农村居民住宅基本保额每户 2 万元。投保人也可与保险公司协商确定保险金额，运行初期保险金额最高不超过 100 万元（钢结构及钢混、混合结构的住宅保险金额最高不超过 100 万元；砖木结构保险金额最高不超过 10 万元；其他结构保险金额最高不超过 6 万元，超过部分无效）。

4. 保险费率

城乡居民住宅地震巨灾保险的保险费率是以中国保险行业协会发布的示范条款为主，结合地区地震风险高低以及建筑结构不同等因素确定，并适时调整。保险费的计算公式为：

$$年保险费 = 保险金额 \times 年基准费率 \times 区域调整因子 \times 建筑结构调整因子$$

5. 赔偿处理

保险标的因地震造成损坏时，由保险人或经保险人同意的理赔专业人员依据《国家建（构）筑物地震破坏等级划分标准 GB/T 24335 - 2009》的规定定损，并根据破坏等级分档理赔。当破坏等级在Ⅰ~Ⅱ级时，标的基本完好，不予赔偿；当破坏等级为Ⅲ级（中等破坏）时，按照保险金额的 50% 确定损失；当破坏等级为Ⅳ级（严重破坏）及Ⅴ级（毁坏）时，按照保险金额的 100% 确定损失。

我国城乡居民住宅地震巨灾保险赔偿标准的设定，有助于提高城乡居民住宅抗震等级，降低投保成本，避免逆向选择，维护其他投保人利益。

四、家庭财产保险的附加险

1. 家庭财产综合保险附加盗抢保险

其是在家庭财产保险主险基础上专门以被保险人可能遇到的盗窃风险为承保责任

的一种附加险。对保险期间内，被保险人存放于保险单所载明地址内的保险标的，由于遭受外来人员盗窃或抢劫，并已经公安部门确认为盗抢行为所致的直接损失，保险人按照附加险合同的约定负责赔偿。盗抢险对以下损失不承担赔偿责任：（1）保险标的因外来人无明显盗窃痕迹、窗外钩物行为所致的损失；（2）保险标的因门窗未锁而遭盗窃所致的损失；（3）保险标的因被保险人的雇佣人员、同住人、寄宿人盗窃所致的损失；（4）保险财产在存放处所无人居住或无人看管超过三十天的情况下遭受的盗窃损失；（5）约定的免赔额或按免赔率计算的免赔额。

由于盗窃险是居民家庭财产面临的常见风险之一，大多数城乡居民在投保家庭财产保险时多半会选择加保此项风险，盗窃险也因此在家庭财产保险中占据重要地位。

2. 附加地震保险

附加地震保险是在家庭财产保险主险基础上专门为被保险人提供的地震风险的保障。只有在投保了家庭财产保险相关主险的基础上，经保险合同双方特别约定，保险人才能扩展承保地震保险。投保人可选择保险标的的种类，既可单独投保房屋或室内财产，也可一并投保。其保险责任为：保险人对保险标的因破坏性地震（国家地震部门公布的震级 M5 级且裂度达到Ⅵ度以上的地震）震动或由此引起的海啸、火灾、火山爆发、埋没、爆炸、地陷、地裂、泥石流及滑坡而造成的直接损失，承担赔偿责任。保险标的在连续 72 小时内遭受一次或多次地震（余震）所致损失保险人视为一次单独事故。

附加地震保险除外责任主要包括：（1）保险标的未达到国家建筑质量要求（包括抗震设防标准）的损失；（2）引发核爆炸、核反应、核辐射或放射性污染的损失；（3）被保险人的各种间接损失；（4）首次投保该附加险，保险期间开始之日起 60 日内地震导致保险标的发生的损失，但续保不受此限；（5）每次事故绝对免赔率为 20%。

3. 附加第三者责任保险

家庭财产附加第三者责任保险承保被保险人（或其同住的家庭成员及雇员）在保险单载明的住所，因过失造成第三者的人身伤亡或财产的直接损毁，依法应由被保险人承担的经济赔偿责任。保险事故发生后，被保险人因保险事故而被提起仲裁或者诉讼的，对应由被保险人支付的仲裁或诉讼费用以及事先经保险人书面同意支付的其他必要的、合理的费用（即法律费用），保险人按照保险合同约定也负责赔偿。

此外，为满足投保人的各种需要，在家庭财产综合保险基础上保险人还开设了多种附加险，如家庭财产保险附加管道破裂及水渍保险、家用电器用电安全保险、家用煤气液化气设备专项保险、现金和金银珠宝盗抢保险等。

本章小结

火灾保险是指以火灾为主要责任的保险，除了承保火灾外，还承保各种自然灾害和意外事故。保险市场上习惯地将物质损失保险称为火灾保险。我国目前的企业财产保险、家庭财产保险和房屋保险都属于火灾保险。

我国火灾保险分为火灾保险基本险和火灾保险综合险。目前国内企业财产保险险种主要包括：财产保险基本险、财产保险综合险、财产保险一切险及其附加险种。企业财产保险的费率，主要根据被保险财产的种类、占用性质、地理位置，按照财产危险性的大小、损失率的高低、保险责任范围、保险期限以及经营费用等因素制定。企业财产保险在保险标的、保险金额确定及赔款计算等方面均表现出与其他财产险业务不同的特征。

利润损失保险又称间接损失保险、营业中断保险或毛收入保险，是对被保险人（企业）因物质财产遭受自然灾害或意外事故导致损毁后，在一段时间内停产、停业引起的预期利润损失及营业中断期间必要的费用开支提供保障的保险。在我国利润损失保险，通常作为企业财产保险或机器损坏保险的附加险承保。

家庭财产保险是面向城乡居民家庭并以其住宅及存放在固定场所的物质财产为保险对象的保险。根据分类标准不同，家庭财产保险可以划分为多种类型。目前，我国家庭财产保险主要险种有：普通家庭财产保险、家庭财产两全保险、家庭财产长效还本保险及城乡居民住宅地震巨灾保险等。我国家庭财产保险采取第一危险的赔偿方式，这是家财险区别于其他财产保险的最主要特征。

复习思考题

1. 如何确定企业财产保险的保险金额？
2. 企业财产保险业务的施救费用是如何处理的？
3. 比较利润损失保险中的赔偿期与保险期限。
4. 利润损失险的保险金额如何确定？
5. 解释第一危险的赔偿方式。
6. 你如何评价我国家庭财产保险的发展现状？其前景如何？

第五章

国内运输工具保险

运输工具保险是承保因遭受自然灾害和意外事故造成的运输工具的损失及第三者损害赔偿责任的保险。运输工具保险（Vehicle Insurance）是以各种运输工具本身（如汽车、飞机、船舶、火车等）和运输工具所引起的对第三者依法应负的赔偿责任为保险标的的保险。根据运输工具的种类不同一般将运输工具保险分为机动车辆保险、船舶保险、飞机保险以及其他运输工具保险（包括铁路车辆保险、排筏保险）。

运输工具保险在财产保险中占有非常重要的地位，尤其是汽车保险（我国称为机动车辆保险），成为许多国家非寿险的第一大险种，我国也不例外。

运输工具保险区别于其他财产保险标的特征主要有：第一，由于运输工具经常处于流动状态，因而使保险人承保的风险具有多样性；第二，由于驾驶人员的素质、运输工具以及运输工具所面临的地区和环境不同，使得保险人面临的风险与保险事故的发生具有复杂性；第三，由于运输工具保险承保范围不仅包括有形的物质损失，还包括无形的责任风险和相关的费用损失，因而运输工具保险的保险标的范围具有广泛性。

第一节 机动车辆保险

一、机动车辆保险概述

（一）机动车辆保险的特点

作为我国财产保险市场的主要业务种类，机动车辆保险（Automobile Insurance）是以机动车辆本身及机动车辆对第三者依法应负的赔偿责任为保险标的的保险，在国外被称为汽车保险。

与其他财产保险相比较，机动车辆保险具有以下特点：

1. 机动车辆保险属于不定值保险

由于机动车辆的价格在不断变化之中，并且随着车龄的增加，不断折旧，因此，对车辆损失保险，一般采用不定值保险的方式。保险人对机动车辆损失时的赔偿金额不超过车辆损失时的实际价值，并最高以保险金额为限。

2. 机动车辆保险的赔偿主要采取修复方式

一般保险车辆发生部分损失的情况下，保险公司一般采取修复的赔偿方式，即按保险车辆损失部件的修复费用进行赔偿。

3. 机动车辆保险赔偿采取绝对免赔的方式

一般根据被保险人在交通事故中的责任轻重，规定一次事故的绝对免赔额（率），对负全责或单方面肇事的，免赔额（率）最高；对负次要责任的，免赔额（率）最低；对无责的，则无免赔。此项规定实际上是让被保险人与保险人共同承担损失，以增强被保险人的风险意识，进而减少保险事故发生。

4. 机动车辆保险实行无赔款优待方式

机动车辆保险的无赔款优待，是指在机动车辆保险实务中，对上年未发生保险事故的保险车辆，在续保时对投保人实行保险费折扣或优待方式，旨在鼓励被保险人注意安全驾驶，以减少机动车辆保险事故发生。

5. 机动车辆保险损失赔偿的特殊规定

保险车辆发生保险事故，导致全部损失，或一次赔款金额与免赔额之和等于保险金额，保险人在支付赔款后，保险责任即行终止。但在机动车辆保险单有效期限内，不论发生一次或多次保险责任范围内的损失或费用支出，只要每次赔偿未达到保险金额，保险责任继续有效至保险期限结束。而机动车辆第三者责任险，无论每次事故赔款是否达到保险赔偿限额，保险责任继续有效，直至保险期满。

（二）我国机动车辆保险的发展与变革

近30年来，机动车辆保险业务在我国财产保险领域占据主导地位。作为财产保险公司的主要业务来源，车险在财产险市场上发挥了重要作用。长期以来我国车险保费收入占到整个财产险保费收入的70%以上。根据中国保险监管委员会发布的2017年保险市场运行情况，2017年我国车险业务实现原保险保费收入7521.07亿元，同比增长10.04%，占整个财产险业务原保费收入的76.48%。机动车辆保险为全社会提供风险保障169.12万亿元，同比增长26.51%。我国机动车辆保险经历了保险条款、保险费率、保险市场及中介市场的规范等一系列变革。

自1980年恢复国内机动车辆保险直至2002年，我国采用的基本上是统一的机动车辆保险条款，其中最具代表性的是中国保监会2000年2月12日下发的并自2000年7月1日起执行的《机动车辆保险条款》。至2003年1月起，我国开始推行机动车辆保险市场化改革，各保险公司结合自身特点推出了具有各自特色的机动车辆保险产品，至此我国机动车辆保险结束了全国统一保险条款的格局，初步实现了产品多样化，即根据不同客户的风险需求提供个性化的产品，以及根据不同客户的风险程度核收保费，实现费率个性化。由保险公司自己制定的从2003年1月1日起正式实施的机动车辆保险新条款，充分体现出费率个性化、产品多样化和服务优质化的特点。

2004年5月1日实施的《中华人民共和国道路交通安全法》，将第三者责任保险列入法律强制保险的范围。2006年7月1日，我国实施的《机动车辆交通事故责任强制保险条例》（简称交强险），明文规定了交强险的强制实施。为了进一步规范机动车辆保险市场，中国保险行业协会逐步推出了协会条款，2006年保险行业协会推出了包括车辆损失保险和商业三责保险两个险种的A、B、C三套商业机动车辆保险条款，由各财产保险公司自主选择一套于2006年7月1日实施。2007年又在2006版条款基础上经过修订和扩充，完成了2007版车险行业条款，并于2007年4月1日起全面启用。机动车辆保险行业条款进一步扩大了覆盖范围，涵盖了机动车损失保险、机动车第三者责任保险、车上人员责任险、全车盗抢险、不计免赔率特约险、玻璃单独破碎险、车身划痕损失险和车损免赔额险这8个险种，并简化和规范了费率调节系数，实现了与机动车交通事故责任强制保险的进一步链接。行业指导性条款进一步提高了机动车辆保险产品标准化程度，2007版的车险行业条款仍然为A、B、C三套，保障范围、费率结构、费率水平和费率调节系数虽然略有差异，但基本一致，且更为完善。2009年后车险协会条款逐步被采用，但各保险公司之间还是有所差异。

2009年北京进行了机动车辆保险浮动费率制度改革，2010年深圳保险行业进行了机动车辆保险市场化的试点。2012年以来中国保险行业协会每年都推出商业车险标准示范条款。我国2015年开始实施由中国保险行业协会负责制定的机动车辆保险示范条款，为车险条款市场化改革提供了一个示范的蓝本，供财产保险公司参考。

2016年6月底，商业车险费率市场化在全国范围内全面铺开。目前，我国车险市场形成了以行业示范条款为主体，各公司自主创新条款为补充的商业车险条款费率体系，从根本上改变了过去车险产品同质化严重的情况，有利于满足车主和消费者多样化、个性化的保险需求。真正实现了将车险选择权交给消费者，将定价权交给市场。

二、机动车损失保险

目前我国机动车损失保险分为主险与附加险。主险包括机动车损失保险、机动车第三者责任保险、机动车车上人员责任保险、机动车全车盗抢保险共四个独立的险种，投保人可以选择投保全部险种，也可以选择投保其中部分险种。

附加险不能独立投保,只能在购买主险的基础上才能选择投保,如玻璃单独破碎险、自燃损失险、新增加设备损失险、车身划痕损失险、发动机涉水损失险、车上货物责任险等。

(一) 机动车损失保险的标的

我国机动车辆保险所承保的机动车辆是指经公安交通管理部门检验合格、具有有效行驶证和交通牌照的各种机动车辆,包括汽车、电车、电瓶车、摩托车、拖拉机、各种专用机械车、特种车等。具体分为以下类别:

1. 家庭自用汽车

家庭自用汽车是指在中华人民共和国境内(不含港澳台)行驶的家庭或个人所有,且是非营业性的运输汽车。

2. 非营业用汽车

非营业用汽车是指在中华人民共和国境内(不含港澳台)行驶的党政机关、事业单位、社会团体、使领馆等机构从事公务或在生产经营活动中不以直接或间接方式收取运费或租金的自用汽车,包括客车、货车、客货两用车。

3. 营业用汽车

营业用汽车是指在中华人民共和国境内(不含港澳台)行驶用于客货运输或租赁,并以直接或间接方式收取运费或租金的汽车。

4. 特种车

特种车辆包括:(1) 油罐车、气罐车、液罐车、冷藏车。(2) 用于牵引、清障、清扫、起重、装卸、升降、搅拌、挖掘、推土、压路等的各种轮式或履带式专用车辆,(3) 车内装有固定专用仪器设备,从事专业工作的监测、消防、清洁、医疗、电视转播、雷达等各种专用车辆,另有约定的除外。

5. 挂车

挂车是指其设计和技术特性需由机动车牵引才能正常使用的一种无动力的道路车辆。挂车主要是附加在货车上并用于装运货物的车辆,是货车的组成部分。

6. 拖拉机

拖拉机是指在中华人民共和国境内(不含港、澳、台地区)行驶的轮式拖拉机包括轮式收割机。

7. 摩托车

摩托车是指在中华人民共和国境内(不含港、澳、台地区)行驶的,以燃料或电瓶为动力的各种两轮、三轮摩托车、电动车和残疾人专用车。

机动车辆由于使用性质的不同,在运营中面临的风险因素也就有很大差别,承保时必须加以区别,实行相同车辆下的差别费率。

(二) 保险责任

车辆损失保险的保险责任包括:
(1) 碰撞、倾覆、坠落①;
(2) 火灾、爆炸;
(3) 外界物体坠落、倒塌②;
(4) 雷击、暴风、暴雨、洪水、龙卷风、冰雹、台风、热带风暴;
(5) 地陷、崖崩、滑坡、泥石流、雪崩、冰陷、暴雪、冰凌、沙尘暴;
(6) 受到被保险机动车所载货物、车上人员意外撞击;
(7) 载运被保险机动车的渡船遭受自然灾害(只限于驾驶人随船的情形);
(8) 发生保险事故时,被保险人或其允许的驾驶人为防止或者减少被保险机动车的损失所支付的必要的、合理的施救费用,由保险人承担。施救费用数额在被保险机动车损失赔偿金额以外另行计算,最高不超过保险金额的数额。

(三) 责任免除

在下列各种情况下,不论任何原因造成被保险机动车的任何损失和费用,保险人均不负责赔偿:
(1) 事故发生后,被保险人或其允许的驾驶人故意破坏、伪造现场、毁灭证据;
(2) 驾驶人有下列情形之一的,保险人不负责赔偿:①事故发生后,在未依法采取措施的情况下驾驶被保险机动车或者遗弃被保险机动车离开事故现场;②饮酒、吸食或注射毒品、服用国家管制的精神药品或麻醉药品;③无驾驶证,驾驶证被依法扣留、暂扣、吊销、注销期间;④驾驶与驾驶证载明的准驾车型不相符合的机动车;⑤实习期内驾驶公共汽车、营运客车或者执行任务的警车、载有危险物品的机动车或牵引挂车的机动车;⑥驾驶出租机动车或营业性机动车无交通运输管理部门核发的许可证书或其他必备证书;⑦学习驾驶时无合法教练员随车指导;⑧非被保险人允许的驾驶人;
(3) 被保险机动车有下列情形之一的,保险人不负责赔偿:①发生保险事故时被保险机动车行驶证、号牌被注销的,或未按规定检验或检验不合格;②被扣押、收缴、没收、政府征用期间;③在竞赛、测试期间,在营业性场所维修、保养、改装期间;④被保险人或其允许的驾驶人故意或重大过失,导致被保险机动车被利用

---

① 碰撞指被保险机动车或其符合装载规定的货物与外界固态物体之间发生的、产生撞击痕迹的意外撞击。倾覆指被保险机动车由于自然灾害或意外事故,造成本被保险机动车翻倒,车体触地,失去正常状态和行驶能力,不经施救不能恢复行驶。坠落指被保险机动车在行驶中发生意外事故,整车腾空后下落,造成本车损失的情况。非整车腾空,仅由于颠簸造成被保险机动车损失的,不属于坠落。

② 外界物体倒塌指被保险机动车自身以外的物体倒下或陷下。

从事犯罪行为。

（4）下列原因导致的被保险机动车的损失和费用，保险人不负责赔偿：

①地震及其次生灾害[①]；②战争、军事冲突、恐怖活动、暴乱、污染（含放射性污染）、核反应、核辐射；③人工直接供油、高温烘烤、自燃、不明原因火灾；④违反安全装载规定；⑤被保险机动车被转让、改装、加装或改变使用性质等，被保险人、受让人未及时通知保险人，且因转让、改装、加装或改变使用性质等导致被保险机动车危险程度显著增加；⑥被保险人或其允许的驾驶人的故意行为。

（5）下列损失和费用，保险人不负责赔偿。

①因市场价格变动造成的贬值、修理后因价值降低引起的减值损失；②自然磨损、锈蚀、腐蚀、故障、本身质量缺陷；③遭受保险责任范围内的损失后，未经必要修理并检验合格继续使用，致使损失扩大的部分；④投保人、被保险人或其允许的驾驶人知道保险事故发生后，故意或者因重大过失未及时通知，致使保险事故的性质、原因、损失程度等难以确定的，保险人对无法确定的部分，不承担赔偿责任，但保险人通过其他途径已经及时知道或者应当及时知道保险事故发生的除外；⑤被保险人对被保险机动车因保险事故损坏进行修理前，没有会同保险人检验，协商确定修理项目、方式和费用，导致保险人无法确定的损失；⑥被保险机动车全车被盗窃、被抢劫、被抢夺、下落不明，以及在此期间受到的损坏，或被盗窃、被抢劫、被抢夺未遂受到的损坏，或车上零部件、附属设备丢失；⑦车轮单独损坏，玻璃单独破碎，无明显碰撞痕迹的车身划痕，以及新增设备的损失；⑧发动机进水后导致的发动机损坏。

（四）保险金额

被保险机动车的保险金额按投保时实际价值确定。实际价值由投保人与保险人根据投保时的新车购置价减去折旧金额后的价格协商确定或其他市场公允价值协商确定。其中折旧金额可根据车损险保险合同列明的参考折旧系数表确定。

（五）保险费率与保险费

影响车损险费率确定的因素通常有以下几类：

1. 从车因素

从车因素主要包括：机动车辆的使用性质、种类、车型、品牌、产地、行驶里程、行驶区域等。

以人保现行的车险费率表为例，车损险费率根据车辆使用年限分为4档（1年以下、1~2年、2~6年、6年以上）。车险费率表区分家庭自用汽车和非营业用车，家庭自用车又分为：6座、6~10座、10座以上三类；企业非营业客车、党政机关、事业单

---

① 次生灾害指地震造成工程结构、设施和自然环境破坏而引发的火灾、爆炸、瘟疫、有毒有害物质污染、海啸、水灾、泥石流、滑坡等灾害。

位，增加了10～20座和20座以上。非营业货车按吨位区分为2吨、2～5吨、5～10吨、10吨以上等。车型不同和使用性质不同，费率也不相同。

此外，汽车"零整比"也成为影响车险保费的因素。汽车零整比，是指一款车的全部零配件价格之和与新车销售价格的比值。作为车型风险的一个重要因素，零整比越高的机动车，车险费率就会越高，那么购买车险的价格也就越高。零整比不同导致汽车的维修成本差别巨大。使保险公司车辆保险实际承保的风险与收取的保费严重不对称。因此将"零整比"作为车险定价的因素，有利于改善目前车险理赔中零部件支出在维修费用的高占比情况，打破汽车维修和定损以4S店为主导的价格体系。

2. 从人因素

从人因素主要包括：投保人（驾驶员）的性别、年龄、驾驶年限、驾驶技术、驾驶习惯、婚姻状况、职业、健康状况、交通违法记录、以往索赔记录等。

3. 其他因素

其他因素主要包括：投保车辆数、奖惩制度、免赔规定、再保险情况、附带或配套服务措施，包括提供增值服务、延伸服务和公益服务等。

我国传统的商业车险采取统一定价的模式，不论车辆每年行驶里程长、短，行驶区域道路状况地理环境，保险费都是相同的；也不管是新手还是老司机、每年出险次数的多少，均交纳相同保费；显然这种定价模式存在诸多弊端，存在"高保低赔"现象，被保险人承担的保费存在不公平现象，被广为诟病。因此，对原有的车险定价模式进行改革已是势在必行。

近几年来，随着汽车保有量的不断增加，中国已成为世界第一汽车大国。据公安部交管局统计，截至2017年6月底，全国机动车保有量达3.04亿辆，其中汽车2.05亿辆；以个人名义登记的小型载客汽车（私家车）达1.56亿辆，占汽车总量的76.32%。目前我国仅私家车每年就有超过6000亿保费。面对庞大的车险市场，规范车险定价，使费率与风险相匹配，将商业车险的产品定价权交给保险公司，将产品的选择权交给广大消费者和车主，实现费率市场化，有利于维护费率公平，不仅关乎广大车主的切实利益，也关系到保险行业的健康持续发展。

2015年6月1日，我国商业车险费率市场化改革启动，并从黑龙江、山东、广西、重庆、陕西、青岛6个地区开始试点。自2016年1月1日起中国保监会将改革试点范围扩大到天津、内蒙古、吉林、安徽、河南、湖北、湖南、广东、四川、青海、宁夏、新疆12个地区。此后在两批试点的基础上，制定了剩余18个地区的《商业车险基准费率方案（全国推广版）》。按照改革方案，商业车险保费计算方法为：

$$商业车险保费 = 基准保费 \times 费率调整系数$$

即：

$$车险保费 = [基准纯风险保费 \div (1 - 附加费用率)] \times 费率调整系数$$

其中，费率调整系数是决定车险保费高低的最关键因素，该系数又由4个细分系数构成：无赔款优待及上年赔款记录系数、交通违法系数、自主核保系数和自主渠道系数。

无赔款优待及上年赔款记录系数是决定车险续期保费上浮或下滑幅度的关键因子。驾驶行为良好、以往赔款次数少或零赔款的车主，可以享受到更大幅度的保费折扣优惠；而赔款次数超过1次以上，保费上浮的幅度就会大于以往。

自主核保系数是保险公司在一定范围内自主设置的一些商业车险核保系数；自主渠道系数则是指，费率市场化改革后各家保险公司可以根据自身对网络、门店、中介等营销渠道的内控管理和成本核算情况设置渠道系数，在一定范围内自主制定渠道定价策略及系数。

交通违法系数是指驾车人的驾驶习惯对车险续保时的保费产生影响。保险车辆在上一保险期限内没有交通违法行为发生的，在续保时可以享受保费优惠。

而改革前的车险保费计算方法为：

$$车险保费 = (基础保费 + 保险金额 \times 费率) \times 调整系数$$

改革之前，车险保费以新车购置价为重要定价因素，保费与风险的相关度不高，频繁出险的车辆与长期不出险车辆之间所缴纳的保费差别不大，显然有失公平。

根据车险费率市场化改革方案，各保险公司根据自身风险识别能力、风险成本情况和风险定价能力，对不同风险水平的机动车和驾驶人厘定不同的商业车险费率。如在对传统的赔款金额、出险地点、出险时间等从人和车方面的因素充分整合的基础上，又通过引入信用记录、驾驶行为及人车环境等非传统定价因素，将风险与费率挂钩，也就是发生事故风险越高的车主，交纳的保费就越高，而驾驶技术好、不出险的车主，可以享受到更优惠的费率。车险费率上下浮动最高可达到30%。

从车险费率市场化改革试点情况来看，由于风险与费率实行直接挂钩以后，小额案件的报案数量呈现下降趋势。资料显示，2015年6~8月，第一批6个试点地区出险频率同比减少了26.5%。6~8月，试点地区约77%的消费者保费同比下降，约23%的消费者保费同比上升，只有9%的客户涨价超过20%。[①]

将以往赔付记录与续期保费折扣相挂钩，并细化"奖优罚劣"等级划分，有利于控制出险率、降低理赔成本，同时激励车主自觉控制风险、提高社会安全驾驶水平。

改革后商业车险价格将总体平稳，低风险车主会享受更多的费率优惠。与以往相比，费率市场化改革之后，车险保险责任范围有所扩大，比如车辆未挂牌时出了事故也可获赔。

商业车险的改革，有利于促进保险市场的竞争，让各保险公司通过产品价格、服务、管理、品牌去赢得用户，并获得利益。同时，由于各家保险公司对同一用户的定价系数不同，也产生了险种价格的差异化，用户通过比较各家保险公司价格和服务，

---

① 崔启斌、陈婷婷：《2016年车险费改再增12个试点地区》，载于《北京商报》，2015年10月23日。

将自主选择保险公司投保。另外，投保渠道不同，车险价格也存在差异。网上投保费率更低，比其他传统渠道可以低15%以上。

车险费率市场化改革要求保险监管委员会和保险行业协会各尽其责。中国保险行业协会需按照大数法则要求，建立财产保险行业车险损失数据的收集、测算和调整机制，动态发布商业车险基准纯风险保费表，为财险公司科学厘定费率提供参考。在此基础上，财险公司才能根据自身情况测算基准附加保费，合理确定自主费率调整系数。

保监会则应加强对财险公司监管，维护市场秩序。保监会将建立针对财险公司商业车险费率厘定和使用情况的回溯分析机制，及时验证费率厘定的合理性、责任准备金提取的合规性和财务业务数据的真实性，防止因费率过高损害公众利益，或因费率过低形成不正当竞争扰乱车险市场正常秩序。

（六）赔偿处理

被保险人索赔时，应当向保险人提供与确认保险事故的性质、原因、损失程度等有关的证明和资料。被保险车辆在发生交通事故后，经现场查勘或事后了解情况后，被保险人应当提供保险单、损失清单、有关费用单据、被保险机动车行驶证和发生事故时驾驶人的驾驶证。属于道路交通事故的，被保险人应当提供公安机关交通管理部门或法院等机构出具的事故证明、有关的法律文书（判决书、调解书、裁定书、裁决书等）及其他证明。被保险人或其允许的驾驶人根据有关法律法规规定选择自行协商方式处理交通事故的，被保险人应当提供依照《道路交通事故处理程序规定》签订记录交通事故情况的协议书。

被保险机动车因保险事故损坏后，应当尽量采取修复的方式。修理前被保险人应当会同保险人检验，协商确定修理项目、方式和费用。对未协商确定的，保险人可以重新核定。

保险机动车发生保险事故，导致全部损失，或一次赔款金额与免赔金额之和（不含施救费）达到保险金额，保险人按合同约定支付赔款后，保险责任即告终止。

机动车损失赔款按以下方法计算：

1. 全部损失

$$赔款 = (保险金额 - 被保险人已从第三方获得的赔偿金额) \times (1 - 事故责任免赔率) \times (1 - 绝对免赔率之和) - 绝对免赔额$$

2. 部分损失

被保险机动车发生部分损失，保险人按实际修复费用在保险金额内计算赔偿：

$$赔款 = (实际修复费用 - 被保险人已从第三方获得的赔偿金额) \times (1 - 事故责任免赔率) \times (1 - 绝对免赔率之和) - 绝对免赔额$$

3. 施救费用

如果被施救的财产中，含有车险合同未保险的财产，应按车损险合同中保险财产的实际价值占总施救财产的实际价值比例分摊施救费用。

4. 免赔率与免赔额

我国的机动车辆保险条款规定了机动车辆保险每次保险事故的赔款应按责任免赔比例计算的原则。保险人在依据车损险合同约定计算赔款的基础上，按照下列方式免赔：(1) 被保险机动车一方负次要事故责任的，实行5%的事故责任免赔率；负同等事故责任的，实行10%的事故责任免赔率；负主要事故责任的，实行15%的事故责任免赔率；负全部事故责任或单方肇事事故的，实行20%的事故责任免赔率。(2) 被保险机动车的损失应当由第三方负责赔偿，无法找到第三方的，实行30%的绝对免赔率。(3) 违反安全装载规定，但不是事故发生的直接原因的，增加10%的绝对免赔率。(4) 对于投保人与保险人在投保时协商确定绝对免赔额的，本保险在实行免赔率的基础上增加每次事故绝对免赔额。

5. 损余处理

被保险机动车遭受损失后的残余部分由保险人、被保险人协商处理。如折归被保险人的，应由双方协商确定其价值并在赔款中扣除。

6. 代位求偿

因第三方对被保险机动车的损害而造成保险事故，如果被保险人首先向第三方索赔，保险人应积极协助；被保险人也可以直接向保险人索赔，保险人在保险金额限度内先行赔付被保险人，并在赔偿金额限度内代位行使被保险人对第三方请求赔偿的权利。被保险人有义务向保险人提供必要的文件和所知道的有关情况，协助保险人向第三方行使代位求偿权利。

如果被保险人已经从第三方取得损害赔偿，保险人进行赔偿时，应相应扣减被保险人从第三方已取得的赔偿金额。保险人未赔偿之前，被保险人放弃对第三方请求赔偿的权利的，保险人不承担赔偿责任。被保险人故意或者因重大过失致使保险人不能行使代位请求赔偿的权利的，保险人可以扣减或者要求返还相应的赔款。

三、机动车第三者责任保险

（一）机动车第三者责任保险概念

机动车辆第三者责任保险是指被保险人或其允许的合格驾驶人在使用被保险车辆过程中发生意外事故，致使第三者遭受人身伤害或财产直接损毁，依法应当由被保险人承担的损害赔偿责任，转由保险人依照保险合同的约定予以赔偿的保险。机动车辆第三者责任保险按照实施方式，可以划分为自愿（商业）第三者责任保险或强制（法定）第三者责任保险两类。

(二) 机动车交通事故责任强制保险

机动车交通事故责任强制保险，简称"交强险"，是根据《中华人民共和国道路交通安全法》规定，机动车所有人或管理人必须向保险人投保的机动车第三者责任保险的制度。交强险是中国首个依照国家法律规定实行的强制保险制度。

自2004年5月1日起施行、2007年修订的《中华人民共和国道路交通安全法》第十七条规定"国家实行机动车第三者责任强制保险制度，设立道路交通事故社会救助基金。具体办法由国务院规定"。为配合道路交通安全法的实施，2006年7月1日由国务院颁布的《机动车交通事故责任强制保险条例》开始施行，标志着我国机动车交通事故责任强制保险法律制度正式建立。2012年3月30日和12月17日对《机动车交通事故责任强制保险条例》进行了两次修订。

交强险制度有利于提高机动车第三者责任险的覆盖面，保障交通事故中受害人能获得及时有效的赔偿，从而保障公民的合法权益，维护社会稳定。

根据2012年修订的《机动车交通事故责任强制保险条例》，机动车交通事故责任强制保险，是指由保险公司对被保险机动车发生道路交通事故造成本车人员、被保险人以外的受害人的人身伤亡、财产损失，在责任限额内予以赔偿的强制性责任保险。

1. 机动车交通事故责任强制保险的特点

(1) 依法强制实施。交强险是依法强制实施的。《中华人民共和国道路交通安全法》第十七条规定：国家实行机动车第三者责任强制保险制度。《机动车交通事故责任强制保险条例》(以下简称《条例》)第二条规定："在中华人民共和国道路上行驶的机动车的所有人或者管理人，应当按照《中华人民共和国道路交通安全法》的规定投保机动车交通事故责任强制保险。"同时，要求具有经营交强险资格的保险公司不能拒保，也不能随意解除交强险合同，但投保人未履行如实告知义务的除外。违反强制性规定的机动车所有人、管理人或保险公司都将受到惩罚。商业第三者责任保险是自愿保险。机动车的所有人或者管理人是否投保、保险人是否承保均属自愿行为，由投保人和保险人自愿签订合同的方式实施。

(2) 交强险旨在保护受害人的利益。交强险的根本目的在于保护受害人的利益，使受害人得到及时有效的补偿，交强险责任限额统一制定，提供的是一种基本保障，投保人没有选择权。交强险除具有保险的一般风险管理功能之外，还具有一定的社会管理功能。商业三者险的目的在于保护被保险人的利益，即通过保险的风险管理功能转移被保险人的赔偿责任风险。投保人可以根据自身的经济承受能力选择投保更多的险种，确定更高的赔偿限额，作为法定保险基本保障的补充。

(3) 交强险不以营利为目的。保险公司经营交强险是为了贯彻一项社会政策，属于政府行为，以不盈不亏为基本经营原则；保监会将定期核查此项业务的盈亏情况，以保护广大投保人的利益。所谓不盈不亏是指保险公司在厘定机动车交强险费率时，只考虑成本因素，不设定预期利润率，即费率构成中不含利润。为了能够核查保险公司经营此项业务的实际情况，按规定保险公司应当把交强险业务与其他保险业务分开管理，单独核算。而商业三者险属于商业保险，其经营的根本目标就是取得合理的利润。

(4) 交强险的责任范围较宽泛。交强险的保险责任范围比商业三者险宽泛。交强险对一部分责任，采用无过错责任原则，即在其责任限额范围内不再探究被保险人有无过错，只要因交通事故造成第三者损害，无论加害人是否有过错，受害人均可请求保险赔偿给付；对另一部分，则采用过错责任原则。同时没有免赔规定。如《中华人民共和国道路交通安全法》第七十六条规定："机动车发生交通事故造成人身伤亡、财产损失的，由保险公司在机动车第三者责任强制保险责任限额范围内予以赔偿。"这也说明，交强险赔偿在先，其余部分在商业三者险责任限额内赔偿。《条例》第二十一条规定："被保险机动车发生道路交通事故造成本车人员、被保险人以外的受害人人身伤亡、财产损失的，由保险公司依法在机动车交通事故责任强制保险责任限额范围内予以赔偿。道路交通事故的损失是由受害人故意造成的，保险公司不予赔偿。"因此，交强险的赔偿范围几乎涵盖了所有道路交通责任风险。

而商业三者险则不同程度地规定有免赔额、免赔率或责任免除事项。商业三者险的标的是"被保险人对第三者依法应负的赔偿责任"。因而商业三者险条款一般均规定被保险人依法应承担的赔偿责任，这里采用的归责原则是过失责任原则，只有被保险人对第三者依法负有赔偿责任并且此赔偿责任属于保险责任时，保险公司才负责赔偿。

(5) 交强险的条款和费率由保险监管机构统一制定。各国对条款、费率的监管方式不同，但总的来说，对交强险的监管则较为严格，对商业三者险的监管较松。我国交强险条款和费率由保险监管机构统一制定和公布，各保险公司统一使用。《条例》第六条规定："机动车交通事故责任强制保险实行统一的条款和基础保险费率。保监会按照机动车交通事故责任强制保险业务总体上不盈利不亏损的原则审批保险费率。保监会在审批保险费率时，可以聘请有关专业机构进行评估，可以举行听证会听取公众意见。"保险公司经营该项业务必须符合保险监管机构制定和公布的条款。而商业三者险的条款和费率由保险公司或保险行业协会制定，报保险监管机构备案或审批。

(6) 交强险建立了辅助补偿制度。在交强险制度下，建立了相应的配套制度。首先，建立了社会救助基金制度，作为交强险的补充；其次，在交强险赔偿上规定了先行垫付再向被保险人追偿的制度。

商业三者险的主要目的在于填补被保险人因对第三者的赔偿责任而受的损失，因此也就没有设置相应的对受害人的辅助补偿制度，当未查明交通事故肇事者或者肇事者没有投保时，受害人不能向保险人请求赔偿，也不能获得相应的救助；对于一些特殊风险，如前述酒后开车、无证驾驶、故意撞人等，保险公司一般将其列为责任免除，不予赔偿。

2. 交强险的投保人与保险人

根据《条例》规定，在中华人民共和国境内道路上行驶的机动车的所有人或者管理人，应当依照《中华人民共和国道路交通安全法》的规定投保机动车交通事故责任强制保险。可见，交强险的投保人是机动车的所有人或者管理人，可以是自然人，也可是法人。对未参加机动车交通事故责任强制保险的机动车，机动车管理部门不得予以登记，机动车安全技术检验机构不得予以检验。机动车所有人、管理人未按照规定投保机动车交通事故责任强制保险的，由公安机关交通管理部门扣留机动车，通知机动车所有人、管理人依照规定投保，处依照规定投保最低责任限额应缴纳的保险费的2倍罚款。交强险合同签订后，投保人可以为被保险人。

交强险的保险人是经保监会批准，可以从事机动车交通事故责任强制保险业务的保险公司。为了保证机动车交通事故责任强制保险制度的实行，保监会有权要求保险公司从事机动车交通事故责任强制保险业务。未经保监会批准，任何单位或者个人不得从事机动车交通事故责任强制保险业务。被投保人选择的保险公司不得拒绝或者拖延承保。合同签订后，如果没有违反法律法规，保险公司与投保人均不得解除机动车交通事故责任强制保险合同。

3. 责任范围

（1）保险责任。在中华人民共和国境内（不含港、澳、台地区），被保险人在使用被保险机动车过程中发生交通事故，致使受害人遭受人身伤亡或者财产损失，依法应当由被保险人承担的损害赔偿责任，保险人按照交强险合同的约定对每次事故在约定的赔偿限额内负责赔偿。机动车交通事故责任强制保险在全国范围内实行统一的责任限额。

在被保险人有责的前提下，赔偿限额为：死亡伤残赔偿限额为110000元；医疗费用赔偿限额为10000元；财产损失赔偿限额为2000元；

被保险人无责任时，赔偿限额为：死亡伤残赔偿限额为11000元；医疗费用赔偿限额为1000元；财产损失赔偿限额为100元。

（2）除外责任。对下列损失和费用，交强险不负责赔偿和垫付：

①因受害人故意造成的交通事故的损失；

②被保险人所有的财产及被保险机动车上的财产遭受的损失；

③被保险机动车发生交通事故，致使受害人停业、停驶、停电、停水、停气、停产、通讯或者网络中断、数据丢失、电压变化等造成的损失以及受害人财产因市场价格变动造成的贬值、修理后因价值降低造成的损失等其他各种间接损失；

④因交通事故产生的仲裁或者诉讼费用以及其他相关费用。

4. 垫付与追偿

被保险机动车在以下情形下发生交通事故，造成受害人受伤需要抢救的，保险人在接到公安机关交通管理部门的书面通知和医疗机构出具的抢救费用清单后，按照国务院卫生主管部门组织制定的交通事故人员创伤临床诊疗指南和国家基本医疗保险标准进行核实。对于符合规定的抢救费用，保险人在医疗费用赔偿限额内垫付。被保险人在交通事故中无责任的，保险人在无责任医疗费用赔偿限额内垫付。这几种情况包括：

①驾驶人未取得驾驶资格的；

②驾驶人醉酒的；

③被保险机动车被盗抢期间肇事的；

④被保险人故意制造交通事故的。

对于其他损失和费用，保险人不负责垫付和赔偿。对于垫付的抢救费用，保险人有权向致害人追偿。

5. 保险费率

在确定交强险费率时主要考虑以下因素：车辆用途、赔偿原则、保障范围、车型大小、经营原则、责任限额、以往损失记录、国民经济发展水平和消费者承受能力、保险公司的经营能力。

交强险实行统一的基础保险费率，并实行与被保险机动车道路交通违法行为、交通事故记录相关联的浮动机制。签订交强险合同时，投保人应该一次支付全部保险费。保险费按照中国保监会批准的交强险费率计算。

目前交强险费率按照机动车种类和使用性质分为家庭自用车、非营业客车、营业客车、非营业货车、营业货车、特种车、摩托车、拖拉机八大类，每大类又可以按车型大小以及进一步的细分用途分类，相应的费率也各不相同。如家庭自用车分为：家庭自用汽车6座以下和家庭自用汽车6座以上两类，其保费分别为950元和1100元；非营业客车分为企业用和机关用非营业客车，并且每一种类型又可以分别按车座等分类。相应地，费率因用途、使用单位、车座的不同存在差异。交强险最终保险费计算公式为：

交强险最终保费 = 交强险基础保费 × (1 + 与道路交通事故相联系的浮动比率)

6. 赔偿处理

被保险机动车发生交通事故的，由被保险人向保险人申请赔偿保险金。被保险人索赔时，应当向保险人提供以下材料：

①交强险的保险单；

②被保险人出具的索赔申请书；

③被保险人和受害人的有效身份证明、被保险机动车行驶证和驾驶人的驾驶证；

④公安机关交通管理部门出具的事故证明，或者人民法院等机构出具的有关法律文书及其他证明；

⑤被保险人根据有关法律法规规定选择自行协商方式处理交通事故的，应当提供依照《交通事故处理程序规定》记录的交通事故情况的协议书；

⑥受害人财产损失程度证明、人身伤残程度证明、相关医疗证明以及有关损失清单和费用单据；

⑦其他与确认保险事故的性质、原因、损失程度等有关的证明和资料。

保险事故发生后，保险人按照国家有关法律法规规定的赔偿范围、项目和标准以及交强险合同的约定，并根据国务院卫生主管部门组织制定的交通事故人员创伤临床诊疗指南和国家基本医疗保险标准，在交强险的责任限额内核定人身伤亡的赔偿金额。

因保险事故造成受害人人身伤亡的，未经保险人书面同意，被保险人自行承诺或支付的赔偿金额，保险人在交强险责任限额内有权重新核定。

因保险事故损坏的受害人财产需要修理的，被保险人应当在修理前会同保险人检验，协商确定修理或者更换项目、方式和费用。否则，保险人在交强险责任限额内有权重新核定。

被保险机动车发生涉及受害人受伤的交通事故，因抢救受害人需要保险人支付抢救费用的，保险人在接到公安机关交通管理部门的书面通知和医疗机构出具的抢救费用清单后，按照国务院卫生主管部门组织制定的交通事故人员创伤临床诊疗指南和国家基本医疗保险标准进行核实。对于符合规定的抢救费用，保险人在医疗费用赔偿限额内支付。被保险人在交通事故中无责任的，保险人在无责任医疗费用赔偿限额内支付。

7. 合同变更与终止

在交强险合同有效期内，被保险机动车所有权发生转移的，投保人应当及时通知保险人，并办理交强险合同变更手续。

在下列三种情况下，投保人可以要求解除交强险合同：①被保险机动车被依法注销登记的；②被保险机动车办理停驶的；③被保险机动车经公安机关证实丢失的。

在交强险合同解除后，投保人应当及时将保险单、保险标志交还保险人；无法交回保险标志的，应当向保险人说明情况，征得保险人同意。当发生《条例》所列明的投保人、保险人解除交强险合同的情况时，保险人按照日费率收取自保险责任开始之日起至合同解除之日止期间的保险费。

8. 投保人、被保险人义务

投保人投保时，应当如实填写投保单，向保险人如实告知重要事项，并提供被保险机动车的行驶证和驾驶证复印件。重要事项包括机动车的种类、厂牌型号、识别代码、号牌号码、使用性质和机动车所有人或者管理人的姓名（名称）、性别、年龄、住所、身份证或者驾驶证号码（组织机构代码）、续保前该机动车发生事故的情况以及保监会规定的其他事项。投保人未如实告知重要事项，对保险费计算有影响的，保险人按照保单年度重新核定保险费计收。

签订交强险合同时，投保人不得在保险条款和保险费率之外，向保险人提出附加其他条件的要求。

投保人续保的，应当提供被保险机动车上一年度交强险的保险单。

在保险合同有效期内，被保险机动车因改装、加装、使用性质改变等导致危险程度增加的，被保险人应当及时通知保险人，并办理批改手续。否则，保险人应按照保单年度重新核定保险费计收。

被保险机动车发生交通事故，被保险人应当及时采取合理、必要的施救和保护措施，并在事故发生后及时通知保险人。发生保险事故后，被保险人应当积极协助保险人进行现场查勘和事故调查。

发生与保险赔偿有关的仲裁或者诉讼时，被保险人应当及时书面通知保险人。

9. 社会救助基金

按照《条例》规定，国家设立道路交通事故社会救助基金（以下简称救助基金）。有下列情形之一时，道路交通事故中受害人人身伤亡的丧葬费用、部分或者全部抢救费用，由救助基金先行垫付，救助基金管理机构有权向道路交通事故责任人追偿：

①抢救费用超过机动车交通事故责任强制保险责任限额的；

②肇事机动车未参加机动车交通事故责任强制保险的；

③机动车肇事后逃逸的。

救助基金的来源包括：一是按照机动车交通事故责任强制保险的保险费的一定比例提取的资金；二是对未按照规定投保机动车交通事故责任强制保险的机动车的所有人、管理人的罚款；三是救助基金管理机构依法向道路交通事故责任人追偿的资金；四是救助基金孳息；五是其他资金。

（三）机动车第三者责任保险

1. 保险责任

机动车第三者责任保险，即商业第三者责任保险，简称"三者险"。保险责任包括：保险期间内，被保险人或其允许的驾驶人在使用被保险机动车过程中发生意外事故，致使第三者遭受人身伤亡或财产直接损毁，依法应当对第三者承担的损害赔偿责任，且不属于免除保险人责任的范围，保险人依照保险合同的约定，对于超过机动车交通事故责任强制保险各分项赔偿限额的部分负责赔偿。

2. 责任免除

下列情况下，不论任何原因造成的人身伤亡、财产损失和费用，保险人均不负责赔偿：

下列原因导致的人身伤亡、财产损失和费用，保险人不负责赔偿：

（1）事故发生后，被保险人或其允许的驾驶人故意破坏、伪造现场、毁灭证据；

（2）驾驶人有下列情形之一者：①事故发生后，在未依法采取措施的情况下驾驶被保险机动车或者遗弃被保险机动车离开事故现场；②饮酒、吸食或注射毒品、服用国家管制的精神药品或者麻醉药品；③无驾驶证，驾驶证被依法扣留、暂扣、吊销、注销期间；④驾驶与驾驶证载明的准驾车型不相符合的机动车；⑤实习期内驾驶公共汽车、营运客车或者执行任务的警车、载有危险物品的机动车或牵引挂车的机动车；⑥驾驶出租机动车或营业性机动车无交通运输管理部门核发的许可证书或其他必备证书；⑦学习驾驶时无合法教练员随车指导；⑧非被保险人允许的驾驶人；

（3）被保险机动车有下列情形之一者：

①发生保险事故时被保险机动车行驶证、号牌被注销的，或未按规定检验或检验不合格；②被扣押、收缴、没收、政府征用期间；③在竞赛、测试期间，在营业性场所维修、保养、改装期间；④全车被盗窃、被抢劫、被抢夺、下落不明期间。

（4）地震及其次生灾害、战争、军事冲突、恐怖活动、暴乱、污染（含放射性污染）、核反应、核辐射；

（5）第三者、被保险人或其允许的驾驶人的故意行为、犯罪行为，第三者与被保险人或其他致害人恶意串通的行为；

（6）被保险机动车被转让、改装、加装或改变使用性质等，被保险人、受让人未及时通知保险人，且因转让、改装、加装或改变使用性质等导致被保险机动车危险程度显著增加。

下列人身伤亡、财产损失和费用，保险人不负责赔偿：

（1）被保险机动车发生意外事故，致使任何单位或个人停业、停驶、停电、停水、停气、停产、通讯或网络中断、电压变化、数据丢失造成的损失以及其他各种间接损失；

（2）第三者财产因市场价格变动造成的贬值，修理后因价值降低引起的减值损失；

（3）被保险人及其家庭成员、被保险人允许的驾驶人及其家庭成员所有、承租、使用、管理、运输或代管的财产的损失，以及本车上财产的损失；

（4）被保险人、被保险人允许的驾驶人、本车车上人员的人身伤亡；

（5）停车费、保管费、扣车费、罚款、罚金或惩罚性赔款；

（6）超出《道路交通事故受伤人员临床诊疗指南》和国家基本医疗保险同类医疗费用标准的费用部分；

（7）律师费，未经保险人事先书面同意的诉讼费、仲裁费；

（8）投保人、被保险人或其允许的驾驶人知道保险事故发生后，故意或者因重大过失未及时通知，致使保险事故的性质、原因、损失程度等难以确定的，保险人对无法确定的部分，不承担赔偿责任，但保险人通过其他途径已经及时知道或者应当及时知道保险事故发生的除外；

（9）因被保险人违反本条款第三十四条约定，导致无法确定的损失；

（10）精神损害抚慰金；

（11）应当由机动车交通事故责任强制保险赔偿的损失和费用；

另外，在保险事故发生时，被保险机动车未投保机动车交通事故责任强制保险或机动车交通事故责任强制保险合同已经失效的，对于机动车交通事故责任强制保险责任限额以内的损失和费用，保险人不负责赔偿。

3. 赔偿限额

与其他责任保险一样，三者险保险单中只规定赔偿限额作为保险人承担赔偿责任的最高限度。三者险的赔偿限额采用每次事故最高责任限额制。每次事故的责任限额，由投保人和保险人在签订第三者责任保险合同时按保险监管部门批准的限额档次协商确定。

第三者责任险的每次事故最高赔偿限额应根据不同车辆种类选择确定：①对摩托车、拖拉机以外的机动车辆第三者责任险的赔偿限额分为多个档次，如某公司三者险承保的家庭自用车就包括了6座以下、6~10座和10座以上三类，各类车按照5万元、10万元、15万元、20万元、30万元、50万元和100万元几个档次划分最高赔偿限额。②主车和挂车连接使用时视为一体，发生保险事故时，由主车保险人和挂车保险人按照保险单上载明的机动车第三者责任保险责任限额的比例，在各自的责任限额内承担赔偿责任，但赔偿金额总和以主车的责任限额为限。③对摩托车、拖拉机第三者责任险的赔偿限额因区域不同而不同，与《机动车辆保险费率规章》有关摩托车定额保单销售区域的划分相一致，如分为4个档次：2万元、5万元、10万元和20万元。

投保人和保险人在投保时可以根据不同车辆的类型自行协商选择确定第三者责任险的，按每次事故最高限额赔偿。第三者责任险理赔采用连续责任制。连续责任制是在保险期间无论发生多少次保险事故，只要在责任限额内均予以赔偿的制度。

4. 理赔

（1）免赔规定

第三者责任险在保险单载明的责任限额内实行绝对免赔率。免赔率的高低根据保险车辆驾驶人在事故中所负责任而定。

被保险人或被保险机动车一方根据有关法律法规规定选择自行协商或由公安机关交通管理部门处理事故未确定事故责任比例的，一般按照下列规定确定事故责任比例：被保险机动车一方负主要事故责任的，事故责任比例为70%；被保险机动车一方负同等事故责任的，事故责任比例为50%；被保险机动车一方负次要事故责任的，事故责任比例为30%。但通过司法或仲裁程序裁定的，则以法院或仲裁机构最终生效的法律文书为准。

由于交通事故责任分为全部责任、主要责任、同等责任、次要责任、无责任，相应地，免赔率也不同，根据所负责任的大小相应地降低，无责任则无赔。具体规定为：被保险机动车一方负次要事故责任的，实行5%的事故责任免赔率；负同等事故责任的，实行10%的事故责任免赔率；负主要事故责任的，实行15%的事故责任免赔率；负全部事故责任的，实行20%的事故责任免赔率；此外，对违反安全装载规定的，实行10%的绝对免赔率。

（2）赔偿处理

发生保险事故时，被保险人或其允许的驾驶人应当及时采取合理的、必要的施救和保护措施,防止或者减少损失,并在保险事故发生后48小时内通知保险人。被保险人或其允许的驾驶人根据有关法律法规规定选择自行协商方式处理交通事故的,应当立即通知保险人。

被保险人或其允许的驾驶人根据有关法律法规规定选择自行协商方式处理交通事故的,应当协助保险人勘验事故各方车辆、核实事故责任,并依照《道路交通事故处理程序规定》签订记录交通事故情况的协议书,索赔时被保险人应当提供该协议书。

被保险人索赔时,应当向保险人提供与确认保险事故的性质、原因、损失程度等有关的证明和资料。被保险人应当提供保险单、损失清单、有关费用单据、被保险机动车行驶证和发生事故时驾驶人的驾驶证。

保险人对被保险人给第三者造成的损害,根据被保险人的请求,保险人应当直接向该第三者赔偿。如果被保险人怠于请求的,第三者有权就其应获赔偿部分直接向保险人请求赔偿。被保险人给第三者造成损害,被保险人未向该第三者赔偿的,保险人不得向被保险人赔偿。因保险事故损坏的第三者财产,应当尽量修复。修理前被保险人应当会同保险人检验,协商确定修理项目、方式和费用。对未协商确定的,保险人可以重新核定。

对于医疗费用的赔偿金额,保险人按照《道路交通事故受伤人员临床诊疗指南》和国家基本医疗保险的同类医疗费用标准核定。

未经保险人书面同意,被保险人自行承诺或支付的赔偿金额,保险人有权重新核定。不属于保险人赔偿范围或超出保险人应赔偿金额的,保险人不承担赔偿责任。

保险人受理报案、现场查勘、核定损失、参与诉讼、进行抗辩、要求被保险人提供证明和资料、向被保险人提供专业建议等行为,均不构成保险人对赔偿责任的承诺。

（3）赔款计算

第一,当（依合同约定核定的第三者损失金额－机动车交通事故责任强制保险的分项赔偿限额）×事故责任比例等于或高于每次事故赔偿限额时:

$$赔款 = 每次事故赔偿限额 \times (1-事故责任免赔率) \times (1-绝对免赔率之和)$$

第二,当（依合同约定核定的第三者损失金额－机动车交通事故责任强制保险的分项赔偿限额）×事故责任比例低于每次事故赔偿限额时:

$$赔款 = (依合同约定核定的第三者损失金额 - 机动车交通事故责任强制保险的分项赔偿限额)$$
$$\times 事故责任比例 \times (1-事故责任免赔率) \times (1-绝对免赔率之和)$$

四、机动车车上人员责任保险

车上人员责任保险是指被保险人或其允许的驾驶人在使用被保险机动车过程中发生意外事故,致使车上人员遭受人身伤亡,依法应当由被保险人承担的损害赔偿责任,保险人按照保险合同的约定负责赔偿。目前，车上人员责任保险是我国机动车辆保险的主险之一。

（一）保险责任

保险期间内，被保险人或其允许的驾驶人在使用被保险机动车过程中发生意外事故，致使车上人员遭受人身伤亡，依法应当对车上人员承担的损害赔偿责任，保险人按照保险合同的约定在赔偿限额内承担赔偿责任。

现行保险条款中，保险人依据被保险机动车一方在事故中所负的事故责任比例，承担相应的赔偿责任。被保险人或被保险机动车一方根据有关法律法规规定选择自行协商或由公安机关交通管理部门处理事故未确定事故责任比例的，按照下列规定确定事故责任比例：

（1）被保险机动车一方负主要事故责任的，事故责任比例为70%；

（2）被保险机动车一方负同等事故责任的，事故责任比例为50%；

（3）被保险机动车一方负次要事故责任的，事故责任比例为30%。

如果涉及司法或仲裁程序的，以法院或仲裁机构最终生效的法律文书为准。

（二）责任免除

车上人员责任保险的除外责任与车损险、三者险基本相同，除了前述的各项免除责任外，保险人对下列原因导致的人身伤亡不承担赔偿责任：

（1）被保险人及驾驶人以外的其他车上人员的故意行为造成的自身伤亡；

（2）车上人员因疾病、分娩、自残、斗殴、自杀、犯罪行为造成的自身伤亡；

（3）违法、违章搭乘人员的人身伤亡；

（4）被保险车辆正常行驶时车门没有完全闭合或车门闭合过程中造成的车上人员伤亡；

（5）精神损害抚慰金；

（6）应当由机动车交通事故责任强制保险赔付的损失和费用。

（三）责任限额与免赔规定

车上人员责任保险的赔偿限额是按照驾驶人每次事故责任限额和乘客每次事故每人责任限额由投保人和保险人在投保时协商确定。投保乘客座位数按照被保险机动车的核定载客数（驾驶人座位除外）确定。

保险人在保险单载明的责任限额内，实行绝对免赔：被保险机动车一方负次要事故责任的，实行5%的事故责任免赔率；负同等事故责任的，实行10%的事故责任免赔率；负主要事故责任的，实行15%的事故责任免赔率；负全部事故责任或单方肇事事故的，实行20%的事故责任免赔率。

（四）赔偿处理

发生保险事故时，保险人按照《道路交通法》《保险法》等规定的赔偿范围、赔偿项目、赔偿标准以及保险合同的约定，在保险单载明的赔偿限额内核定赔偿金额。对保险事故造成的车上人员的医疗费用，保险人按照《道路交通事故受伤人员临床诊疗指南》和国家基本医疗保险的同类医疗费用标准核定医疗费用的赔偿金额。

车上人员责任保险的赔款计算通常采用以下方式：

（1）对每座的受害人，当（依合同约定核定的每座车上人员人身伤亡损失金额 - 应由机动车交通事故责任强制保险赔偿的金额）×事故责任比例高于或等于每次事故每座赔偿限额时：

$$赔款 = 每次事故每座赔偿限额 \times (1 - 事故责任免赔率)$$

（2）对每座的受害人，当（依合同约定核定的每座车上人员人身伤亡损失金额 - 应由机动车交通事故责任强制保险赔偿的金额）×事故责任比例低于每次事故每座赔偿限额时：

$$赔款 = (依合同约定核定的每座车上人员人身伤亡损失金额 - 应由机动车交通事故责任强制保险赔偿的金额) \times 事故责任比例 \times (1 - 事故责任免赔率)$$

五、机动车全车盗抢保险

（一）保险责任

被保险机动车在保险期间内发生的下列损失和费用，保险人依照保险合同的约定负责赔偿：

（1）被保险机动车被盗窃、抢劫、抢夺，经出险当地县级以上公安刑侦部门立案证明，满60天未查明下落的全车损失；

（2）被保险机动车全车被盗窃、抢劫、抢夺后，受到损坏或车上零部件、附属设备丢失需要修复的合理费用；

（3）被保险机动车在被抢劫、抢夺过程中，受到损坏需要修复的合理费用。

（二）责任免除

对被保险机动车的下列损失和费用，保险人均不负责赔偿：

（1）被保险人索赔时未能提供出险当地县级以上公安刑侦部门出具的盗抢立案证明；

（2）驾驶人、被保险人、投保人故意破坏现场、伪造现场、毁灭证据；

（3）被保险机动车被扣押、罚没、查封、政府征用期间；

（4）被保险机动车在竞赛、测试期间，在营业性场所维修、保养、改装期间，被运输期间；

（5）因诈骗引起的任何损失；因投保人、被保险人与他人的民事、经济纠纷导致的任何损失；

（6）非全车遭盗窃，仅车上零部件或附属设备被盗窃或损坏；

除此以外，前述车损险、三者险所列的其他各项免除责任，同样适用于机动车全车盗抢保险。

（三）保险金额

保险金额按照投保时被保险机动车的实际价值由投保人与保险人协商确定。

投保时被保险机动车的实际价值由投保人与保险人根据投保时的新车购置价减去折旧金额后的价格协商确定或其他市场公允价值协商确定。其中折旧金额可根据本保险合同列明的参考折旧系数表确定。

（四）赔偿处理

被保险机动车发生全车被盗抢时，被保险人知道保险事故发生后，应在24小时内向出险当地公安刑侦部门报案，并通知保险人。

被保险人索赔时，须提供保险单、损失清单、有关费用单据、《机动车登记证书》、机动车来历凭证以及出险当地县级以上公安刑侦部门出具的盗抢立案证明。

保险人对全车盗抢险实行绝对免赔。发生全车损失的，绝对免赔率为20%；发生全车损失，被保险人未能提供《机动车登记证书》、机动车来历凭证的，每缺少一项，增加1%的绝对免赔率。保险人按照保险合同约定在扣除绝对免赔率后，按以下方法计算赔款：

（1）被保险机动车全车被盗抢的赔款计算：赔款＝保险金额×（1－绝对免赔率之和）

（2）被保险机动车发生全车被盗窃、抢劫、抢夺后，受到损坏或车上零部件、附属设备丢失需要修复的合理费用，被保险机动车在被抢劫、抢夺过程中，受到损坏需要修复的合理费用，保险人按实际修复费用在保险金额内计算赔偿。

保险人确认索赔单证齐全、有效后，被保险人签具权益转让书，保险人赔付结案。

如果保险人赔偿后，被盗抢的车辆找回，应将该车辆归还被保险人，同时收回相应的赔款。如果被保险人不愿意收回原车，则车辆的所有权归保险人。

被保险机动车发生全车盗抢，导致全部损失，或一次赔款金额与免赔金额之和达到保险金额，保险人在按保险合同约定支付赔款后，保险责任宣告终止，保险人不退还机动车全车盗抢保险及其附加险的保险费。

六、机动车损失保险的附加险

1. 玻璃单独破碎险

玻璃单独破碎险是机动车损失保险的附加险。玻璃单独破碎险是指在保险期间内,被保险机动车在使用过程中发生本车风挡玻璃或车窗玻璃的单独破碎,保险人按实际损失金额赔偿。投保人与保险人可协商选择按进口或国产玻璃投保,保险人根据协商选择的投保方式承担相应的赔偿责任。保险人对安装、维修机动车过程中造成的玻璃单独破碎不承担赔偿责任。

2. 自燃损失险

自燃损失险是机动车损失保险的附加险。是指保险期间内,在没有外界火源的情况下,由于本车电器、线路、供油系统、供气系统等被保险机动车自身原因或所载货物自身原因起火燃烧造成本车的损失;保险人对发生保险事故时,被保险人为防止或者减少被保险机动车的损失所支付的必要的、合理的施救费用也承担赔偿责任,并且施救费用数额在被保险机动车损失赔偿金额以外另行计算,最高不超过本附加险保险金额的数额。保险人对以下原因造成的损失不负赔偿责任:自燃仅造成电器、线路、油路、供油系统、供气系统的损失;由于擅自改装、加装电器及设备导致被保险机动车起火造成的损失;被保险人在使用被保险机动车过程中,因人工直接供油、高温烘烤等违反车辆安全操作规则造成的损失;自燃损失险规定每次赔偿实行20%的绝对免赔率。

3. 新增加设备损失险

新增加设备损失险是机动车损失保险的附加险。承保被保险机动车保险期间内因发生机动车损失保险责任范围内的事故,造成车上新增加设备的直接损毁,保险人在保险单载明的保险金额限度内,按照实际损失计算赔偿。保险金额根据新增加设备投保时的实际价值即新增加设备的购置价减去折旧金额后的金额确定。

4. 车身划痕损失险

车身划痕损失险是机动车损失保险的附加险。承保被保险机动车在被保险人或其允许的驾驶人使用过程中,发生无明显碰撞痕迹的车身划痕损失,保险人按照保险合同约定按实际损失负责赔偿。该附加险的责任免除包括:(1)被保险人及其家庭成员、驾驶人及其家庭成员的故意行为造成的损失;(2)因投保人、被保险人与他人的民事、经济纠纷导致的任何损失;(3)车身表面自然老化、损坏、腐蚀造成的任何损失;(4)本附加险每次赔偿实行15%的绝对免赔率,不适用主险中的各项免赔率、免赔额约定。

车身划痕损失险的保险金额为2000元、5000元、10000元或20000元,由投保人和保险人在投保时协商确定。发生保险责任范围内的损失时,保险人在保险金额限度内按实际修理费用计算赔偿；在保险期间内，如果累计赔款金额达到保险金额，则保险责任终止。

5. 发动机涉水损失险

发动机涉水损失险是机动车损失保险的附加险，仅适用于家庭自用汽车、党政机关、事业团体用车、企业非营业用车。承保保险期间内，被保险机动车在使用过程中，因发动机进水后导致的发动机的直接损毁，以及发生保险事故时，被保险人为防止或者减少被保险机动车的损失所支付的必要的、合理的施救费用，由保险人承担赔偿责任；施救费用数额在被保险机动车损失赔偿金额以外另行计算，最高不超过保险金额的数额。并且保险人对每次赔偿均实行15%的绝对免赔率。

6. 车上货物责任险

车上货物责任险是机动车损失保险的附加险。指在保险期间内，发生意外事故致使被保险机动车所载货物遭受直接损毁，依法应由被保险人承担的损害赔偿责任，保险人负责赔偿造成的损失。但对下列损失保险人不承担赔偿责任：（1）偷盗、哄抢、自然损耗、本身缺陷、短少、死亡、腐烂、变质、串味、生锈、动物走失、飞失、货物自身起火燃烧或爆炸造成的货物损失；（2）违法、违章载运造成的损失；（3）因包装、紧固不善，装载、遮盖不当导致的任何损失；（4）车上人员携带的私人物品的损失；（5）保险事故导致的货物减值、运输延迟、营业损失及其他各种间接损失；（6）法律、行政法规禁止运输的货物的损失。另外，保险人对每次赔偿实行20%的绝对免赔率。

7. 修理期间费用补偿险

修理期间费用补偿险是机动车损失保险的附加险。是指在保险期间内，被保险机动车在使用过程中，发生机动车损失保险责任范围内的事故，造成车身损毁，致使被保险机动车停驶，保险人按保险合同约定，在保险金额限度内向被保险人补偿修理期间费用，作为代步车费用或弥补停驶损失。其保险金额是按照补偿天数及日补偿金额由投保人与保险人协商确定并在保险合同中载明，计算公式为：

$$保险金额 = 补偿天数 \times 日补偿金额$$

保险期间内约定的补偿天数最高不超过90天。另外，该附加险规定每次事故的绝对免赔额为1天的赔偿金额。

8. 不计免赔率险

投保了任意主险及其他设置了免赔率的附加险后，均可投保本附加险。不计免赔率险承保保险事故发生后，按照对应投保的险种约定的免赔率计算的、应当由被保险人自行承担的免赔金额部分，由保险人负责赔偿。但下列情况下，应当由被保险人自行承担的免赔金额，保险人不负责赔偿：（1）机动车损失保险中应当由第三方负责赔偿而无法找到第三方的；（2）因违反安全装载规定而增加的；（3）发生机动车全车盗抢保险约定的全车损失保险事故时，被保险人未能提供《机动车登记证书》、机动车来历凭证的，每缺少一项而增加的；（4）机动车损失保险中约定的每次事故绝对免赔额；（5）可附加本条款但未选择附加本条款的险种约定的；（6）不可附加本条款的险种约定的。

9. 精神损害抚慰金责任险

投保人只有在投保了机动车第三者责任保险或机动车车上人员责任保险的基础上方可投保精神损害抚慰金责任险。在投保人仅投保机动车第三者责任保险的基础上附加本附加险时，保险人只负责赔偿第三者的精神损害抚慰金；在投保人仅投保机动车车上人员责任保险的基础上附加本附加险时，保险人只负责赔偿车上人员的精神损害抚慰金。

（1）保险责任。保险期间内，被保险人或其允许的驾驶人在使用被保险机动车的过程中，发生投保的主险约定的保险责任范围内的事故，造成第三者或车上人员的人身伤亡，受害人据此提出精神损害赔偿请求，保险人依据法院判决及保险合同约定，对应由被保险人或被保险机动车驾驶人支付的精神损害抚慰金，在扣除机动车交通事故责任强制保险应当支付的赔款后，在本保险赔偿限额内负责赔偿。

（2）责任免除。①根据被保险人与他人的合同协议，应由他人承担的精神损害抚慰金；②未发生交通事故，仅因第三者或本车人员的惊恐而引起的损害；③怀孕妇女的流产发生在交通事故发生之日起30天以外的；④本附加险每次赔偿实行20%的绝对免赔率，不适用主险中的各项免赔率、免赔额约定。

（3）赔偿处理。精神损害抚慰金责任保险设定每次事故赔偿限额，并由保险人和投保人在投保时协商确定。发生保险事故后，保险人承担的赔偿金额依据人民法院的判决在保险单所载明的赔偿限额内计算赔偿。

10. 指定修理厂险

指定修理厂险是机动车损失保险的附加险。是指机动车损失保险事故发生后，被保险人可指定修理厂进行修理。

11. 机动车损失保险无法找到第三方特约险。

投保了机动车损失保险后，可投保该附加险。投保了本附加险后，被保险机动车损失应当由第三方负责赔偿，但因无法找到第三方而增加的由被保险人自行承担的免赔金额（30%的绝对免赔率），保险人负责赔偿。

第二节 船舶保险

一、船舶保险的概念与特征

（一）船舶保险的概念

船舶保险是以各类船舶为保险标的的保险，承保船舶在航行或停泊期间因遭受自然灾害或意外事故所造成的损失。船舶保险作为传统财产保险业务的重要险种,既是运输工具保险的主要险种之一,也是水险业务的主要来源之一。按照航行的水域,船舶保险通常分为国内船舶保险和远洋船舶保险,远洋船舶保险又称为海上保险,本章所介绍的船舶保险专指国内船舶保险,即在沿海内河航行的船舶保险。

(二) 船舶保险的特征

船舶保险具有以下特征:

1. 船舶保险承保范围广,承保风险大

船舶保险承保的风险不仅包括自然灾害和意外事故等造成的损失,还承保人为疏忽等造成的损失,不仅承保船舶本身的损失,还包括相关的利益和费用以及第三者责任。并且随着现代高科技的发展及其在造船和航运业的应用,船舶自动化程度越来越高,船舶吨位越来越大,价值越来越高,致使船舶所面临的风险也越来越集中。因此,船舶保险的承保风险越来越大。

2. 保险事故的发生频率高且损失金额巨大

由于海上航行中的风险变幻莫测,难以做出准确的预测和预防,一旦发生水上风险,被保险船舶的损失往往难以避免。并且由于船舶的保险价值都比较高,一旦遭遇海难,往往损失金额巨大。

3. 船舶保险属于定值保险

船舶保险一般是按实际价值来确定保险价值。但由于受多种因素的影响,船舶的市场价值波动较大,导致船舶的实际价值难以确定。船舶的保险价值通常由被保险人与保险人根据购置价格与投保时的市价约定保险价值,并以此确定保险金额。因此,在损失赔偿计算时,不论被保险船舶发生损失时的实际价值如何,均以保单上载明的保险价值和保险金额为依据。

4. 船舶保险的保险单不能随船舶的转让而转让

由于船舶发生所有权变更时,船舶所有人和经营管理人也将随之发生变更,不同的所有人和经营管理人的经营管理水平和信誉不同,将影响保险人所承保的风险大小。因此,未经保险人同意,船舶保险的保险单不得自由转让。

5. 船舶保险适用的法律广泛、政策性强

船舶保险不仅受《海商法》《民法》《合同法》《保险法》等法律调整,而且还受其他国家法律和国际公约、惯例的调整,尤其是远洋船舶保险。此外,船舶保险还会受到国家有关政策和政府对船舶保险事故涉及国的政策的影响。

二、船舶保险的保险责任

我国目前的船舶保险基本险分为全损险和一切险。全损险承保船舶因保险合同约定的原因导致的全部损失；一切险承保船舶全部损失和部分损失，保险责任包括：全损险的保险责任、碰撞责任、施救费用、共同海损和救助。

（一）全损险的保险责任

全损险承保被保险船舶因遭受保险范围内的风险而造成的全部损失，包括实际全损和推定全损。全损险的保险责任承保由于下列原因造成的被保险船舶发生的全损：

(1) 八级以上（含八级）大风、洪水、地震、海啸、雷击、崖崩、滑坡、泥石流、冰凌。

(2) 火灾、爆炸。

(3) 碰撞、触碰。碰撞是指船舶在可航水域与其他船舶或与沉没中的船骸发生直接接触或撞击。触碰是指船舶在可航水域内与船舶以外的任何固定的、浮动的物体（如码头、港口设备、航标及钻井平台）的直接接触或撞击。

(4) 搁浅、触礁。搁浅是指船舶在航行或锚泊中遭受意外造成船舶底部与海底、河床或浅滩紧密接触，使之无法航行，处于静止或摇摆状态，并造成船体损坏或停航十二小时以上。但船舶为了避免碰撞或者由于其他原因，有意使船舶抢滩座浅受损不属于搁浅责任范围。触礁是指船舶在航行过程中发生船底或船身触碰或搁置在礁石上致使船舶受损的意外事故。

(5) 由于上述1至4款灾害或事故引起的倾覆、沉没。其中，倾覆是指船舶本身侧倾翻倒，非经施救和救助不能恢复正常状态和继续行驶。沉没是指船舶由于舱内进水，失去浮力而致使最高一层连续甲板1/2以上浸没于水面之下或沉入水底，丧失其原设计用途。

(6) 船舶失踪。是指船舶在起航后下落不明，超过6个月以上仍未得到其行踪消息。船舶失踪同时具备船舶在航行中失踪、船员和船舶同时失踪、失踪满6个月以上三个条件时，则视为实际全损。

（二）一切险的保险责任

一切险的保险责任，包括全损险所列举的各项原因所造成保险船舶的全损或部分损失以及所引起的下列责任和费用：

1. 碰撞、触碰责任

保险船舶在可航水域碰撞其他船舶或触碰码头、港口设施、航标，致使上述物体发生的直接损失和费用，包括被碰船舶上所载货物的直接损失，依法应当由被保险人承担的赔偿责任。船舶一切险对每次碰撞、触碰责任仅负责赔偿金额的四分之三，但在保险期间内一次或累计最高赔偿额以不超过船舶保险金额为限。

船舶一切险对于保险船舶上的货物损失，不负赔偿责任。非机动船舶不负碰撞、触碰责任，但保险船舶由同一保险公司承保的拖船拖带时，可视为机动船舶。

2. 共同海损、救助及施救费用

共同海损是指在同一航程中,船舶、船上所载货物和其他财产遭遇共同危险时,船长为了共同安全,故意地、合理地采取措施所直接造成的特殊牺牲或支付的特殊费用。这种牺牲或费用应由同一航程中的船货等利害关系方按各自的获救价值进行分摊。船舶一切险负责赔偿依照国家有关法律或规定应当由保险船舶摊负的共同海损。除合同另有约定外,共同海损的理算办法应按《北京理算规则》办理。

救助费用是指被保险船舶在可航水域,遭受上述所列的自然灾害或意外事故,致使船舶处于危险状态,单凭本身力量无法解脱其困境,只能借助外界力量或第三者的帮助才能脱险,由此引起的合理费用称为救助费用。

施救费用是指由于承保风险造成保险船舶处于危险之中,被保险人为防止或减少保险船舶的损失尽一切可能采取自救行为而支付的合理费用。

保险船舶在发生保险事故时,被保险人为防止或减少损失而采取施救及救助措施所支付的必要的、合理的施救或救助费用、救助报酬,保险人负责赔偿。但共同海损、救助及施救三项费用之和的累计最高赔偿额以不超过保险金额为限。

三、船舶保险的责任免除

无论是投保船舶全损险还是一切险,保险人对下列原因所造成的损失、责任及费用不负赔偿责任:

(一)船舶不适航、不适拖(包括船舶技术状态、配员、装载等,拖船的拖带行为引起的被拖船舶的损失、责任和费用,非拖轮的拖带行为所引起的一切损失、责任和费用)。

(二)船舶正常的维修保养、油漆,船体自然磨损、锈蚀、腐烂及机器本身发生的故障和舵、螺旋桨、桅、锚、锚链、橹及子船的单独损失。

(三)浪损、座浅。浪损是指由于八级以下风力或水上任何物体(包括船舶)造成的波浪冲击致使船舶损坏或翻沉的情况;座浅是指船舶在港口、码头、岸边或其他浅水区域停泊或装卸货物时,因潮汐变化致使水深小于船舶吃水而引起的船舶自然坐落在河床、水底所造成的损失。

(四)被保险人及其代表(包括船长)的故意行为或违法犯罪行为。

(五)清理航道、污染和防止或清除污染、水产养殖及设施、捕捞设施、水下设施、桥的损失和费用。

(六)因保险事故引起本船及第三者的间接损失和费用以及船员伤亡或由此引起的责任和费用。

(七)战争、军事行为、扣押、骚乱、罢工、哄抢和政府征用、没收。

(八)其他不属于保险责任范围内的损失。

四、船舶保险的保险期限

按照保险责任期限,船舶保险可以划分为定期船舶保险和航次保险。

船舶保险的保险期限,以定期为主,期限一般为 1 年,最短不能少于 3 个月。起止时间以保险单上载明的日期为准。保险责任期满时,如被保险船舶尚在航行中或处于危险中或在避难港或中途港停靠,经被保险人事先通知保险人并按日比例加付保险费后,船舶保险继续负责到船舶抵达目的港为止。保险船舶在延长时间内发生全损,需加交 6 个月的保险费。

航次保险则是以一个航次作为保险责任期限,一般按保险单订明的航次为准,最多不得超过 30 天,并且在任何情况下最长期限不得超过 90 天。

五、船舶保险的保险金额与保险费率

(一) 保险金额

船舶保险的保险金额有两种确定方式:

(1) 按投保船舶的保险价值确定。实践中,船龄在三年(含)以内的船舶视为新船,新船的保险价值按重置价值确定;船龄在三年以上的船舶视为旧船,旧船的保险价值按实际价值确定。

(2) 由船舶保险双方当事人协商确定。但保险金额不得超过保险价值。

(二) 保险费率

制定船舶保险费率通常考虑以下因素:

(1) 船舶的种类和性能,包括船型、船级、航速、船龄、吨位、船舶承载的货物、航行区域;

(2) 保险人承担风险责任的大小;

(3) 船壳、机器价值、保险金额与免赔额;

(4) 被保险人的资信与经营管理状况;

(5) 以往损失记录和赔付率等因素。

六、船舶保险的赔偿处理

国内船舶保险对在保险有效期内,保险船舶发生保险事故的损失或费用支出,按以下方式赔偿:

（一）全部损失

无论全损险与一切险，保险船舶发生全损按照保险金额赔偿；但保险金额高于保险价值时，以不超过出险当时的保险价值计算赔偿。

（二）部分损失

对于一切险中保险船舶的部分损失，按实际发生的损失、费用赔偿，但保险金额低于保险价值时，按保险金额与保险价值的比例计算赔偿；部分损失的赔偿金额以不超过保险金额或实际价值为限，两者以低者为准；并且无论一次或多次累计的赔款等于保险金额的全数时（含免赔额），保险责任即行终止。

此外，对于共同海损的赔偿，保险人只负责赔偿依照国家有关法律或规定应当由保险船舶摊负的共同海损牺牲和费用。保险船舶发生海损事故时，凡涉及船舶、货物和运费方共同安全的，保险人对施救、救助费用、救助报酬的赔偿是：只负责获救船舶价值与获救的船、货、运费总价值的比例分摊部分。共同海损、救助及施救三项费用之和的累计最高赔偿额以不超过保险金额为限。

第三节 飞机保险

飞机保险是以飞机及其有关利益、责任为保险标的的保险。分为基本险和附加险。基本险主要包括：飞机机身保险、第三者责任保险、旅客法定责任保险；附加险包括：战争劫持险和承运人责任险。任何与飞机有利害关系者，如航空公司、飞机所有人以及看管和控制飞机的法人或自然人都可以投保飞机保险。

一、飞机保险承保的风险

（一）基本险

1. 飞机机身险

飞机机身险承保飞机在飞行、滑行中以及在地面上，因自然灾害或意外事故造成飞机机身及其附件的意外损失或损坏；保险人还承担因意外事故引起被保险飞机拆卸重装和运输的费用以及清理残骸的费用；此外，飞机发生上述自然灾害或意外事故时，为减少保险标的损失所支付的合理施救费用，保险人在飞机机身保险金额的 10% 的限度内承担赔偿责任。

2. 飞机第三者责任保险

由于被保险飞机坠落或从被保险飞机上坠人、坠物而造成第三者（不包括被保险人及其机上工作人员和机场工作人员）的人身伤亡或财产损失，依法应由被保险人承担的经济赔偿责任，由保险人负责赔偿。

该险种承保被保险人依法应负的有关飞机对地面、空中或机外的第三者造成意外伤害或死亡事故或财物损毁的损失赔偿责任。其保险责任一般包括：飞机在地面上造成任何设备、人员、其他飞机等损失；飞机在空中造成地面上第三者任何损失以及飞机在空中碰撞造成其他飞机和人身死亡的损失；同时承保涉及被保险人的赔偿责任所引起的诉讼费，且不受保险单载明的最高赔偿额的限制。

3. 旅客法定责任保险

承保旅客在乘坐或上下保险飞机时发生意外，而造成旅客的人身伤亡，或所携带和已经交运登记的行李、物件的损失，以及由于运输过程中的延迟而造成对旅客、行李或物件的损失，根据法律或合同应由被保险人承担的经济赔偿责任。其中，旅客是指使用购买的飞机票的旅客或被保险人同意免费搭载的旅客，但不包括为履行被保险人的任务而免费搭载的人员。

（二）飞机保险的主要附加险

1. 飞机战争、劫持险

凡由于战争、敌对行为或武装冲突、拘留、扣押、没收、被保险飞机被劫持或被第三者破坏等原因造成的保险飞机的损失、费用，以及由此引起被保险人对第三者或旅客应负的法律责任或费用，由保险人负责赔偿。

2. 飞机承运货物责任险

凡已办理飞机托运手续装载在被保险飞机上的货物，在运输过程中发生保单责任范围内的损失，根据法律、合同规定应由承运人负责的，由保险人负责赔偿。

（三）基本险的责任免除

1. 飞机机身险的责任免除

飞机机身险的责任免除主要包括：战争、军事行动和劫持风险；飞机不符合适航条件而飞行；被保险人的故意行为；飞机任何部件的自然磨损或制造及机械缺陷（但因此而对飞机造成的损失和损坏，飞机机身保险仍予负责）；飞机受损后引起被保险人停航、停运等间接损失。

2. 飞机第三者责任险的责任免除

飞机第三者责任险的责任免除包括：战争和军事行动；飞机不符合适航条件而飞行；被保险人的故意行为；因飞机事故产生的善后工作所支出的费用；被保险人及其工作人员和保险飞机上的旅客或其所有以及代管的财产。

二、飞机机身保险

(一) 保险标的

机身险的保险标的包括飞机机壳、推进器、机器及设备。各种类型的客机、货机、客货两用机以及从事各种专业用途的飞机都可以投保机身险。

保险实务中，保险人通常以一切险的方式承保机身险业务，即保险人对保险单列明的责任免除以外的任何原因所造成的飞机损毁和灭失承担赔偿责任。

(二) 机身险的保险金额

机身险一般采取定值保险方式承保，保险金额的确定方式有以下三种：

(1) 按账面价值确定，即按购买飞机时的实际价值或按年度账面逐年扣减折旧后的价值确定保险金额；

(2) 按重置价值确定，即按市场同类型、同样机龄飞机的市场价值确定保险金额；

(3) 由保险人和投保人双方共同协商的价值确定保险金额。在历史上，机身险曾按不定值保险方式承保，赔偿方式也是在保险限额内选择现金赔付或置换相同的飞机。然而，由于国际市场上新型飞机不断出现，价格持续上升，而旧型飞机价格下跌，如果被保险人按旧型号飞机原价投保，保险人虽然可以按下跌后的市价去置换一架旧型号飞机，但无法满足被保险人重置一架新型飞机的需要。于是，机身险逐渐采取了定值保险方式，保险金额既可以按照飞机净值确定，也可以按照新购买的飞机原值确定，或由被保险人和保险人共同协商确定。由于新、旧飞机的价格悬殊，如果旧飞机按新飞机的市价投保，不论发生全部损失还是部分损失，均按新飞机的市价进行赔偿，这样处理更有利于被保险人；但如果按旧飞机的市价投保，一旦发生部分损失，在修理或配置零部件时按新飞机的市价赔偿，则会产生少收保费、多付赔款的问题。对此，国外保险公司主要通过以下两种方法加以调整：

(1) 零部件条款。该条款对部分损失的赔偿金额加以限制，当飞机的任何零部件发生损失或损坏，赔偿责任以保单附表中列明的一定百分比的保额为限，如机身外壳占40%、机翼占10%、起落架占10%等。超额部分的损失由被保险人自己承担。

(2) 70%分成法。是指承保人根据以往赔付数据统计，在机身险的全部赔款中，70%用于全部损失赔偿，30%用于部分损失赔偿。因此，对部分损失需增收飞机新、旧价差额部分的保险费。

(三) 机身险的保险费率

1. 影响费率的因素

厘定机身险的保险费率通常考虑以下因素：飞机种类、机龄、飞机用途、飞行范围、保险责任范围、免赔额高低、航空公司的经营管理水平与损失记录、飞行员与机组人员的保险情况以及国际市场行情等。

我国目前国内航线机身险费率，是根据历年记录并按飞机的不同型号厘定的，喷气式飞机、螺旋式飞机、直升机机身险的保险费率分别为1.5%、2.5%和5%。

2. 停航退费

由于飞机在飞行时和停在地面上的风险是不同的，所以飞机进行正常修理或连续停航超过规定天数（如10天或14天）时，此期间的保险费可以办理停航退费。现行的中国人民财产保险股份有限公司的飞机机身一切险保险条款有关停航退费的计算方法是：以飞行险保费与地面险保费之差的80%，根据实际停航天数按日比例计算退费。其计算公式为：

$$停航退费 = （飞行险保费 - 地面险保费） \times 80\% \times 停航天数/365$$

但如果飞机是因为发生保险责任事故后修理等原因停航的，则对修理期间的停航保险人不予退费。

（四）机身险的赔偿处理

1. 全部损失的赔偿处理

保险飞机发生全部损失，按飞机的保险金额赔偿，不扣除免赔额；保险人还承担清理残骸的费用。如果保险飞机起飞后15天尚未得到它的行踪消息，即构成失踪，保险人需按飞机机身险保险金额全部赔偿。

2. 部分损失的赔偿处理

飞机发生部分损失，须进行修理时，保险人通常采取绝对免赔额的赔偿处理方式，即在扣除免赔额后按照实际修理费用赔偿。

3. 施救费用的赔偿处理

在保险责任范围的事故发生后，被保险人为减少飞机的损失，采取一切可能的施救措施所支付的合理费用，保险人另外负责赔偿，最高以不超过飞机险保险金额的10%为限。但合同另有约定的则不受此限。

4. 代位追偿

飞机发生保险责任范围内的损失，应由负有责任的第三方负责赔偿的，保险人自向被保险人赔偿保险金之日起，在赔偿金额范围内行使代位权，即向负有责任的一方请求赔偿的权利，被保险人有义务协助保险人进行追偿。

5. 安全奖励

保险飞机全年没有发生赔款，年终可退回全年保险费的25%；虽然发生赔款，但赔款低于保险费的30%，退回全年保险费的15%；赔款达到或超过保险费的30%，则不退费。

三、飞机责任保险

1. 第三者责任保险

（1）飞机第三者责任保险的赔偿限额与保费

飞机第三者责任保险的赔偿限额和保险费，一般根据不同的飞机类型来制定。以中国人民保险股份有限公司的现行规定为例：喷气式各型飞机的赔偿限额为5000万元，保险费为5万元；螺旋式各型飞机的赔偿限额为2000万元，保险费为2万元；直升机的赔偿限额为1000万元，保险费为1万元。

（2）赔偿处理

飞机第三者责任保险的损失赔偿一般可分为三类：

——对空中碰撞造成其他飞机损失、人身伤亡及财产损失的碰撞责任，通常采用分摊责任制来确定，保险人按自己所负责任的比例承担赔偿责任。

——飞机在地面上造成第三者的人身伤亡和财产损失，一般按照当地机场的规定或有关合同确定赔偿责任。

——飞机在空中造成地面上的第三者的任何损失（如从飞机上坠人或坠物），一般按当地法律来处理，也可以参照有关国际公约来处理。

2. 旅客法定责任保险

（1）旅客法定责任保险的赔偿限额与保费。旅客法定责任保险的保险责任一般从旅客验票后开始，到离开机场之前提取了行李为止。旅客法定责任保险的保费通常按照飞机的座位数计算。

旅客法定责任保险的赔偿限额应以保险单附表中规定的最高赔偿限额为限。但由赔偿责任而引起的诉讼费用，保险人另外负责赔偿，而不受此最高赔偿额的限制。

（2）赔偿处理。对旅客法定责任险赔偿限额的规定，应对国内航线和国际航线区别对待。在国内航线，2006年1月29日，经国务院批准，并自当年3月28日起施行的《国内航空运输承运人赔偿责任限额规定》提出如下具体赔偿规定：国内航空运输承运人因发生在民用航空器上或者在旅客上、下民用航空器过程中的事故，造成旅客人身伤亡的，对每名旅客的赔偿责任限额为人民币40万元（旅客自行向保险公司投保航空旅客人身意外保险的，此项保险金额的给付，不免除或者减少承运人应当承担的赔偿责任）。造成旅客随身携带物品毁灭、遗失或者损坏的，对每名旅客的赔偿责任限额为人民币3000元；对旅客托运的行李和对运输的货物的赔偿责任限额为每千克100元人民币。向外国人、华侨、港澳同胞和台湾同胞给付的赔偿金，也可以兑换成该国或地区的货币。

在国际航线，赔偿限额一般按国家所批准的国际公约来办理。目前，大多数国家均按1999年《蒙特利尔公约》办理，该公约于2005年7月31日对中国生效。根据

1999年《蒙特利尔公约的规定》，旅客伤亡时，不论承运人是否有责任，只要损失不是索赔人一方或者第三人造成的，承运人的赔偿限额由以前的7.5万美元增加到10万特别提款权（按照公约签署当日的货币换算标准，约13.5万美元）。当旅客伤亡是由承运人的责任造成的，旅客还可以要求得到超过10万特别提款权的赔偿（10万特别提款权只是一个限额，实际损失低于10万特别提款权的，根据旅客遭受到的实际损失予以赔偿）。另外，对于航班延误造成损失的，每名旅客的赔偿限额为4150特别提款权（约5000美元）。在行李赔偿方面，则不再按照以前的以重量为单位计算损失，而是每名旅客以1000特别提款权（约1350美元）为限。①

3. 飞机承运货物责任保险

飞机承运货物责任保险主要承保航空公司负责承运的货物在运输过程中发生损失时依法应承担的赔偿责任。凡办理好托运手续装载在保险飞机上的货物，在航空运输过程中发生损失，根据法律或合同应由航空承运人负责的，由保险人负责赔偿。飞机承运货物责任保险通常采取一切险的承保方式，其保险费是按照托运人申报的托运货物的价值计算。

4. 机场责任保险

机场责任保险是以被保险人（机场所有人或经营人）因机场（包括建筑物及其设备、装置）存在结构上的缺陷或管理不善，或被保险人在机场内进行经营活动时因疏忽或过失发生意外事故造成他人人身伤害或财产损失依法应负的赔偿责任为保险标的的保险。经保险人同意的被保险人针对其索赔进行抗辩所发生的法律费用和其他费用，也由保险人在赔偿限额外支付。机场责任保险实质上属于公众责任保险中的一种场所责任保险，具有综合性的特点。

我国现行的机场责任保险条款的保障范围包括：在机场区域内的机动车辆包括机场雇员的私有车辆因公务用途所引起的赔偿责任；被保险人为航空公司航空器提供过站检查服务所引起的赔偿责任；被保险人进行导航辅助设备及机场灯光系统的校验和维护所引起的赔偿责任；在机场区域外，因航空突发事件提供救火和营救服务所引起的赔偿责任。

我国机场责任保险的除外责任包括：任何人员在从事被保险人业务活动时遭受的人身伤害；被保险人在合同项下所达成的协议应承担的责任；被保险人所有、占有、照管、保管的财产所遭受的损失或损坏；机场控制塔台和空中交通管制作业引起的责任；对机场进行注、储油作业引起的责任；对由被保险人或其承包商或分包商因对建筑物、跑道或设备的建造、拆除和改造（正常维护工作除外）引起的人身伤害或财产损失不负责赔偿；机场所属旅馆业主责任；被保险人提供有缺陷产品造成的损失；机场内的机动车责任等。

---

① 许飞琼：《财产保险》高等教育出版社2014年版，第207~208页。

四、飞机保险的风险控制

1. 承保过程中的风险控制

投保人提出投保申请后，首先填写投保单。投保人就投保单中所列各项内容包括：投保人、保险标的、保险金额、保险价值、保险期限、飞行区域、责任限额、损失记录等如实填报，供保险人审核。

（1）保险人进行承保前的风险调查。首先，保险人要核准投保人的有关证明文件，验明飞机是否具有国家有关部门颁发的飞行许可证和适航证明，机组人员是否拥有相应的工作执照。各类型的客机、货机、客货两用机以及各种专业用途的飞机，必须经国家指定的有关部门检验合格，并签发适航证明文件。其次，保险人应对飞机的各方面展开风险调查，主要内容包括：飞机型号、结构及风险程度；机场所在地及航线的自然环境和社会环境；设计者的技术水平及资信情况；驾驶者的技术水平；被保险人的经营管理水平；第三者责任及乘客风险大小；维修人员的技术水平；被保险人的资信程度；飞机造价及其风险检验设备的先进程度；飞机出厂有无产品责任保险等。

通过以上风险调查，保险人可以对投保人的风险有比较全面的评估，作为承保与否的依据。

（2）严格核保与谨慎承保。需要考虑的因素主要有：审核投保单的内容是否真实；考察飞机型号、结构、机场管理和指挥系统、驾驶员的素质等是否符合有关规定和要求。

经过严格核保以后，对符合承保条件的，保险人仍然要谨慎承保。通过规定免赔额促使被保险人加强安全管理，降低承保风险。

2. 保险期间的风险控制

一是要求被保险人完整记录承保飞机的安全飞行情况，还有飞机订购单或其复印件；保单登记簿；批单登记簿；代理人的到期附加保费和退费登记簿；代理人账目登记簿；分出分入再保险登记簿；理赔登记簿。

二是要求被保险人加强对飞机事故的预防。人为因素往往是导致飞行事故的首要因素。因此，预防飞行事故就是要做好与飞行有关的工作：提高飞行技术；遵守规章制度；严密科学组织飞行；做好安全飞行的各项保障工作。

三是对保险飞机进行安全检查。检查飞机是否处于适航状态，保险期间的风险状况是否发生改变，发现问题及时处理。

3. 理赔环节的风险控制

当发生索赔，保险人应首先确定该项索赔是否成立。具体而言，保险人要审查以下几点：第一，出险飞机是否属于保险单承保的标的；第二，出险时保险单是否有效；第三，事故是否属于保险单承保的责任范围；第四，飞行员是否符合保险单条件；等等。

如果索赔成立，保险人就要及时展开现场调查。保险飞机发生事故可以委托代理人进行查勘检验。检验人应具有从事过与飞机有关的经营或制造工作的经验，熟知飞机修理工时成本与费用情况。检验人的检验报告，不仅要求在技术上，还要求在法律上具有处理保险事故的权威性。

然后，保险人根据现场勘查情况及检验报告进行责任审核，确属保险责任事故的损失，保险人就应按合同约定在分别情况和扣除免赔额后计算并支付赔款。如果保险事故发生时存在负有责任的第三者，应及时进行追偿。

本章小结

运输工具保险是以各种运输工具本身（如汽车、飞机、船舶、火车等）和运输工具所引起的对第三者依法应负的赔偿责任为保险标的的保险。根据运输工具的种类不同一般将运输工具保险分为机动车辆保险、船舶保险、飞机保险以及其他运输工具保险。

运输工具保险区别于其他财产保险标的特征主要有：第一，由于运输工具经常处于流动状态，因而使保险人承保的风险具有多样性；第二，由于驾驶人员的素质、运输工具以及运输工具所面临的地区和环境不同，使得保险人面临的风险与保险事故的发生具有复杂性；第三，由于运输工具保险承保范围不仅包括有形的物质损失，还包括无形的责任风险和相关的费用损失，因而运输工具保险的保险标的范围具有广泛性。

机动车辆保险是以机动车辆本身及机动车辆对第三者依法应负的赔偿责任为保险标的的保险。与其他财产保险相比较，机动车辆保险具有以下特点：一是机动车辆保险属于不定值保险；二是机动车辆保险的赔偿主要采取修复方式；三是机动车辆保险赔偿采取绝对免赔的方式；四是机动车辆保险实行无赔款优待方式；五是机动车辆保险损失赔偿有特殊规定。

自 1980 年恢复国内机动车辆保险至今，在保险条款、保险产品、保险服务、保险费率等方面不断改革，2016 年 6 月底商业车险费率市场化在全国范围内全面铺开，目前我国车险市场形成了以行业示范条款为主体，各公司自主创新条款为补充的商业车险条款费率体系，从根本上改变了过去车险产品同质化严重的局面，有利于满足车主和消费者多样化、个性化的保险需求。真正实现了将车险选择权交给消费者，将定价权交给市场。

目前我国机动车损失保险分为主险与附加险。主险包括机动车损失保险、机动车第三者责任保险、机动车车上人员责任保险、机动车全车盗抢保险共四个独立的险种，投保人可以选择投保全部险种，也可以选择投保其中部分险种。

附加险不能独立投保，只能在购买主险的基础上才能选择投保，如玻璃单独破碎险、自燃损失险、新增加设备损失险、车身划痕损失险、发动机涉水损失险、车上货物责任险等。

机动车辆第三者责任保险是指被保险人或其允许的合格驾驶人在使用被保险车辆过程中发生意外事故，致使第三者遭受人身伤害或财产直接损毁，依法应当由被保险人承担的损害赔偿责任，转由保险人依照保险合同的约定予以赔偿的保险。机动车辆第三者责任保险按照实施方式，可以划分为自愿（商业）第三者责任保险或强制（法定）第三者责任保险两类。

船舶保险是以各类船舶为保险标的的保险。承保船舶在航行或停泊期间因遭受自然灾害或意外事故所造成的损失。船舶保险作为传统财产保险业务的重要险种，既是运输工具保险的主要险种之一，也是水险业务的主要来源之一。按照航行的水域，船舶保险通常分为国内船舶保险和远洋船舶保险，远洋船舶保险又称为海上保险，船舶保险具有以下特征：船舶保险承保范围广、承保风险大；保险事故的发生频率高且损失金额巨大；船舶保险属于定值保险；船舶保险的保险单不能随船舶的转让而转让；船舶保险适用的法律广泛、政策性强。

我国目前的船舶保险基本险分为全损险和一切险。全损险承保船舶因保险合同约定的原因导致的全部损失；一切险承保船舶全部损失和部分损失，保险责任包括：全损险的保险责任、碰撞责任、施救费用、共同海损和救助。

飞机保险是以飞机及其有关利益、责任为保险标的的保险。分为基本险和附加险。基本险主要包括：飞机机身保险、第三者责任保险、旅客法定责任保险。附加险包括：战争劫持险和承运人责任险。

飞机保险无论是在承保过程中，还是在保险期间内，以及理赔环节均需要严格控制风险。

复习思考题

1. 运输工具保险有哪些特征？
2. 影响机动车辆保险费率的因素有哪些？
3. 试比较交强险与商业第三者责任险的异同。
4. 解释下列概念：共同海损、施救费用、救助费用。
5. 飞机保险主要承保哪些险别？

第六章

国内货物运输保险

第一节 国内货物运输保险的种类和特征

一、国内货物运输保险的种类

国内货物运输保险（Domestic Cargo Transportation Insurance）是以国内运输过程中的货物作为保险标的，对运输中的货物因自然灾害或意外事故而遭受损失时给予经济补偿的一种财产保险。国内货物运输保险是货物运输保险的一种，具有货物运输保险的一般特点。

国内货物运输保险按运输工具和运输方式不同可以分为以下类别。

（一）按运输工具分类

（1）水上货物运输保险

承保利用水上运输工具，如轮船、驳船、机帆船、木船、水泥船等水上货物运输载体承运货物的一种保险。

（2）陆上货物运输保险

承保利用陆路运输工具为货物运输载体承运货物的保险。公路和铁路运输是陆上运输的两种基本方式，在整个运输领域中占有重要的地位。

（3）航空货物运输保险

承保以飞机作为运输载体承运货物的保险。

（4）管道货物运输保险

管道运输（Pipeline transport）是用管道作为运输工具的一种长距离输送液体和气体物资的运输方式，是一种专门由生产地向市场输送石油、煤和化学产品的运输方式。管道运输业是中国新兴的运输行业，是继铁路、公路、水运、航空运输之后的第五大运输业，它在国民经济和社会发展中发挥着十分重要的作用。管道运输有着独特的优势：管道运输不仅运输量大、不受气候和地面其他因素限制、连续性强、迅速、安全、可靠、平稳，而且投资少、占地少、成本费用低，管道运输耗能少、经济效益好。除广泛用于石油、天然气的长距离运输外，还可运输矿石、煤炭、建材、化学品和粮食等。随着我国经济持续快速发展和能源结构的改变，石油天然气成品油运输管道建设将进一步提速。毋庸置疑管道货物运输也存在一定的风险，因此，对其进行保险风险转移具有重要意义。管道运输保险是指以在管道内运输的石油、天然气等气体和液体类货物为保险标的的保险。

（5）特种货物运输保险主要指国内货物运输保险。

（二）按运输方式分类

1. 直运货物运输保险

直运是直达运输的简称。直达运输指货物从起运地至目的地只使用一种运输工具的运输行为。即使中途货物需要转运，转运所用的运输工具与前一段运输所使用的运输工具属同一种类。

2. 联运货物运输保险

联运是同一张运输单据使用两种或两种以上不同的主要运输工具运送货物的运输，一般有水陆联运、江海联运、陆空联运等。采用联运方式运输的货物，如果投保货物运输保险，其费率要高于直运货物运输保险。

3. 集装箱运输保险

由于集装箱运输能做到装运单位化，把零散货物集中装在大型标准化货箱内，因此，它可以简化甚至避免沿途货物的装卸和转运，从而使降低货物运输成本、加速船舶周转、减少货物残损短少成为可能。由于上述种种优点，利用集装箱运输的货物，如投保货物运输保险，其费率低于其他运输方式。

二、国内货物运输保险的特征

与一般财产保险相比，国内货物运输保险具有以下几个方面的特征：

1. 货物运输保险的承保标的具有流动性

普通财产保险（企业财产保险和家庭财产保险）的保险标的通常处于相对静止状态，货物运输保险承保的标的经常处于流动中或运动状态。

2. 货物运输保险承保的风险具有广泛性

从保险人所承保的保险责任范围来看，货物运输保险承保的风险范围要比普通财产保险承保的风险范围广泛得多。从性质上看，既有财产和利益上的风险，又有责任上的风险；从范围上看，既有海上风险，又有陆上和空中风险；从风险种类上看，既有自然灾害和意外事故引起的客观风险,又有外来原因引起的主观风险;从形式上看,既有静止状态中的风险,又有流动状态中的风险。

3. 货物运输保险的保险期限以实际运输途程为限

普通财产保险通常是按照自然时间界限计算确定,通常为1年,而货物运输保险的保险期限通常是以实际所需的运输途程为限,即从货物运离起运地仓库开始,直至到达目的地收货人仓库为止的整个运输过程作为保险责任期限,采取按照行为时间界限的方式确定保险期限。

4. 货物运输保险的保险单可随提单背书转让

普通财产保险的保险标的多数情况下是在被保险人的直接照管和控制之下。而货物运输保险则不同,货物一经起运,保险责任便开始,此时的保险标的完全由承运人控制。运输中的货物面临的风险大小及出险概率的高低主要取决于承运人而非被保险人,所以货物运输保险的保险合同可以随着货物所有权的转移而自由转移,而无须事先征得保险人的同意。因而,在实践中货物运输保险的保险合同往往被视同提货单的附属物,可以随着提货单的转移而转移。

第二节 国内水路、陆路货物运输保险

一、国内水路、陆路货物运输保险的概念

国内水路、陆路货物运输保险是以国内水路、陆路运输过程中的各类货物(不包括铁路运输的包裹及快件商品)为保险对象,保障货物在运输过程中发生灾害事故造成损失时,由保险公司提供经济补偿的一种保险业务。水路及陆路运输目前仍然是我国最为主要的运输方式。国家发展改革委员会2016年1月26日发布数据显示,2015年全社会完成货运量450.2亿吨,同比增长4.4%,完成货物周转量180583亿吨公里,同比下降0.5%。其中,全国铁路累计完成货运量33.6亿吨,占比7.46%;全国公路完成货运量354.5亿吨,占比78.7%;全国水路完成货运量62.1亿吨,占比13.8%;民航累计完成货运量625.3万吨,仅占比0.01%。[①]

二、国内水路、陆路货物运输保险的保险责任与责任免除

(一)国内水路、陆路货物运输保险的保险责任

国内水路、陆路货物运输保险的保险责任分为基本险和综合险两种。

---

① 《2015年铁路货运量下降 公路水路和航空货运量平稳增长》,载于《经济日报》,2016年1月。

1. 基本险的保险责任

（1）因火灾、爆炸、雷电、冰雹、暴风、暴雨、洪水、地震、海啸、地陷、崖崩、滑坡、泥石流所造成的损失；

（2）由于运输工具发生碰撞、搁浅、触礁、倾覆、沉没、出轨或隧道、码头坍塌所造成的损失；

（3）在装货、卸货或转载时因遭受不属于包装质量不善或装卸人员违反操作规程原因所造成的损失；

（4）按国家规定或一般惯例应分摊的共同海损的费用；

（5）在发生上述灾害、事故时，因纷乱而造成货物的散失及因施救或保护货物所支付的直接合理的费用。

2. 综合险的保险责任

综合险除包括基本险的保险责任外，还负责赔偿保险货物的下列损失：

（1）因受震动、碰撞、挤压而造成货物破碎、弯曲、凹瘪、折断、开裂或包装破裂致使货物散失的损失；

（2）液体货物因受震动、碰撞或挤压致使所用容器（包括封口）损坏而渗漏的损失，或用液体保藏的货物因液体渗漏而造成保藏货物腐烂变质的损失；

（3）遭受盗窃或整件提货不着的损失；

（4）符合安全运输规定而遭受雨淋所致的损失。

（二）国内水路、陆路货物运输保险的责任免除

由于下列原因造成被保险货物的损失，保险人均不负赔偿责任：

（1）战争或军事行动；

（2）核事件或核爆炸；

（3）保险货物本身的缺陷、自然损耗，以及货物包装不善所致的损失；

（4）被保险人的故意行为或过失；

（5）全程是公路货物运输的，盗窃和整件提货不着的损失；

（6）其他不属于保险责任范围内的损失。

三、国内水路、陆路货物运输保险的保险期限

国内水路、陆路货物运输保险的保险责任起讫期限为：自签发保险凭证和保险货物运离起运地发货人的最后一个仓库或储存处所时起，至该保险凭证上注明目的地收货人在当地的第一个仓库或储存处所时终止。即"仓至仓"责任。但保险货物运抵目的地后，如果收货人未及时提货，则保险责任的终止日期最多延长至以收货人接到《到货通知单》后的15日为限（以邮戳日期为准）。

保险责任开始的标志是：保险人或其代理人签发了保险凭证，以及被保险货物"运离"起运地发货人的最后一个仓库或储存处所，上述两个条件必须同时具备，否则保险责任不能生效。"运离"的含义是指被保险货物从起运地发货人的最后一个仓库或储存处所，被装载于主要运输工具或辅助运输工具的过程。因此，一件货物被装运上运输载体，这件货物就可视为"运离"。货物虽未装上运输工具，但已经开始被搬动，也应被视为"运离"。对此，保险人同样应承担保险责任。"运离"一件负责一件，运离一批负责一批。因此，在货物运输保险中，保险人承担的风险是逐渐增大的，直至货物全部"运离"时风险值最大。所谓"起运地发货人最后一个仓库或储存处所"是指被保险人或其发货人将被保险货物通过运输工具（包括辅助性运输工具）外运前或交付水路或陆路运输机构之前存放在任何一个被保险人或其发货人所有、占用或租用的仓库或储存处所。被保险货物从一地运至另一地的过程中，对于正常的中途转运，保险人仍予以负责。被保险货物在中转地承运部门的车站、码头以及代办托运部门的仓库或储存处所停留候运期间发生的保险责任范围内的损失均可得到赔偿，停留时间的长短不受限制。但对于非无法控制的情况引起的不合理的绕道及改道，以及由此导致的货物中转停留，保险人不予负责。

关于保险责任的终止，在实务中会出现以下几种情况：

（1）被保险货物运抵目的地后，收货人未及时提货，这时保险责任最多可延长至从收货人接到《到货通知单》后起算的 15 天时间；

（2）被保险货物运抵目的地后，被保险人或其提人提取部分货物，保险人对其余未提货物也只承担 15 天的责任；

（3）被保险货物运抵目的地后的 15 天内，被保险人或其提货人不是将货物提取放入自己的仓库或储存处所，而是就地直接发运其他单位或再转运其他单位，则保险责任在此时宣告终止。

四、国内水路、陆路货物运输保险的保险金额及保险费

（一）保险金额

国内货物运输保险的保险金额采取定值的方法加以确定并载明于保单，以此作为保险人对保险标的遭受损失时给予补偿的最高限额。根据保险条款的规定，国内水路、陆路货物运输保险的保险金额，按货物的实际价值或货物的实际价值加运杂费确定。

保险金额由投保人参照保险价值（即货物的实际价值）自行确定，并在保险合同中载明。保险金额不得超过保险价值，如果超过保险价值，超过部分无效，保险人应当退还相应的保险费。

（二）保险费

与一般财产保险一样，货物运输保险的费率也主要取决于赔付率，但由于货物运输保险与其他财产保险相比有许多特殊的地方，因此，其费率的制定还要考虑以下几个因素：

1. 运输方式

运输方式分为"直运"、"联运"、"集装箱运输"三种。运输方式不同，货物在运输中所面临的风险也不一样，保险费就应该有差别。"直运"所使用的运输工具只有一种，货物从一地运到另一地，即使中间需要转运，运输工具仍保持不变；联运则要涉及中途变更运输工具，因而增加了卸载、重载等中间环节，对联运的费率我国保险公司是按联运所使用运输工具中费率最高的一种运输工具再加收5%确定的；采用集装箱运输方式可减少货物的残损短少，风险相对较小，因此，保险费率通常按表定费率再减50%确定。

2. 运输工具

运输工具的不同，导致货物可能出险的机会自然不同，例如火车出事的概率要小于汽车；即使是同一种运输工具，由于载重量不同，费率也有差异，如船舶吨位小的费率要高于吨位大的。

3. 运输途程

运输途程的长短关系到运输所需时间的多少，相对而言，货物在运输途中的时间愈长受损的机会越大，其费率比途程较短的要高。由于运输途程的不同，不仅会有时间上的差别，而且会有地域上的差别，这也会对货物运输保险的费率产生影响。

4. 货物的性质

货物的性质不同往往也决定了货物受损的程度和机会不同。保险人承保易燃、易爆、易腐、易碎物品的风险较大，其发生损失的可能性明显要大于一般货物，因此，保险费率就较高。我国国内水路、陆路货物运输保险费率规章根据货物的特性，将货物分为一般货物、一般易损货物、易损货物、特别易损货物等类别，类别愈高，风险程度越大，费率相应也就越高。

5. 保险险别

综合险的承保责任范围比基本险广泛，因此，综合险的费率要高于基本险。

五、国内水路、陆路货物运输保险赔偿处理

（一）索赔

国内水路、陆路货物运输保险的保险标的出险后，被保险人向保险人申请索赔时，

必须提供下列有关单证：

(1) 保险凭证、运单（货票）、提货单、发货票；

(2) 承运部门签发的货运记录、普通记录、交接验收记录、鉴定书；

(3) 收货单位的入库记录、检验报告、损失清单及救护货物所支付的直接费用的单据。

(二) 理赔

在对国内水路、陆路货物运输保险进行赔偿处理时，应注意以下几个方面：

(1) 货物发生保险责任范围内的损失时，按货价确定保险金额的，保险人根据实际损失按起运地货价计算赔偿；按货价加运杂费确定保险金额的，保险人根据实际损失按起运地货价加运杂费计算赔偿。但最高赔偿金额以保险金额为限。

如果被保险人投保不足，保险金额低于货价，则保险人对其损失及支付的施救保护费用要按保险金额与货价的比例计算赔偿。

(2) 保险人对货物损失的赔偿金额，以及因施救或保护货物所支付的直接、合理的费用，应分别计算，并各以不超过保险金额为限。

(3) 代位求偿。当货物遭受的保险责任范围内的损失由承运人或其他第三者的责任造成时，会涉及代位求偿问题。被保险人可以向责任方提出索赔，也可以向保险人要求赔偿。但是，如果向保险人索赔，则应该在获得赔款后签发权益转让书，即把可以向有责任的一方要求赔偿的权利全部转让给保险人，同时还有义务协助保险人向责任方追偿。

(4) 残值处理。经双方协商同意，保险人可将其享有的保险财产残余部分的权益作价折归被保险人，并可在保险赔偿金中直接扣除。

第三节 国内航空货物运输保险

一、国内航空货物运输保险的概念及其责任范围

(一) 概念

国内航空货物运输保险是以国内航空运输过程中的各类货物作为保险对象，当保险货物在运输过程中发生灾害事故造成损失时，由保险公司提供经济补偿的一种保险。凡是可以向民航部门托运货物的单位和个人，都可以将其空运货物（鲜、活物品和动物除外）向保险公司投保国内航空货物运输保险。金银、首饰、珠宝、稀有贵金属，

以及每公斤价值在1800元以上的贵重物品，经特别约定后，也可以投保国内航空货物运输保险。

（二）国内航空货物运输保险的保险责任范围

1. 保险责任

被保险货物在保险期限内无论是在运输还是在存放过程中，由于下列原因造成的损失，保险人负赔偿责任：

（1）由于飞机遭受碰撞、倾覆、坠落、失踪（在3个月以上），在危难中发生卸载以及遭受恶劣气候或其他风险事故发生抛弃行为所造成的损失；

（2）被保险货物因遭受火灾、爆炸、雷电、冰雹、暴风、暴雨、洪水、海啸、地陷、崖崩所造成的损失；

（3）被保险货物受震动、碰撞或压力而造成破碎、弯曲、凹瘪、折断、开裂等损伤以及由此引起包装破裂而造成的损失；

（4）属液体、半流体或者需要用液体保藏的被保险货物，在运输途中受震动、碰撞或压力致使所装容器（包括封口）损坏发生渗漏而造成的损失，或用液体容器保藏的货物因液体渗漏而致保藏货物腐烂的损失；

（5）被保险货物因遭受盗窃或者提货不着的损失；

（6）装货、卸货时和地面运输过程中，因遭受不可抗力的意外事故及雨淋造成的被保险货物的损失。

此外，对于在责任范围内发生的灾害事故，为了防止损失扩大采取施救或保护货物的措施而支付的合理费用，保险人也负赔偿责任，但以该批被救货物的保险金额为限。

2. 责任免除

被保险货物于保险期限内由于下列原因造成损失的，无论是在运输途中还是存放过程中的损失，保险公司不负赔偿责任：

（1）战争、军事行动、扣押、罢工、哄抢和暴动；

（2）核反应、核子辐射和放射性污染；

（3）保险货物自然损耗、本质缺陷、特性所引起的污染、变质、损坏，以及货物包装不善；

（4）在保险责任开始前，保险货物已存在的品质不良或数量短差所造成的损失；

（5）市价跌落、运输延迟所引起的损失；

（6）属于发货人责任引起的损失；

（7）被保险人或投保人的故意行为或违法犯罪行为；

（8）由于行政行为或执法行为所致的损失，保险人不负责赔偿；

（9）其他不属于保险责任范围内的损失，保险人不负责赔偿。

二、国内航空货物运输保险的保险期限

根据人保公司的国内航空货物运输保险条款的规定，国内航空货物运输保险的保险责任自保险货物经承运人收讫并签发保险单（凭证）时起，至该保险单（凭证）上的目的地的收货人在当地的第一个仓库或储存处所时终止。但保险货物运抵目的地后，如果收货人未及时提货，则保险责任的终止期最多延长至以收货人接到《到货通知单》以后的 15 天为限（以邮戳日期为准）。

由于被保险人无法控制的运输延迟、绕道、被迫卸货、重新装载、转载或承运人运用运输契约赋予的权限所作的任何航行上的变更或终止运输契约，致使保险货物运输到非保险单所载目的地时，在被保险人及时将获知的情况通知保险人，并在必要时加交保险费的情况下，本保险仍继续有效。保险责任按下述规定终止：

（一）保险货物如在非保险单所载目的地出售，保险责任至交货时为止。但不论任何情况，均以保险货物在卸载地卸离飞机后满 15 天为止。

（二）保险货物在上述 15 天期限内继续运往保险单所载原目的地或其他目的地时，保险责任仍按上述第（一）款的规定终止。

三、国内航空货物运输保险保险费率

民航部门所承运的货物与水、陆运输机构承运的货物相比，具有批量小、单位价值高的特点，再加上空运货物要比水路、陆路运输货物安全得多，所以航空货物运输保险的费率直接套用国内外水路、陆路货物运输保险的厘定方法显然是不妥当的。

航空货物运输保险从被保险货物的特性出发，将各种货物分为一般物质、易损物质和特别易损物质三类，同时相应规定了三个不同档次的费率。为了便于实际操作，每个档次的费率除了用文字说明其划分标准和适用范围外，还辅以具体的物品名目，以便有关人员在必要时可以此类比。

四、国内航空货物运输保险的赔偿处理

国内航空货物运输保险的保险金额的确定以及赔偿处理与国内水路、陆路运输货物保险基本相同，在此不再详述。

第四节 国内邮（包）件保险

国内邮（包）件保险是以在邮政机构办理邮（包）件寄递业务的单位和个人作为

被保险人，在保险标的遭受保险责任范围内的损失时由保险人承担赔偿责任的保险。

一、保险标的

凡在邮政机构办理国内（不包括港、澳、台地区）邮（包）件寄递业务的邮政包裹、给据邮件、特快专递均可作为国内邮（包）件保险的标的。

经保险双方书面特别约定，以邮政包裹、给据邮件、特快专递方式办理国内寄递业务的证件、票据、有价证券、文件、账册、图册、技术资料、电脑资料可以作为特约保险标的。

下列物品不在保险标的范围内：

(1) 法律规定禁止流通或者寄递的物品；
(2) 反动报刊书籍、宣传品或者淫秽物品；
(3) 爆炸性、易燃性、腐蚀性、放射性、毒性等危险物品；
(4) 妨害公共卫生的物品；
(5) 容易腐烂的物品；
(6) 各种活的动物；
(7) 各种货币；
(8) 不适合邮寄条件的物品；
(9) 包装不妥，可能危害人身安全、污染或者损毁其他邮件、设备的物品；
(10) 现金，金银、珠宝、钻石及制品、玉器、首饰、古币、古玩、字画、邮票、艺术品、稀有金属等珍贵财物。

二、国内邮（包）件保险的保险责任范围

（一）国内邮（包）件保险的保险责任

在保险期间内，由于下列原因造成保险标的的损失，保险人依照保险合同约定负责赔偿：

(1) 火灾、爆炸、雷电、冰雹、暴风、暴雨、洪水、海啸、地震、地陷、崖崩、突发性滑坡、泥石流；
(2) 运输工具发生搁浅、触礁、沉没、碰撞、倾覆、出轨、坠落、失踪（三个月以上）或桥梁、隧道、码头坍塌；
(3) 因受震动、碰撞、挤压造成保险标的破碎、弯曲、凹瘪、折断、开裂的损失；
(4) 因包装破裂致使标的散失的损失；
(5) 符合安全运输规定而遭受水蚀、污损或鼠咬所致的损失；

（6）遭受有明显现场痕迹的盗窃或由于邮递人员的过失造成的整件取件不着的损失；

（7）保险事故发生后，被保险人为防止或减少保险标的的损失所支付的必要的、合理的费用。

（二）国内邮（包）件保险的责任免除

由于下列原因造成保险标的的损失，保险人不负责赔偿：
(1) 邮政机构的故意行为或重大过失；
(2) 寄件人的疏忽、过失、故意行为，或寄件人违反限量寄递规定寄递；
(3) 收件人的故意行为；
(4) 邮（包）件无法投递；
(5) 战争、敌对行为、军事行动、武装冲突、罢工、暴动、盗抢；
(6) 核反应、核子辐射和放射性污染；
(7) 行政行为或司法行为；
(8) 保险标的本身缺陷、自然损耗以及市价跌落的损失；
(9) 保险标的因邮递延迟导致的损失或费用；
(10) 保险标的由于包装不善而造成的损失和费用；
(11) 其他不属于保险责任范围内的损失和费用。

三、国内邮（包）件保险的责任起讫

保险责任自保险标的经邮政机构收讫并签发保险单时起，至保险标的被递交给保险单载明的收件人时终止。采用按地址投递方式的，若保险单载明的寄达地邮政机构未能及时送递保险标的，则保险责任在保险标的到达该邮政机构满十天后终止；采用用户领取方式的，若保险单载明的收件人未能及时收取保险标的，则保险责任在保险单载明的寄达地邮政机构向收件人签发通知单三十天后终止。

国内邮（包）件保险责任开始后，投保人不得解除保险合同。

四、国内邮（包）件保险的保险金额

国内邮（包）件保险的保险金额由投保人参照保险价值自行确定，并在保险合同中载明。保险金额是按保险标的的实际价值或保险标的的实际价值加邮杂费确定，并且不得超过保险价值。

特约保险标的的保险价值由投保人和保险人双方约定，并在保险单中载明，但最高不超过人民币2000元。

五、国内邮（包）件保险的赔偿处理

（一）索赔

国内邮（包）件保险出险后，被保险人向保险公司申请赔偿时，必须提供下列单据和证明材料：

（1）保险单、邮（包）件收据、发票、被保险人的有效身份证明、事故报告书、检验报告及邮寄物品的清单；

（2）邮政机构出具的邮（包）件损毁证明；

（3）被保险人所能提供的其他与确认保险事故的性质、原因、损失程度等有关的证明和资料。

被保险人在请求赔偿时未及时提供有关单证，导致保险人无法核实单证的真实性及其记载的内容的，保险人对保险标的损失无法核实部分不承担赔偿责任。

（二）理赔

保险人收到被保险人的赔偿请求后，应当及时就是否属于保险责任作出核定，并将核定结果通知被保险人。情形复杂的，保险人在收到被保险人的赔偿请求并提供理赔所需资料后三十日内未能核定保险责任的，保险人与被保险人根据实际情形商议合理期间，保险人在商定的期间内作出核定结果并通知被保险人。对属于保险责任的，在与被保险人达成有关赔偿金额的协议后十日内，履行赔偿义务。

保险标的发生保险责任范围内的损失时，保险人按以下方式计算赔偿：

发生全部损失，按保险价值赔偿；发生部分损失，按损失程度乘以保险价值赔偿。

经双方协商同意，保险人可将其享有的保险财产残余部分的权益作价折归被保险人，并可在保险赔偿金中直接扣除。

第五节 集装箱运输保险

一、集装箱运输保险的保险责任

按照集装箱运输所面临的风险范围，我国集装箱运输保险可以分为全损险、综合险和战争险。全损险只负责整个集装箱的全部损失，包括实际全损和推定全损。实际全损是指集装箱的全部灭失。推定全损是指保险事故发生后修理费用等费用的总和或者部分费用超过集装箱的保险金额。综合险与一切险，虽然在叫法上明显不同，但是

在内容方面二者存在很多相似之处：第一，二者都负责整个集装箱部分及集装箱机器部分的部分损失和全部损失。第二，二者都是列明条款和非列明条款相结合；对集装箱箱体部分的风险采用非列明条款，即对保险的集装箱部分因任何外来原因造成的一切损失负责，但除外责任例外。而对集装箱机器部分的风险采用列明条款，即保险人只对列明风险造成的集装箱机器部分的损失负责。列明条款与非列明条款，最主要的区别是举证责任不同。在非列明条款下，由于保险人承保的风险如此广泛，被保险人只需证明发生保险事故的存在，而无须证明损失是由某种具体的危险造成。因此，如果集装箱部分在保险责任开始时完好，而在保险期间内发生损失，从受损情况可以推断出是由外来原因造成，被保险人就完成了举证责任，或者说举证责任落到保险人一方，保险人需证明损失是保险人无须负责的原因造成的。在集装箱机器部分的列明条款下，如果在保险期间内发生损失，被保险人如果想要求保险人赔偿，就首先要举证损失是由列明的承保的风险责任造成的，因此与非列明条款相比，双方举证责任顺序和要求完全不同。

在集装箱保险中，保险人承保的是可预料和不可预料的风险。可预料是指风险会发生，不可预料是指不知风险何时发生，或者在一定期限内能否发生。如果风险不具备这两项因素，保险人是不予承保的。集装箱的正常磨损、锈蚀、内在缺陷以及设计制造的错误，这种风险造成的损失是必然的和可以预料的，因此保险人是不负责赔偿的。

在集装箱保险业务中，对于各种延迟引起的损失和费用保险人通常不予赔偿。英国1906年《海上保险法》第55条规定：保险人不承担任何延迟直接引起的损失，即使该延迟是由承保的风险所致。这是近因原则的应用。因为损失和费用是延迟造成，而不是承保风险造成，延迟不是承保风险，因此不予赔偿。集装箱保险合同是建立在最大诚信原则基础上的合同。如果一方违反最大诚信原则，就会导致集装箱保险合同的无效。被保险人的恶意行为是违反最大诚信原则的最典型表现。虽然我国集装箱保险条款，没有相关的明确规定，但根据中华人民共和国《海商法》和《保险法》也可以得到相同的结论。

随着集装箱运输的发展，对集装箱船舶的要求越来越高，集装箱船舶的试航已成为集装箱运输中的基本要求。集装箱船舶的适航包括两方面内容：首先集装箱船舶本身的适航，包括船舶的机械性能、结构、设备符合船级和技术要求，船舶可以抵抗航行海域的基本风险；其次集装箱船舶要适于集装箱的运输要求，配备集装箱运输所需设备、船员、燃料、物料等，还要合理配载。如果被保险人将集装箱装载于不适航或者不适于集装箱运输的船舶上，不仅损害保险人的利益，还会损害货主的利益，同时被保险人也违反了防灾防损的义务。

此外，集装箱的规格和质量应符合国际化标准组织的要求，集装箱上的铭牌、标记要符合国际公路运输公约、集装箱海关公约、集装箱安全公约等国际公约的标准和要求，违反这些规定保险人不承担赔偿责任。由于我国集装箱运输发展比较晚，有些集装箱的制造和运输不符合国际标准。从我国这一国情出发，我国的集装箱保险规定：

集装箱不符合国际标准保险人不予赔付。

二、集装箱运输保险的责任起讫

我国集装箱运输保险条款对责任起讫规定十分简单：定期保险，起止时间以保险单规定为准。

保险双方当事人均可提前 30 天通知对方解除合同。如果由被保险人提出在保险期限内退保，应按短期费率计算退费，不满一个月按一个月计算。如果保险人在保险期限内提出退保，将按日比例退还被保险人保险费。

三、集装箱运输保险的赔偿处理

我国集装箱运输保险条款中，只有集装箱发生全损时，保险人按保险金额全部赔付，不扣除免赔额。集装箱发生部分损失时，保险人按修理费用扣除免赔额后赔付。如果修理费用超过保险金额时，可按照推定全损处理。当一次保险事故引起的恢复费用和修理费用或者单项费用超过保险金额即被认为构成推定全损。

四、集装箱战争险

集装箱战争险是集装箱保险的附加险，被保险人只有在投保了全损险或者综合险的情况下才能投保战争险。国际上集装箱战争险与货物和船舶的战争险不同，它包括战争风险和罢工风险两部分，而不是单纯的战争险。我国的集装箱战争险只承保战争风险。集装箱战争风险承保的范围是随着主险的变化而变化的，如果集装箱投保了综合险，再投保战争险后，保险人就负责战争险项下的一切损失；如果集装箱投保了全损险，保险人只对战争险项下的集装箱全损负责。我国集装箱战争险保险责任包括：战争、敌对行为或武装冲突；由于战争、敌对行为或武装冲突引起的拘留、扣押、没收或封锁；各种常规武器，包括水雷、鱼雷或炸弹；由于上述原因所引起的共同海损的牺牲、分摊和救助费用。

第六节 其他国内货物运输保险

一、管道货物运输保险

管道货物运输保险是以在管道内运输的石油、天然气等气体和液体类货物作为保险标的的保险。

（一）保险责任

管道货物运输保险一般对下列原因引起的保险标的损失，按照保险合同的约定负责赔偿：

（1）火灾、爆炸、碰撞。

（2）雷电、暴风、暴雨、冰雹、洪水、崖崩、泥石流、突发性滑坡、地面突然塌陷。

（3）飞行物体及其他空中物体坠落。

（4）高温、高压、严寒致使油气管道破裂。

（5）保险事故发生后，被保险人为抢救保险标的或防止灾害蔓延，采取必要的、合理的措施而造成保险标的的损失，保险人在保险标的损失赔偿金额之外按实际支出另行计算，最高以被施救财产的保险金额为限。

（6）保险事故发生后，被保险人为防止或者减少保险标的的损失所支付的必要的、合理的费用，保险人在被施救财产的保险金额内按实际支出赔偿。

（二）责任免除

下列损失和费用，保险人也不负责赔偿：

（1）运输过程中保险标的的正常短少以及其自身质量不满足运输标准造成的损失；

（2）管道建设的工程质量不符合国家有关行业标准或管道运行时的各项指标不符合运行指标造成保险标的的损失；

（3）由于第三方施工造成保险标的的损失。

对下列原因造成的损失、责任和费用，保险人不负责赔偿：

（1）被保险人的故意或重大过失行为；

（2）战争、敌对行为、军事行为、武装冲突、恐怖活动；

（3）地震、海啸；

（4）核辐射、核爆炸、核污染及其他放射性污染；

（5）烟熏、大气、土地、水污染及其他污染；

（6）国家机关的行政、执法行为；

（7）罚款或惩罚性赔偿；

（8）间接损失。

（三）保险期间与责任起讫

管道货物运输保险的保险期限为一年，合同另有约定的除外。每次运输保险责任起讫期是指在保险单明细表中载明的保险输送管道区间内，自保险标的进入输送管道起，至到达目的地卸离输送管道出口终止。需要特别指出的是，每次运输的保险责任起讫期中保险责任开始后,保险人与投保人均不得解除保险合同。

二、物流货物运输保险

物流货物运输保险是一种综合传统货物运输保险和财产损失保险的产品,它承保物流货物在运输、储存、加工包装、配送过程中由于自然灾害或意外事故造成的损失和相关费用。物流是指被保险人根据实际需要,将运输、储存、装卸、搬运、包装、流通加工、配送和信息处理等基本功能实施有机结合,使物品从供应地向接收地实体流动的过程。物流货物是指进行物流的物品,物流货物运输保险可以为保险客户提供全面无缝式的保险保障,同时还能最大限度地简化保险消费者的投保手续,方便消费者。物流货物运输保险,实际上是一个包括从财产损失保险、运输工具保险、责任保险到人身意外保险的综合性保险产品。[1]

(一)保险标的

除枪支弹药、爆炸物品、现钞、有价证券、票据、文件、档案、账册、图纸外,凡以物流方式流动的货物均可以作为物流货物保险的标的。下列物流货物在事先申报并经保险人认可并明确保险价值后,可以作为特约保险标的:

(1)金银、珠宝、钻石、玉器、贵重金属;
(2)古玩、古币、古书、古画;
(3)艺术作品、邮票。

(二)保险期间和责任起讫

物流货物运输保险的保险期间为一年,保险合同另有约定的,以保险单载明的起讫时间为准。不同批次保险标的的保险责任自保险期间开始后各批次保险标的的运离其买卖合同上注明的起运地存储仓库或存储处所开始,至该买卖合同上注明的目的地存储仓库或存储处所时终止。如果保险期间结束时,保险标的的物流过程尚未结束,该保险标的的保险责任自动延长至该保险标的的运至对应买卖合同上注明的目的地存储仓库或存储处所时终止。如果有关收货人未及时提货,则该保险标的的保险责任延长至该保险标的的卸离运输工具后十五天为限。

(三)保险金额与保险费

物流货物保险的保险金额按照保险标的买卖合同价格加上按保险合同双方约定的加成比例计算的加成部分确定。特约保险标的保险金额则是按照被保险人申报并经保

---

[1] 许飞琼:《财产保险》,高等教育出版社2014年版,第248页。

险人确认的保险价值确定。

物流货物保险的保险费以保险期间内被保险人预计发生的保险金额为基础计收预付保险费;待保险合同期满后,保险人根据被保险人申报的实际发生的保险金额作为计算实际保险费的依据。实际保险费高于预付保险费的,被保险人应补交其差额部分;实际保险费低于预付保险费的,保险人退还其差额部分,但实际保险费不得低于保险单明细表中列明的最低保险费。

(四) 附加险

在物流货物运输保险基础上,经保险合同双方特别约定,并且在投保人交纳相应的保险费的前提下,保险人可以扩展承保保险标的提货不着险、冷藏货物保险及附加盗窃险。

本章小结

国内货物运输保险是以国内运输过程中的货物作为保险标的,对运输中的货物因自然灾害或意外事故而遭受损失时给予经济补偿的一种财产保险。国内货物运输保险是货物运输保险的一种,具有货物运输保险的一般特点。

国内货物运输保险通常按运输工具和运输方式的不同来进行分类。按运输工具分类包括:水上货物运输保险、陆上货物运输保险、航空货物运输保险、管道货物运输保险、特种货物运输保险。按运输方式分类包括:直运货物运输保险、联运货物运输保险、集装箱运输保险。

与一般财产保险相比,国内货物运输保险具有以下几个方面的特征:货物运输保险的承保标的具有流动性;货物运输保险承保的风险具有广泛性;货物运输保险的保险期限以实际运输途程为限;货物运输保险的保险单可随提单背书转让。

国内水路、陆路货物运输保险是以国内水路、陆路运输过程中的各类货物(不包括铁路运输的包裹及快件商品)为保险对象,保障货物在运输过程中发生灾害事故造成损失时,由保险公司提供经济补偿的一种保险业务。国内水路、陆路货物运输保险是国内货物运输保险的主要业务。

国内航空货物运输保险是以国内航空运输过程中的各类货物作为保险对象,保险货物在运输过程中发生灾害事故而造成损失时,由保险公司提供经济补偿的一种保险。

国内邮(包)件保险是以在邮政机构办理邮(包)件寄递业务的单位和个人作为被保险人,在保险标的遭受保险责任范围内的损失时由保险人承担赔偿责任的保险。

此外,还有集装箱运输保险、管道货物运输保险、物流货物运输保险等。

复习思考题

1. 国内货物运输保险具有哪些特征?
2. 国内货物运输保险如何分类?
3. 什么是"仓至仓"责任?
4. 什么是管道货物运输保险?

第七章

工程保险

第一节 工程保险概述

一、工程保险的概念

工程保险（Engineering Insurance）是以各种工程项目在建设过程中因自然灾害和意外事故造成的物质财产损失，以及对第三者的财产损失和人身伤亡依法应承担的赔偿责任为保险标的的保险。它是以各种工程项目为主要承保对象。工程保险是随着现代工程技术和建筑业的发展由火灾保险、意外伤害保险及责任保险等演变而成的一类综合性财产保险险种。一般而言，传统的工程保险仅指建筑、安装、机器及船舶建筑工程项目的保险，进入20世纪以来，许多科技工程活动获得了迅速的发展，又逐渐出现了科技工程保险。

工程保险最早起源于19世纪英国的锅炉爆炸保险，主要对锅炉提供保险保障，后来扩大到包括蒸汽机、机器、马达等动力设备的保险，现代锅炉和机器保险则包括几乎所有种类的机器和设备。

工程保险是在20世纪30年代末以后，随着第二次世界大战后大规模的重建迅速发展起来的。随着建筑、安装业的发展，在欧洲保险市场上出现了一种非传统的工程保险——工程意外事故保险，该险种根据火灾保险、责任保险、其他意外伤害保险的原理对机器本身损坏除外的所有工程、机械设备的意外损毁提供保险保障，被称为"一切险"。这种保险迅速发展的原因，主要在于两个方面：一方面，欧洲是第二次世界大战的主要战场之一，许多建筑物遭到了战争的严重破坏，战后各国为了恢复和发展经济进行了大规模的工程建筑，在大规模的重建过程中，承包人为转嫁工程期间的各种风险，产生了对建筑工程保险的需求。于是，建筑工程保险一开始就以"一切险"的形式出现，成为工程保险的主要业务，并带来了安装工程保险等的发展。另一方面，随着各种大规模工程建筑的开展，为完善承包合同条款，在承包合同中引进了承包人投保工程保险的义务，也对工程保险起了极大的推动作用。1945年，英国土木建筑业者联盟、工程技术协会及土木建筑者协会共同研究并制定了承包合同标准化条款，并引进了承包人投保工程保险的义务；1950年国际土木工程师和承包建筑工程师组织制定了标准的土木建筑工程合同条款，规定承包商对承包项目要办理保险，并在国际上形成一种惯例。这些做法无疑推动了建筑、安装工程保险的发展。

随着社会经济的不断发展，人们对于各种能源、交通、电信等有了更广泛的需求，使得高、精、尖科技工程在最近几十年内得到了迅速发展，从而出现了海洋石油开发保险、航天工程保险、核能工程保险等科技工程保险。目前，工程保险在传统的建筑工程保险、安装工程保险、机器损坏保险及船舶工程保险基础上，进一步向科技工程领域拓展，产生了科技工程保险。

中国的工程保险始于20世纪80年代初，一开始承保的是涉外业务，包括建筑工程一切险、安装工程一切险、机器损坏险、船舶工程保险。随后，国内建筑、安装工程保险、科技工程保险也有了发展。

二、工程保险的特征

工程保险虽然承保了火灾保险和责任保险的部分风险，但与传统的财产保险相比较，仍然存在区别，主要有以下特征：

1. 工程保险承保的风险具有综合性和集中性

一是传统财产保险只承保列明的少数风险，而工程保险的许多险种都冠以"一切险"，即除条款列明的责任免除外，保险人对保险期间工程项目因一切突然和不可预料的外来原因所造成的财产损失、费用和责任，均予赔偿；而船舶工程保险则综合了一般建筑和安装工程保险、船舶保险、保赔保险的主要责任范围。可见，工程保险的责任范围十分广泛。二是现代工程项目集中了先进的工艺、精密的设计和科学的施工方法，使工程造价猛增，造成工程项目本身就是高价值、高技术的集合体，从而使工程保险承保的风险基本上都是巨额风险。三是从工程保险的风险范围分析，由于工程项目的周期相对较长，其风险范围就不仅局限于工程的进行过程，而且包括工程的验收期和使用的保证期所面临的风险。

2. 工程保险承保的是高科技风险

现代工程项目的技术含量很高、专业性极强，而且可能涉及多种专业学科或尖端科学技术，如兴建核电站、大规模的水利工程和现代化工厂等，专业技术性很强，保险人所面临的风险远远高于一般的财产保险业务。因此，从承保的角度分析，工程保险对于保险人的承保技术、承保手段和承保能力比其他财产保险提出了更高要求。

3. 工程保险涉及多方利害关系人

在工程保险中，由于同一个工程项目涉及多个具有经济利害关系的人，工程所有人、工程承包人、各种技术顾问及其他有关利益方（如贷款银行）等，均对该工程项目承担不同程度的风险，因此，凡对于工程保险标的具有保险利益者，都具备对该工程项目进行投保的资格，并且都可以成为该工程保险中的被保险人，受保险合同及交叉责任条款的规范和制约。

4. 工程保险的内容相互交叉

在建筑工程保险中，通常包含着安装项目，如房屋建筑中的供电、供水设备安装等，而在安装工程保险中一般又包含着建筑工程项目，如安装大型机器设备就需要进行打基座等土木建筑工程；在船舶建造保险中，本身就是建筑、安装工程的高度融合。因此，这类业务虽有险种差异，相互独立，但内容多有交叉，经营上也有相通性。

三、工程保险的种类

按照保险市场上的承保惯例，工程保险一般分为建筑工程保险、安装工程保险、机器损坏保险、船舶工程保险和高科技工程保险。

（1）建筑工程保险（Contractors All Risks Insurance）：是以土木建筑为主体的民用、工业用和公共事业用的工程在整个建筑期间因自然灾害和意外事故造成的物质损失，以及被保险人对第三者依法应承担的赔偿责任为保险标的的保险。

（2）安装工程保险（Erection All Risks Insurance）：是以各种大型机器设备的安装工程项目在整个建筑期间因自然灾害和意外事故造成的物质损失，以及被保险人对第三者依法应承担的赔偿责任为保险标的的保险。

（3）机器损坏保险（Machinery Breakdown Insurance）：是以各类安装完毕并已转入运行的机器设备因人为的、意外的或物理的原因造成物质损失为保险标的的保险。

（4）船舶建造保险（Builder's Risk Insurance）：是以被保险人建造或拆除船舶及各种海上装置过程中所造成的船舶和设备损失及第三者责任为保险标的的保险。它包括船舶（或海上装置、钻井平台）建造保险和拆船保险。我国开办该项业务较晚。

（5）科技工程保险（Technology Engineering Insurance），又称特种工程保险（Specific Engineering Insurance）：包括航天工程保险、海洋石油开发保险、核能工程保险等。

第二节 建筑工程保险

一、建筑工程保险的适用范围

建筑工程保险，简称"建工险"，是以各类建筑工程为保险标的的保险。建筑工保险适用于各类民用、工业用和公共事业用的建筑工程，如房屋、道路、水库、桥梁、码头、娱乐场、管道以及各种市政工程项目的建筑。这些工程在建筑过程中的各种自然灾害和意外事故，均可通过投保建筑工程保险而得到保险保障。

二、建筑工程保险的被保险人

建筑工程保险中，凡在工程建设期间承担风险或具有保险利益的各方均可以成为被保险人，也就是说，可以在一张保单下，对所有对工程具有保险利益的人提供保险保障，建工险的被保险人可以包括以下各方：

（1）工程所有人，即建筑工程的最后所有者。

（2）工程承包人，即负责承建该项工程的施工单位，可分为主承包人和分承包人，分承包人是向主承包人承包部分工程的施工单位。

（3）技术顾问，即由所有人聘请的建筑师、设计师、工程师和其他专业顾问，代表所有人监督工程合同执行的单位或个人。

（4）其他关系方，如贷款银行或债权人等。

当存在多个被保险人时，一般由一方出面投保，并负责支付保费，申报保险期间的保险标的风险变动情况，并在发生保险事故时提出索赔等。

在保险实务中，由于建筑工程的承包方式不同，其投保人也各异。主要有以下四种情况：

（1）全部承包方式。所有人将工程全部承包给某一施工单位，该施工单位作为承包人（或主承包人）负责设计、供料、施工等全部工程环节，最后以"钥匙交货"方式将完工的建筑物交给所有人。在这种方式中，承包人承担了工程的主要风险责任，所以一般以承包人作为投保人。

（2）部分承包方式。所有人负责设计并提供部分建筑材料，施工单位负责施工并提供部分建筑材料，这种方式中，双方各承担部分风险责任，故可以通过双方协商，在合同中确定哪一方作为投保人。

（3）分段承包方式。所有人将一项工程分成几个阶段或几部分分别向外发包，承包人之间是相互独立的，不存在合同关系。此时，为避免各承包人分别投保造成的时间差和责任差，应由所有人出面投保。

（4）施工单位只提供劳务的承包方式。所有人负责设计、提供建筑材料和工程技术指导；施工单位只提供劳务，进行施工，不承担工程的风险责任。此时应由工程所有人出面投保。

总之，在一般情况下，建筑工程保险的投保人多为所有人或承包人（或主承包人）。当存在多个被保险人时，对每一被保险人的赔偿以不超过其对保险标的的保险利益为限，必要时可附批单说明接受赔偿各方的顺序和金额。由于建筑工程保险的被保险人不止一个,而且每个被保险人各有其自身的权益和责任需要向保险人投保,为避免有关各方相互之间的追偿责任,大部分建筑工程保险单附加交叉责任条款,其基本内容就是:各个被保险人之间发生的相互责任事故造成的损失,均可由保险人负责赔偿,无须根据各自的责任相互进行追偿。

三、建筑工程保险的保险项目

建筑工程保险的保障项目可归纳为两种:物质损失和第三者责任。

(一)物质损失

建筑工程保险的物质损失可以分为以下七项:

(1)建筑工程。它包括永久性和临时性工程及工地上的物料。该项目是建筑工程保险的主要保险项目,包括建筑工程合同内规定建筑的建筑物主体,建筑物内的装修设备,配套的道路、桥梁、水电设施、供暖取暖设施等土木建筑项目,存放在工地上的建筑材料、设备,临时的建筑工程等。

(2)工程所有人提供的物料和项目。指未包括在上述建筑工程合同金额中的所有人提供的物料及负责建筑的项目。

(3)建筑用机器、装置及设备。指施工用的各种机器设备,如起重机、打桩机、铲车、推土机、钻机、供电供水设备、水泥搅拌机、脚手架、传动装置、临时铁路等机器设备。该类财产一般为承包人所有,不包括在建筑工程合同价格之内,因而应作为专项承保。这部分财产应在清单上列明其名称、型号、规格、制造厂家、出厂年月和保险金额。

(4)安装工程项目。指未包括在承包工程合同金额内的机器设备安装工程项目,如办公大楼内发电取暖、空调等机器设备的安装工程。这些设备安装工程若已包括在承包工程合同内,则无须另行投保,但应在保单中予以说明。

(5)工地内现成的建筑物。指不属于承保的建筑工程范围内的,归所有人或承包人所有的或其保管的工地内已有的建筑物或财产。

(6)清除残骸费用。指发生保险事故后,被保险人为修复保险标的而清理施工现场所发生的必要、合理的费用。该项费用一般不包括在建筑合同价格内,需单独投保。

(7)所有人或承包人在工地上的其他财产。指不能包括以上六项范围内的其他可保财产。如需投保,应列明名称或附清单于保单上。

(二)第三者责任

建筑工程保险的第三者责任,是指被保险人在工程保险期内因意外事故造成工地及工地附近的第三者人身伤亡或财产损失依法应负的赔偿责任。第三者责任规定了赔偿限额，赔偿限额由保险双方当事人根据工程责任风险的大小协商确定，并在保险单内列明。建筑工程第三者责任赔偿限额的确定方式一般有：

（1）只规定每次事故赔偿限额，无分项限额、无累计限额。该方式一般适用于第三者责任不大的工程。

（2）不仅规定每次事故赔偿限额，而且规定分项限额，并有累计限额。具体为：首先规定每次事故人身伤亡和财产损失的分项赔偿限额，并规定每人的人身伤亡赔偿限额；然后将分项的人身伤亡赔偿限额加财产损失赔偿限额构成总的每次事故赔偿限额；最后再规定一个保险期限内的累计赔偿限额，即总赔偿限额，它是保险人对建筑工程在整个保险期限内赔偿第三者责任的总限额。该方式一般适用于第三者责任较大的工程。

四、建筑工程保险的保险责任

针对建筑工程的保险项目可能产生的风险而设计的建筑工程保险，其保险责任包括物质损失和第三者责任。

（一）物质损失的保险责任

在保险期间内，上述建工险的保险项目在列明的工地范围内，由于保险合同列明的责任免除以外的任何自然灾害或意外事故造成的物质损失，保险人均按保险合同的约定负责赔偿。

1. 列明的自然灾害

物质损失的保险责任所承保的自然灾害为：洪水、潮水、水灾、地震、海啸、暴雨、风暴、雪崩、地陷、山崩、冻灾、冰雹及其他自然灾害（如泥石流、龙卷风、台风等）。

2. 列明的意外事故

物质损失的保险责任所承保的意外事故为：雷电、火灾、爆炸；飞机坠毁、飞机部件或物体坠落；原材料缺陷或工艺不善所引起的事故；责任免除以外的其他不可预料的和突然的事故。此外，发生保险责任范围内的事故后，必要的现场清除费用，保险人可在保险金额内予以赔偿，但这是以被保险人将清理费用单独作为一个标的投保并交付相应的保险费为前提的。其中，原材料缺陷是指所用的建筑材料未达到既定标准，在一定程度上属于制造商或供应商的责任。这种建筑材料的缺陷必须是通过正常技术手段或在正常技术水平下无法发现的，否则，如果明知有缺陷而使用造成的损失，则属故意行为所致，保险人不予赔偿。工艺不善是指原材料的生产工艺不符合标准要求，尽管本身没有缺陷，但在使用时也会导致事故发生。对由于原材料缺陷或工艺不善造成的其他保险财产的损失，保险人负责赔偿，而对原材料本身的损失不予赔偿。

3. 人为风险

建筑工程保险所承保的人为风险包括：盗窃，工人或技术人员缺乏经验、疏忽、过失、恶意行为。其中盗窃是一切明显的偷窃行为或暴力抢劫造成的损失，但其必须是非被保险人或其代表授意或默许的，否则不予负责。工人或技术人员缺乏经验、疏忽、过失、恶意行为是建筑工程保险中较大的风险之一，工人或技术人员恶意行为造成的损失必须是非被保险人或其代表授意、纵容或默许的，否则，便是被保险人的故意行为，不予赔偿。

除上述基本保险责任外，根据投保人的某种特别要求或因工程有其特殊需要，还可增加额外的风险保障，即在基本保险责任项下附加特别保险责任。物质部分的附加保险责任可供选择的条款一般有：罢工、暴乱、民众骚乱条款；工地外储存物质条款；有限责任保证期条款；扩展责任保证期条款；机器设备试车条款；使用、移交财产条款等。

（二）第三者责任险的保险责任

建筑工程第三者责任险的保险责任是：在保险期间因建筑工地发生意外事故造成工地及邻近地区的第三者人身伤亡和财产损失且依法应由被保险人承担的损害赔偿责任，以及事先经保险人书面同意的被保险人因此而支付的诉讼费用和其他费用，但不包括任何罚款。

五、建筑工程保险的责任免除

（一）物质损失部分的责任免除

（1）设计错误引起的损失和费用；建筑工程的设计通常是由被保险人自己或其委托的设计师进行的，因此，设计错误引起的损失和费用应当由设计师和被保险人承担，保险人不予负责。同时，设计师可通过投保相应的职业责任险转嫁这一风险。

（2）自然磨损、内在或潜在缺陷、物质本身变化、自燃、自热、氧化、锈蚀、渗漏、鼠咬、虫蛀、大气（气候或气温）变化、正常水位变化或其他渐变原因造成的保险财产自身的损失和费用；

（3）因原材料缺陷或工艺不善引起的保险财产本身的损失以及为换置、修理或矫正这些缺点错误所支付的费用；

（4）非外力引起的机械或电气装置的本身损失，或施工用机具、设备、机械装置失灵造成的本身损失。

（5）维修保养或正常检修的费用；

（6）档案、文件、账簿、票据、现金、各种有价证券、图表资料及包装物料的损失；

（7）盘点时发现的短缺。因为盘点时发现的短缺无法证明是否属于保险事故所致，保险人无须承担赔偿责任。

（8）领有公共运输行驶执照的，或已由其他保险予以保障的车辆、船舶和飞机的损失；上述运输工具如领有公共运输行驶执照，其行驶区域就不限于建筑工地范围，风险较大，不应在建筑工程保险中承保。

（9）除非另有约定，在保险工程开始以前已经存在或形成的位于工地范围内或其周围的属于被保险人的财产的损失。

（10）除非另有约定，在本保险合同保险期间终止以前，保险财产中已由工程所有人签发完工验收证书或验收合格或实际占有或使用或接收部分的损失。

（二）建筑工程第三者责任险的责任免除

（1）由于震动、移动或减弱支撑而造成的任何财产、土地、建筑物的损失及由此造成的任何人身伤害和物质损失；

（2）领有公共运输行驶执照的车辆、船舶、航空器造成的事故；

（3）本保险合同物质损失项下或本应在该项下予以承担的损失及各种费用；

（4）工程所有人、承包人或其他关系方或其所雇用的在工地现场从事与工程有关工作的职员、工人及上述人员的家庭成员的人身伤亡或疾病；

（5）工程所有人、承包人或其他关系方或其所雇用的职员、工人所有的或由上述人员所照管、控制的财产发生的损失；

（6）被保险人应该承担的合同责任，但无合同存在时仍然应由被保险人承担的法律责任不在此限。

（三）总责任免除

建筑工程保险总责任免除既适用于物质损失部分，又适用于第三者责任险部分，主要包括以下几个方面：

（1）战争、类似战争行为、敌对行为、武装冲突、恐怖活动、谋反、政变引起的任何损失、费用和责任；

（2）行政行为或司法行为引起的任何损失、费用和责任；

（3）罢工、暴动、民众骚乱引起的任何损失、费用和责任；

（4）被保险人及其代表的故意行为或重大过失行为引起的损失、费用和责任；

（5）核裂变、核聚变、核武器、核材料、核辐射、核爆炸、核污染及其他放射性污染引起的任何损失、费用和责任；

（6）大气污染、土地污染、水污染及其他各种污染引起的任何损失、费用和责任；

（7）工程部分停工或全部停工引起的任何损失、费用和责任；

（8）罚金、延误、丧失合同及其他后果损失；

(9) 保险合同条款中载明的应由被保险人自行负担的免赔额。

六、保险金额、赔偿限额与免赔额

（一）物质损失部分的保险金额

物质损失分别按照建筑工程的保险项目确定保险金额，并且规定了特种危险赔偿限额。

1. 建筑工程保险项目的保险金额

（1）保险合同明细表中列明的保险金额应不低于：①建筑工程：保险工程建筑完成时的总价值，包括原材料费用、设备费用、建造费、安装费、运保费、关税、其他税项和费用，以及由工程所有人提供的原材料和设备的费用；②其他保险项目：由投保人与保险人商定的金额。

（2）如果投保人是以保险工程合同规定的工程概算总造价作为保险金额投保：①在保险单项下的工程造价中包括的各项费用因涨价或升值原因而超出签订保险合同时的工程造价时，投保人或被保险人必须尽快以书面形式通知保险人，保险人据此调整保险金额；②投保人或被保险人应在保险期间内对相应的工程细节作出精确记录，并允许保险人在合理的时候对该项记录进行查验；③如果保险工程的建造期超过三年，投保人或被保险人必须从保险合同生效日起每隔十二个月向保险人申报当时的工程实际投入金额及调整后的工程总造价，保险人将据此调整保险费；④投保人或被保险人应在保险合同列明的保险期间届满后三个月内向保险人申报最终的工程总价值，保险人据此以多退少补的方式对预收保险费进行调整。

如果被保险人没有履行上述规定，那么在发生保险责任范围内的物质损失时，由保险人按照不足额投保，采取比例赔偿方式处理。

2. 特种风险赔偿限额

建筑工程保险将地震、海啸、洪水、暴雨和风暴作为特种风险。为了控制特种风险的赔偿责任，保证业务经营的稳定性，保险人除了规定免赔额之外，还必须规定赔偿限额。凡保险单列明的特种风险造成的物质损失，无论发生一次还是多次保险事故，其赔款均不得超过该赔偿限额。特种危险的赔偿限额通常控制在建筑工程保险项目的保险金额的一定比例之内，由保险人与投保人在承保时协商确定。免赔额（率）由投保人与保险人在订立保险合同时协商确定，并在保险合同中载明。

（二）第三者责任保险的赔偿限额

建筑工程第三者责任险采用的是赔偿限额，由保险双方当事人根据工程责任风险的大小商定，并在保单内列明。建筑工程第三者责任赔偿限额的确定方式一般有：

（1）只规定每次事故赔偿限额，即保险单规定保险人对于第三者责任险所承担的每次事故的最高赔偿限额。该方式一般适用于第三者责任不大的工程。

（2）不仅规定每次事故赔偿限额，而且规定分项限额，并有累计限额。具体为：首先规定每次事故人身伤亡和财产损失的分项赔偿限额，并规定每人的人身伤亡赔偿限额；然后将分项的人身伤亡赔偿限额加财产损失赔偿限额构成总的每次事故赔偿限额；最后再规定一个保险期限内的累计赔偿限额，即总赔偿限额，它是保险人对建筑工程在整个保险期限内赔偿第三者责任的总限额。该方式一般适用于第三者责任较大的工程。

我国现行的建筑工程第三者责任险的赔偿限额包括每次事故责任限额、人身伤亡责任限额、累计责任限额，由投保人与保险人协商确定，并在保险合同中载明。

（三）免赔额

建筑工程保险及第三者责任险通常采取相对免赔额的承保方式，分别按照物质损失和第三者责任规定各自的免赔额。

每次事故免赔额（率）由投保人与保险人在订立保险合同时协商确定，并在保险合同中载明。

七、建筑工程保险的费率

（一）厘定建筑工程保险费率的依据

建筑工程保险没有固定的费率表，每个项目的费率，主要依据以下因素确定：

（1）保险责任范围的大小。它与保险费率成正比，若保险责任范围大，则保险费率高；反之，则保险费率低。

（2）工程本身的危险程度。工程的危险程度主要包括工程的种类、性质、建筑结构、建筑高度；工地及邻近地区的自然地理条件，特别风险发生的可能性，最大可能损失的程度；工期长短及施工季节，保证其长短及其责任大小；施工现场安全防护及管理情况等条件。

（3）承包人及其他工程关系方的资信、经营管理水平及经验等条件。

（4）保险人以往承保同类工程的损失记录。

（5）工程免赔额的高低及第三者责任和特种风险的赔偿限额。免赔额的高低与费率成反比例关系，第三者责任和特种风险的赔偿限额则与费率成正比例关系。

总之，厘定费率一定要根据每一个工程的具体情况和承保条件而定，既要考虑到保险人的经营状况，也要考虑到市场的竞争状况。如建筑用机器、设备和装置，因其具有流动性强、一般短期使用、旧机器多、耗损大、小事故多的特点，费率较高且按年费率计算。

（二）建筑工程保险费率的组成

由于同一建筑工程不同保险项目的风险程度不一，尤其是大型工程，因此建工险费率应分项确定。一般可以分为以下几项：

（1）建筑工程所有人提供的物料及项目、安装工程项目、场地修理费、工地内已有的建筑物、所有人或承包人在工地上的其他财产等，为一个总的费率，整个工期实行一次性费率。

（2）建筑用机器、装置及设备为单独的年度费率，如保险期不足一年，则按短期费率计收保费。

（3）保证期费率，实行整个保证期一次性费率。

（4）各种附加保险增收费率，实行整个工期一次性费率。

（5）第三者责任险，实行整个工期一次性费率。

对于一般性的工程项目，为方便起见，在费率构成考虑了以上因素的情况下，可以只规定整个工期的平均一次性费率。但在任何情况下，建筑用施工机器装置及设备必须单独以年费率为基础开价承保，不得与总的平均一次性费率混在一起。

八、建筑工程保险的保险期限与保证期

（一）保险责任的开始

建筑工程保险的保险责任自保险工程在工地动工或保险工程所用的材料、设备运抵工地之时开始，两者以先发生者为准。但在任何情况下，保险期限开始时间不得早于保险单列明的生效日期。

（二）保险责任的终止

建筑工程保险的保险责任的终止时间为：工程所有人对部分或全部工程签发完工验收证书或验收合格，或工程所有人实际占有或使用或接收该部分或全部工程之时终止，以先发生的为准。但在任何情况下，保险责任的终止不得超出保险单载明的终止日期。

（三）保证期

保证期是指建筑工程在验收并交付使用之后的一定时期内，如果发现工程质量存在问题甚至造成损失的，根据承包合同，承包商须承担赔偿责任，即保证期责任。保证期责任可以根据承包商的要求扩展承保。保证期有两种加保方法：有限责任保证期和扩展责任保证期。

（四）保险期限的扩展

在保单规定的保险期限内，如果工程不能按期完工，可由投保人提出申请并加交规定保费后，经保险人书面同意签发批单，延长保险期限。其保费按原费率以日计收，也可根据当地情况或风险大小增收适当的百分比。

九、建筑工程保险的承保与理赔

（一）建筑工程保险的承保

1. 承保前的风险调查

保险人在承保建筑工程项目时，应对建筑工程项目及有关各方进行风险调查，主要包括以下内容：

（1）建筑工程本身的种类、性质及风险程度；
（2）建筑工程项目所在地的自然环境和位置、受何种明显的自然灾害威胁；
（3）设计单位的技术水平及资信状况；
（4）承包人的技术水平、经营管理水平及资信状况；
（5）工期长短及进度；
（6）工程造价和质量考核方式；
（7）原材料的供应方、厂方及质量情况；
（8）建筑工程合同的内容；
（9）投保人及被保险人的数量及相互关系；
（10）施工中的第三者责任风险大小。

经过上述风险调查，保险人应当对风险做出适当评价，根据自身承保能力决定是否可以承保。

2. 现场查勘

除了解、查阅上述资料外，还须进行现场查勘，并就下列各项做出查勘记录：

（1）工地的位置、地势及周围的环境，例如邻近建筑物及人口分布状况，是否靠海（江、河、湖）以及道路和运输条件等；
（2）厂房的土建项目的状况，如砖混情况、钢筋混凝土结构、木结构等；
（3）工地内有无现成建筑物和其他物资及其位置、状况；
（4）储存物的库场状况、位置及运输距离、方式等；
（5）工地安全保卫及其设施状况，例如防火、防水、防盗措施等。

3. 划分危险单位，进行风险评估

风险评估是根据对承保标的所掌握的各有关情况、数据，结合以往承保的经验，对被保险人在工程期间可能承担的风险大小作出科学地分析和估算。它是保险人正确确定承保条件、厘定费率、办理分保以及开展防灾、防损工作的依据,是建筑工程保险承保工作的一个十分重要的环节。许多著名的外国保险公司承保工程保险时都十分强调这一点,并由各种工程技术专家配合业务人员进行。风险评估的关键在于合理地、准确地划分风险单位并测算最大可能损失。

4. 确定赔偿限额和免赔额

对承保地震、海啸、洪水、暴雨和风暴特种风险,必须规定赔偿限额。对建筑工程保险的第三者责任则按惯例规定赔偿限额。与此同时,为促使被保险人加强对工地现场的安全防护工作,减少事故的发生,限制经常性的小额索赔,减少双方事务性开支,建筑工程保险还通常规定有适当的免赔额。

(二) 建筑工程保险的理赔

建筑工程保险理赔的基本程序包括:出险通知、现场查勘、责任审核、核定损失、损余处理、计算赔款、赔付结案。具体来说:在发生保险责任范围内的事故后,被保险人应及时通知保险人;保险人应尽快赶到事故现场进行查勘定损,根据事故发生的时间、地点及原因来审核是否属于保险人应承担的保险责任;如果属于保险事故的损失,则应按保险合同承担赔偿责任。

被保险人向保险人请求赔偿时,应向保险人提交保险单、索赔申请、财产损失清单、有关部门的损失证明以及其他投保人、被保险人所能提供的与确认保险事故的性质、原因、损失程度等有关的证明和资料。

1. 物资损失的赔偿处理

保险标的发生保险责任范围内的损失后,保险人可选择以支付赔款或以修复、重置受损项目的方式予以赔偿;对保险标的在修复或替换过程中,被保险人进行的任何变更、性能增加或改进所产生的额外费用,保险人不负责赔偿。

保险人按下列方式确定损失金额:

(1) 可以修复的部分损失。以将保险财产修复至其基本恢复受损前状态的费用并考虑约定的残值处理方式后确定的赔偿金额为准。但若修复费用等于或超过保险财产损失前的价值时,则采取推定全损的处理方式;

(2) 全部损失或推定全损。以保险财产损失前的实际价值并考虑约定的残值处理方式后确定的赔偿金额为准。

(3) 成对或成套的设备的损失。对任何属于成对或成套的设备项目发生损失,保险人的赔偿责任不超过该受损项目在所属整对或整套设备项目的保险金额中所占的比例。

(4) 施救费用。保险标的发生保险责任范围内的损失,被保险人为防止或减少保险标的的损失所支付的必要的、合理的费用,在保险标的的损失赔偿金额之外另行计算,最高不超过被施救标的的保险金额。

（5）保险金额的减少与恢复。保险标的发生部分损失，保险人履行损失赔偿义务后，保险金额自损失发生之日起应相应减少，对保险金额减少部分的保险费保险人不予退还。如果投保人请求恢复至原保险金额，保险人则应出具批单加以说明，并按原约定的保险费率另行支付恢复部分从投保人请求的恢复日期起至保险期间届满之日止按日比例计算的保险费。

2. 第三者责任保险的损失赔偿

对于第三者责任事故造成他人的财产损失和人身伤亡，保险人分别在保险单规定的赔偿限额内，扣除保险合同载明的每次事故免赔额后进行赔偿，但对于人身伤亡的赔偿不扣除每次事故免赔额。保险人对多次事故损失的累计赔偿金额不超过保险合同列明的累计赔偿限额。

第三节 安装工程保险

一、安装工程保险的适用范围

安装工程保险，简称"安工险"是同建筑工程保险一起发展起来的一种综合性的工程保险业务。它以各种大型的机器设备和安装工程为保险对象，适用于成套设备、生产线、大型机器装置、各种钢结构工程、管道安装、起重机、吊车以及包含机械工程因素的任何建造工程。

二、安装工程保险的被保险人

同建筑工程保险一样，所有对安装工程保险标的具有保险利益的人均可成为被保险人，均可投保安装工程保险。安装工程保险的被保险人主要包括以下几方：

（1）工程所有人。

（2）工程承包人，包括主承包人和分承包人。

（3）供货人，及负责提供被安装机器设备的一方。

（4）制造商，即被安装机器设备的制造人。如果供货人和制造人为同一人，或者制造人和供货人为共同被保险人，在任何条件下，安装工程保险对制造人风险造成的直接损失都不予负责。

（5）技术顾问。

（6）其他关系方，如贷款银行或其他债权人等。

安装工程保险的承保项目，主要是指安装的机器设备及其安装费，安装工程合同内要安装的机器、设备、装置、物料、基础工程（如地基、座基等）以及为安装工程所需的各种临时设施（如临时供水、供电、通信设备等）均包括在内。此外，为完成安装工程而使用的机器、设备等，以及为工程服务的土木建筑工程、工地上的其他财务、保险事故后的场地清理费等，均可作为附加项目予以承保。安装工程保险的第三者责任保险与建筑工程保险的第三者责任保险相似，既可以作为基本保险责任，亦可以作为附加或扩展保险责任。

三、安装工程保险的保险标的和保险金额

与建筑工程保险一样，安装工程保险的标的也可分为物质财产本身和第三者责任两类。其中，物质财产本身包括安装项目、土木建筑工程项目、场地清理费、所有人或承包人在工地上的其他财产；第三者责任则是指在保险有效期内，因在工地上发生意外事故造成工地及邻近地区的第三者人身伤亡或财产损失，依法应由被保险人承担的赔偿责任和因此而支付的诉讼费及经保险人书面同意的其他费用。上述各项保险金额之和即为该安装工程保险的保险金额。为了确定保险金额的方便，安装工程保险保单明细表中列出的保险项目通常也包括物质损失、特种风险赔偿、第三者责任三个部分。其中，后两项的内容和赔偿限额的规定均与建筑工程保险相同，这里不再赘述。安装工程保险的物质损失部分包括以下几项：

1. 安装项目

这是安装工程保险的主要保险标的，包括被安装的机器、设备、装置、物料、基础工程（如地基、机座）以及安装工程所需的各种临时设施（如水、电、照明、通信设施）等，主要分为三类：

（1）新建工厂、矿山或某一车间生产线安装的成套设备；

（2）单独的大型机械装置，如发电机组、锅炉、巨型起重机等的组装工程；

（3）各种钢结构建筑物，如储油罐、桥梁、电视发射塔之类的安装管道、电缆的附设工程等。

安装项目保险金额的确定与承包方式有关，若采用完全承包方式，则为该项目的承包合同价；若由所有人投保引进设备，保险金额应包括设备的购货合同价加上国外运费和保险费、国内运费和保险费以及关税和安装费（包括人工费、材料费）。安装项目的保险金额，一般按安装合同总金额确定，待工程完毕后再根据完毕时的实际价值调整。

2. 土木建筑工程项目

土木建筑工程项目是指根据安装工程需要对厂矿进行新建、扩建的工程项目，如厂房、仓库、道路、水塔、办公楼、宿舍、码头、桥梁等。土木建筑工程项目的保险

金额为该项工程项目建成的价格，包括设计费、材料设备费、施工费、运杂费、保险费、税款及其他有关费用等。这些项目一般不在安装工程内，但可在安装工程内附带投保，其保险金额不得超过整个安装工程保额的20%；超过20%时，则按建筑工程保险费率计收保费；超过50%时，则需要单独投保建筑工程保险。

3. 场地清理费

保险金额由投保人自定，并在安装工程合同价外单独投保。对于大工程，一般不得超过工程总价值的5%；对于小工程，一般不得超过工程价值的10%。

4. 安装工程施工用的承包人的机器设备，其保险金额按重置价值计算。

5. 所有人或承包人在工地上的其他财产，其保险金额按重置价值计算。

上述五项保险金额之和即构成物质损失部分的总保险金额。

四、安装工程保险的保险责任和责任免除

（一）保险责任

1. 物质部分的保险责任

物质部分的保险责任分为基本保险责任和附加特别保险责任。

安装工程保险在保险责任规定方面与建筑工程保险略有区别。安装工程保险物质损失部分的保险责任除与建筑工程保险的部分相同外，一般还有以下几方面的内容：

（1）安装工程出现的超负荷、超电压、碰线、电弧、走电、短路、大气放电及其他电气引起的事故。安工险只负责由于上述电气事故造成的其他财产的损失，而不包括电器用具本身的损失。

（2）安装技术不善引起的事故。"技术不善"是指按照要求安装但未达到规定的技术标准，在试车时往往出现损失。这是安装工程保险的主要责任之一，承保这一责任时，应要求被保险人对安装技术人员进行技术评价，以保证技术人员的技术水平能适应被安装机器设备的要求。

具体保险责任为：第一，在保险期限内，保险单明细表中分项列明的保险财产，在列明的工地范围内因保险单除外责任以外的任何自然灾害或意外事故造成的物质损坏或灭失（以下简称"损失"），保险公司按保险单的规定负责赔偿。第二，对经保险单列明的因发生上述损失所产生的有关费用，保险公司也负责赔偿。第三，保险公司对每一保险项目的赔偿责任均不得超过保险单明细表中对应列明的分项保险金额，以及保险单特别条款或批单中规定的其他适用的赔偿限额。但在任何情况下，保险公司在保险单项下承担的对物质损失的最高赔偿责任不得超过保险单明细表中列明的总保险金额。

安工险除有关物质损失部分的基本保险责任外，还可根据投保人的某种特别要求

附加其他保险责任。

2. 第三者责任部分的保险责任

与建筑工程第三者责任险的基本相同。具体包括：（1）在保险期限内，因发生与保险单所承包工程直接相关的意外保险事故引起工地内及邻近区域的第三者人身伤亡、疾病或财产损失，依法应由被保险人承担的经济赔偿责任，保险公司按该条款规定负责赔偿；（2）对被保险人因上述原因而支付的诉讼费用以及事先经保险公司书面同意而支付的其他费用，保险公司亦负责赔偿。

保险公司对每次事故引起的赔偿金额以法院或政府有关部门根据现行法律裁定的应由被保险人偿付的金额为准。但在任何情况下，均不得超过保险单明细表中对应列明的每次事故赔偿限额。在保险期限内，保险公司在保险单项下对上述经济赔偿的最高赔偿责任不得超过保险单明细表中列明的累计赔偿限额。

若一项工程中有两个以上的被保险人，为了避免被保险人之间互相追究第三者责任，由被保险人申请，经保险人同意，可加保交叉责任险。

（二）责任免除

安装工程保险物质部分的责任免除，多数与建筑工程保险相同，而所不同的是：建筑工程保险将设计错误造成的损失一概除外；而安装工程保险对设计错误本身的损失除外，对由此引起的其他保险财产的损失予以负责。安装工程第三者责任险的责任免除与建筑工程第三者责任险的责任免除相同。

1. 安装工程保险物质部分的责任免除

（1）因设计错误、铸造或原材料缺陷或工艺不善引起的保险财产本身的损失以及为换置、修理或矫正这些缺点错误所支付的费用；

（2）由于超负荷、超电压、碰线、电弧、漏电、短路、大气放电及其他电气原因造成电气设备或电气用具本身的损失；

（3）自然磨损、内在或潜在缺陷、物质本身变化、自燃、自热、氧化、锈蚀、渗漏、鼠咬、虫蛀、大气（气候或气温）变化、正常水位变化或其他渐变原因造成的保险财产自身的损失和费用；

（4）施工用机具、设备、机械装置失灵造成的本身损失。自然磨损、内在或潜在缺陷、物质本身变化、自燃、自热、氧化、锈蚀、渗漏、鼠咬、虫蛀、大气（气候或气温）变化、正常水位变化或其他渐变原因造成的保险财产自身的损失和费用；

（5）维修保养或正常检修的费用；

（6）档案、文件、账簿、票据、现金、各种有价证券、图表资料及包装物料的损失；

（7）盘点时发现的短缺；

（8）领有公共运输行驶执照的，或已由其他保险予以保障的车辆、船舶和飞机的

损失;

(9) 除非另有约定,在保险工程开始以前已经存在或形成的位于工地范围内或其周围的属于被保险人的财产的损失;

(10) 除非另有约定,在保险合同保险期限终止以前,保险财产中已由工程所有人签发完工验收证书或验收合格或实际占有或使用或接收部分的损失。

2. 安装工程保险的第三者责任险的责任免除

安装工程保险的第三者责任险的责任免除与建筑工程保险的第三者责任险的责任免除相同,这里不再赘述。

五、安装工程保险的费率

安装工程保险的费率主要由以下各项组成:

(1) 安装项目。土木建筑工程项目、所有人或承包人在工地上的其他财产及清理费为一个总的费率,整个工期实行一次性费率。

(2) 试车为一个单独费率,是一次性费率。

(3) 保证期费率,实行整个保证期一次性费率。

(4) 各种附加保障增收费率,实行整个工期一次性费率。

(5) 安装、建筑用机器、装置及设备为单独的年费率。

(6) 第三者责任险,实行整个工期一次性费率。

六、安装工程保险的保险期间

安装工程保险的保险期间包括从开工到完工的全过程,由投保人根据需要确定。与建筑工程保险相比,安装工程保险项下增加了一项试车考核期间的保险责任。

(1) 保险责任的开始时间。在保单列明的起迄日前提下,安装工程保险的保险责任开始有两种情况:自投保工程动工之日或自被保险项目卸至施工地点时起,两者以先发生者为准。

(2) 保险责任的终止时间。保险责任的终止有以下几种情况,以先发生者为准: ①保单规定的终止日期;②安装工程完毕移交给所有人时;③所有人开始使用时,若部分使用,则该部分责任终止。

(3) 试车考核期。安装工程保险保险期内一般应包括试车考核期。试车考核期是工程安装完毕后冷试、热试和试生产。冷试是指单机冷车运转,热试是指全线空车联合运转,试生产是指加料全线负荷联合运转。考核期的长短根据工程合同上的规定来决定,试车考核期的责任以不超过三个月为限;若超过三个月,则应另行加费。试车考核期的出险率最高,往往占整个工期出险的一半甚至80%以上,因此,对考核期的承保应非常慎重。对于旧的机器设备,则一律不负责试车,试车开始,保险责任即告终止。

(4)保证期。与建筑工程保险一样,安装工程完毕后,一般还有保证期,若加保,亦应注意选择。保证期有两种加保方法:有限责任保证期或扩展责任保证期。

(5)防损检查。在保险期间,保险人应经常深入施工现场了解工程进度、发现隐患,尤其是在试车期间,更须加强防灾防损工作。

七、安装工程保险的风险控制

(一)安装工程保险的承保

1. 安装工程保险承保前的风险调查

保险人在承保安装工程保险业务时,除充分注重安装工程项目的自身特点外,应向投保人索取并认真查阅与工程有关的文件资料,主要包括供货合同、承包合同、设计书、工程进度表、现场平面图等,同时还应作细致的风险调查。调查的内容主要有:

(1)机器设备的种类、性质和危险程度;

(2)安装施工现场的自然地理环境和位置,如降雨量、地下水位、占主导地位的风力、风向、地质状况以及有无台风、洪水、地震等巨大灾害的可能性等;

(3)机器设备的产地、厂家及其质量状况;

(4)承包人的技术、经营管理水平及资信状况;

(5)有无配套工程,是室内还是露天安装;

(6)工期长短及进度;

(7)试车、考核及保证期的有关规定;

(8)工程合同涉及的利害关系方及他们之间在工程中的风险责任关系;

(9)各具体分项的价值,包括机器设备、材料、工程临时设施的价格及从属费用(运费、税款、安装费)以及各分项的分布情况、彼此分隔的距离和是否通连等;

(10)其他有关情况。

2. 现场查勘

除了解、查询上述资料外,保险人还须到现场实地查勘,并就下列各项做出查勘记录:

(1)工地的位置、地势及周围的环境,如邻近建筑物及人口分布状况,是否靠海(江、河、湖)以及道路和运输条件,有何风险因素等;

(2)厂房等土建项目的状况,如砖混结构、钢筋混凝土结构、木结构等;

(3)工地内有无现成建筑物和其他物资及其位置、状况;

(4)储存物质的库场状况、位置及运输距离、方式等;

（5）工地安全保卫及其设施状况，例如防火、防水、防盗措施等；

（6）安装过程中最危险的部分、项目及阶段。

3. 进行风险评估

安装工程保险最大可能损失的测算，通常先找出安装工程中最易受损的项目及位置，估计该项目出险后可能受损的程度，然后根据其位置估计它对其他项目乃至整个工程的可能波及程度，最后再根据各个项目的保额，算出整个工地的最大可能损失的数据。

4. 根据投保人填写的投保单确定保险单的各项内容

投保人提交投保申请书时，应要求其同时附上工程有关文件、图纸，包括工程合同、工程概算表、工程设计书、工程进度表等。安装工程保险的投保单与保险单的内容和填写要求大致与建筑工程保险相同，包括工程关系方、工程名称和地点、安装期限（含试车考核期）、物质损失投保项目和投保金额、特种风险赔偿限额和免赔额、被安装机器设备的情况、工地及附近的自然条件情况、第三者责任赔偿限额和免赔额、保证期保险、被保险人是否已向其他保险人投保等。

上述各栏内容要求投保人必须如实、详细、认真地填写。特别是在遇到专业性较强的内容时，保险人应予以指导。必须指出，被安装的机器是安装工程保险的主要标的，价值高且涉及制造人、供货人的风险责任，必须根据这些机器设备的说明书详细填明，以便在涉及供货人责任时及时进行追偿，同时也有助于掌握总保额的构成。安装前设备储存地点、条件及保管方法也要填写清楚。如存放在工地范围之外，投保人应指明地点并要求扩展保险保障，否则保险人对在保单上未列明的工地发生的损失概不负责。

5. 规定赔偿限额和免赔额

可参见建筑工程保险。

（二）安装工程保险的理赔

尽管安装工程保险与建筑工程保险在责任分析上依据的保险责任条款不同，但二者的理赔在原则、要求、内容、程序上基本相同，这里不再赘述。

八、安装工程保险与建筑工程保险的区别

安装工程保险是与建筑工程保险一同发展起来的一种综合性的工程保险业务，二者有许多相同之处，但因保险标的风险性质不同，它们之间也存在一些区别，主要表现在：

（1）建工险的保险标的的价值自开工之后逐渐增加，风险责任也随着保险标的价值的增加而增加，致使危险越来越集中；而安工险的保险标的的价值在整个保险期限

内基本没有发生变化,危险程度的变动不大。

(2) 建工险与安工险的保险标的所处的环境及性质不同,建工险的保险标的多处于暴露状态下,遭受自然灾害破坏的可能性较大;安工险的保险标的,多半在建筑物内,自然危险较小,但由于机器设备安装的技术性较强,遭受人为事故损失的可能性较大。

(3) 建工险与安工险的保证期限危险程度差别很大,由于安装工程的特点,安工险的保证期风险较大,而建工险保证期的危险程度相对较小。

第四节 机器损坏保险

一、机器损坏保险的保险标的

机器损坏保险专门承保各类安装完毕并已投入运行的机器设备。与火灾保险相比,机器损坏险承保的危险主要是保险标的本身固有的危险,即工厂机器内部本身以及操作不当的损失。因此,就保险责任而言,二者存在互补性,机器损坏保险业务中,用于防损的费用比用于赔损的更多。因此可以将机器损坏保险作为企业财产保险的附加险来承保。

二、机器损坏保险的保险责任和责任免除

(一) 保险责任

保险公司对下列原因引起的意外事故造成的物质损坏或灭失负赔偿责任:
(1) 设计、制造或安装错误、铸造和原材料缺陷;
(2) 工人、技术人员操作失误、缺乏经验、技术不善、疏忽、过失、恶意行为;
(3) 离心力引起的断裂;
(4) 超负荷、超电压、碰线、电弧、漏电、短路、大气放电、感应电及其他电气原因;
(5) 责任免除规定以外的其他原因。

(二) 责任免除

机器损坏保险对于下列各项不负赔偿责任:
(1) 机器设备运行必然引起的后果,如自然磨损、氧化、腐蚀、锈蚀、孔蚀、锅

垢等物理性变化或化学反应；

（2）被保险人及其代表已经知道或应该知道的保险机器及其附属设备在保险合同开始生效前已经存在的缺点或缺陷；

（3）各种传送带、缆绳、金属线、链条、轮胎、可调换或替代的钻头、钻杆、刀具、印刷滚筒、套筒、活动管道、玻璃、磁、陶及钢筛、网筛、毛毡制品、一切操作中的媒介物（如润滑油、燃料、催化剂等）及其他各种易损、易耗品；

（4）根据法律或契约应由供货方、制造人、安装人或修理人负责的损失或费用；

（5）由于公共设施部门的限制性供应及故意或非意外行为引起的停电、停水、停气；

（6）保险机器设备在修复或重置过程中发生的任何变更、性能增加或改进所产生的额外费用；

（7）被保险人及其代表的故意或重大过失行为；

（8）火灾、爆炸；

（9）地震、海啸及其次生灾害、雷击、飓风、台风、龙卷风、暴风、暴雨、洪水、冰雹、地崩、山崩、雪崩、火山爆发、地面陷下沉及其他自然灾害；

（10）飞机坠毁、飞机部件或飞机物体坠落；

（11）机动车碰撞；

（12）水箱、水管爆裂；

（13）保险事故发生后引起的各种间接损失或责任；

（14）应由被保险人自行负责的免赔额；

（15）战争、类似战争行为、敌对行为、武装冲突、恐怖活动、谋反、政变、罢工、暴动、民众骚乱；

（16）政府命令或任何公共当局没收、征用、销毁或毁坏；

（17）核裂变、核聚变、核武器、核材料、核辐射及放射性污染。

三、机器损坏保险的保险金额与免赔额

机器损坏保险的保险金额应为承保机器设备的重置价值，即重新置换同一厂牌或相类似的型号、规格性能的新机器设备的价格，包括机器的出厂价格、税款、可能支付的关税、运费、保费以及安装费用等。

在机器损坏保险中，为增强被保险人安全生产的责任心，保险人通常根据机器的性质、大小、新旧、保养和使用情况规定一个免赔额，这一免赔额多为每次事故的免赔额。根据风险的不同，免赔额一般在保险金额的1%～15%范围内浮动。

四、机器损坏保险的费率与停工退费规定

同火灾保险相比，机器损坏保险的损失率与费率都相当高。机器损坏保险的保险

费率由机器的类型、用途、以往损失记录以及其他因素，如被保险人的管理水平、技术水平、经验、安全措施和产品的可靠性及用途等共同确定。

如果机器损坏保险承保的锅炉、汽轮机、蒸汽机、发电机或柴油机连续停工超过3个月时（包括修理，但不包括由于发生保险责任范围内损失后的修理），则停工期间的保险费按下列比例（参见表7-1 机器损坏险停工退费表）退还给被保险人。但这种停工退费的规定不适用于季节性的工厂使用的机器。

表7-1　　　　　　　　　　机器损坏险停工退费表

连续停工（月）	3~5	6~8	9~11	12
退还保费（%）	15	25	35	50

五、机器损坏保险的赔偿处理

（一）赔偿方式

机器损坏险的保险标的发生保险责任范围内的损失，保险人有权选择赔偿方式：

1. 货币赔偿

保险人以支付保险赔款的方式赔偿；

2. 实物赔偿

保险人以具有保险标的出险前同等的类型、结构、状态和性能的实物替换受损标的；

3. 实际修复

保险人自行或委托他人修理修复受损标的。

对保险标的在修复或替换过程中，被保险人进行的任何变更、性能增加或改进所产生的额外费用，保险人不负责赔偿。

（二）赔偿计算

保险标的发生保险责任范围内的损失，如果有残余价值，应由双方协商处理。如折归被保险人，由双方协商确定其价值，并在保险赔款中扣除。保险人按以下方式计算赔偿：

（1）全部损失或推定全损以被保险机器设备损失前的实际价值扣除残值后的金额为准。但保险人有权不接受被保险人对受损机器设备的委付。

（2）可以修复的部分损失以将被保险机器设备修复至其基本恢复受损前状态的费用扣除残值后的金额为准，修理时需更换零部件的，可不扣除折旧。但如果修复费用等于或超过被保险机器设备损失前的价值时，则可以按推定全损的方式处理。

（3）任何属于成对或成套的设备项目，若发生损失，保险人的赔偿责任不超过该受损项目在所属整对或整套设备项目的保险金额中所占的比例。

（4）发生保险事故时，若受损保险标的的分项或总保险金额低于重置价值时，其差额部分视为被保险人所自保，保险人则按保险合同中列明的保险金额与对应的重置价值的比例负责赔偿，最高不超过保险金额。保险金额等于或高于重置价值时，按实际损失计算赔偿，最高不超过重置价值。如保险合同所列标的不止一项时，每一项将按照保险合同规定的分项保险金额单独计算比例赔偿的责任。

（5）发生保险事故后，被保险人为减少损失而采取必要措施所产生的合理费用，保险人以被施救保险机器设备的保险金额为限予以赔偿。如果被施救的财产中，含有保险合同未承保财产的，按被施救保险标的的重置价值与全部被施救财产价值的比例分摊施救费用。

第五节 科技工程保险

一、科技工程保险概述

（一）科技工程保险的概念

科技工程保险是以各种重大科技工程为保险标的的综合性财产保险，它是随着现代高、新科学技术的发展而逐渐发展起来的一类特殊工程保险业务。在财产保险市场上，科技工程保险既是工程保险中的一部分，又是相对独立并具有自己显著特色的保险业务。由于科技工程保险标的巨大，价值高昂，性质特殊，加之与当代高精尖工程技术紧密联系在一起，不仅专业技术性强而且科技开拓危险性高，它通常被视为现代保险业中最高级的业务，需要由实力雄厚、技术精良的大型保险公司来承保，一般的保险公司是难以涉足科技工程保险市场的。因此，能够进入科技工程保险市场就表明了保险公司的竞争实力。

由于科技工程中具有特别的风险，加之深受多种因素的影响与制约，因此无论人们采取多么严密的防范措施，也不可能完全避免科技工程事故的发生，一旦发生灾祸，其损失往往以数亿元乃至数百亿元计，并进而波及一个国家或地区的政局与社会的稳定。因此，世界各国尤其是发达国家的科技工程无一不以保险作为转嫁风险损失的工具。科技工程保险的产生与发展在促进高新技术产业发展的同时，也为财产保险业开辟了新兴市场，为科技进步与社会经济的发展保驾护航的同时，也提升了财产保险业在经济社会发展中的地位。

（二）科技工程保险的特征

1. 保险标的价值巨大且技术含量高

科技工程保险的标的是各种重大科技工程，这一标的不仅具有危险集中、价值高昂的特点，而且包含着极高的技术因素在内，是一个财产、利益和法律责任等的集合体。科技工程保险标的的上述特色，决定了科技工程保险既是综合性的财产保险业务，也是专业技术性极强的财产保险业务，从而并非是任何财产保险承保人都能承保的高级业务。具体而言，科技工程保险的保险标的主要包括海洋石油开发、航天工程、核能工程和其他科技工程这四大类，这几类业务，既有相通的一面，又有根本的区别，从而形成了相对独立的业务体系。

2. 承保的风险具有综合性、人为性和不可测性

从科技工程保险经营实践来看，其承保的风险责任具有显著的综合性、人为性和未知性或难以预测性等特征。首先，各种工程技术保险承保的风险都具有"一切险"的性质，保险人承担着几乎包括一切可能引起科技工程事故的意外风险，从而能够为保险客户提供较为全面地保障；其次，各种科技工程保险作为当代高新科学技术的产物，其抗御自然灾害的能力较其他财产保险显然要强得多，因此，科技工程保险在客观上更多的是承保人为性风险，即由于技术原因、过失原因、产品原因等导致的财产和利益损失，从而与人的技术水平、认识能力和工作责任心等密不可分；再次，由于科学技术的发展是无止境的，那么包括科技工程在内的各种科技产业活动在发展进程中也就蕴藏着许多未知或难测的风险。这就决定了保险人在承保科技工程保险时很难根据经验判断或以往的事故损失来准确把握其承保风险，从而使该类保险业务面临着未知的巨大风险。

3. 承保环节的具有阶段性

尽管科技工程保险与建筑、安装工程保险存在着差别，但作为一类工程保险业务，其承保环节依然具有显著的阶段性，例如海洋石油开发保险就包括，从普查勘探经过钻探阶段，到工程建设，再到建设生产等阶段；航天工程保险则包括航天产品研制、安装、发射和使用寿命保险等环节。因此保险人既可按科技工程的不同阶段承保，又可连续承保。

4. 特别强调风险管理与控制

科技工程保险在风险管理方面有着鲜明的特征：一方面由于重大的科技工程往往直接关系到一个地区乃至一个国家的经济、社会发展大局，国家对科技工程保险通常会给予高度关注，有时甚至采取政策性的手段来直接干预科技工程的保险事务，如与保险人共同分担损失补偿责任，或出面组织多家保险人共同承保等。另一方面由于承保科技工程保险比一般工程保险危险性更大，保险人在经营中也必须特别注意采用多种手段来管理风险。措施通常包括：一是注意选择风险，限制责任，对政治风险、社会风险及被保险人的故意行为或重大过失不予承保,同时还应运用赔偿限额与免赔额来限制保险人承担的风险责任;二是运用义务条款,实施外部监督,促进被保险人对科技工程风险的控制;三是充分运用集团共保和再保险手段,将科技工程风险在更大范围内分散和消化;四是建立健全的科技工程保险承保、防灾防损制度,重视有关专业人才的蓄积和有关科技工程知识的培训,确保承保质量高、防灾防损有效。尽管科技工程保险中的风险极高,但保险人通过采取上述措施,从总体上保证了各种科技工程保险业务的持续发展。

科技工程保险的特征使保险人在经营科技工程保险业务时必须对承保风险进行妥善管理与控制,运用多种手段,减少科技风险进而促进科技工程与保险良性发展。

二、海洋石油开发保险

海洋石油开发保险是以海洋石油开发工程所有人或承包人为被保险人,对海洋石油开发工程从勘测到建成、生产整个开发过程的风险提供保障的保险。

海洋石油开发保险具有技术性强、条款复杂、险种繁多的特点。客观上要求承保人具有较高的素质,既要有一定的石油开发风险管理知识,又要具有一定的法律知识,还应具有比较扎实的水险、非水险业务的专门技术与保险业务经验。

按照国际惯例,海洋石油开发保险的投保事宜,是由承包或租赁合同(如勘探合同、钻井合同、石油合同)中均有的保险条款规定的,直接涉及作业者应投保什么险种及向谁投保等问题。因此,保险人可根据上述合同中的保险条款规定与投保人具体洽谈保险事宜。

在承保经营中,保险人根据海洋石油开发的不同阶段为投保人提供不同的保险服务,一般承担着财产、物资、责任、额外费用等各种损失补偿责任。由于海洋石油开发投资巨大,技术性强,风险集中,为防止保险人陷入财务危机,海洋石油开发保险必须办理再保险以分散风险。例如,1965年墨西哥湾的台风袭击了美国石油公司,伦敦石油保险市场承保人损失1亿多美元,而当时全世界的石油保费收入才1500万美元,可见,海洋石油开发保险具有巨大的危险性。保险人在经营此类业务时,必须仔细研究海洋石油开发的各种合同条款,合理选择和限制有关风险,加强承保前风险调查和承保后的风险防范,并妥善安排分保。

从世界第一张海洋石油开发保险单——英国劳合社海洋石油开发保险单问世以来,海洋石油开发保险已经在国际保险市场上被广泛应用。我国自1975年开始承保进口钻井平台拖带保险,发展至今已经可以承保海洋石油开发各个阶段的保险业务。

海洋石油开发一般要经过四个阶段:即普查勘探阶段、钻探阶段、建设阶段、生产阶段。每一阶段的风险不同,适用的险种也不相同。根据海上石油开发的不同阶段,保险人提供了若干具体的险种供投保人选择,每一阶段均以工期为保险责任起讫期。

其险种一般有勘探作业工具保险、勘探设备保险、费用保险、责任保险、建筑安装工程保险。经营实务中保险人分阶段提供的保险服务包括：在普查勘探阶段，保险人主要提供勘探作业工具保险和勘探作业人员的人身伤亡保险；在钻探阶段，保险人主要承保钻井设备保险，各种辅助工具保险，控制井喷费用、重钻费用、控制污染及清理费用保险，以及油污责任保险、第三者责任保险、钻井人员人身伤亡（雇主责任）保险等；在建设阶段，除继续投保钻探阶段的各类保险外，一般还需要增加平台建筑、安装工程保险、油管铺设保险，以及运油船舶保险和产品责任保险等；在生产阶段，除继续投保前面的保险险种外，还会增加各种建筑、海上平台、设备、油钻、油库的财产保险，特别是火灾的保险，以及生产作业中的其他保险等。

目前我国开办的海洋石油开发保险的险种有：钻井平台一切险、钻井船一切险、平台钻井机一切险、井喷控制费用保险、渗漏污染保险、油管铺设一切险、承租人责任保险、第三者责任保险、海洋石油开发工程建造险、重钻费用保险等。

（一）钻井平台保险

钻井平台保险承保保险标的的一切物质损失。钻井平台保险既承保生产平台，也承保生活平台。具体地说，其保险标的为固定平台装置，包括平台装置本身、人行道、登陆斜梯（系缆机除外），以及置放在平台上为被保险人所有或由被保险人保管或控制的各种财产，包括设备、工具、机械、材料、供应物、配件、钻井架、底层结构、钻柱和其他财产。对钻井平台因设计不当引起的损失，经保险人同意并加收保费也可予以承保。钻井平台保险一般采用定值保险的方式承保，保险金额按照重置价值来确定。

钻井平台保险的保险责任是保险标的在保单载明的地区范围之内，由于外来风险所致的直接物质损失，包括保险标的离开平台设施时，在其存储期间或往返港口和平台设备之间的运输中所导致的直接物质损失，也包括保险标的发生保险事故后被保险人为减少损失所支付的施救费用。

钻井平台保险的保险金额按被保险财产，在不低于重置价值基础上，扣除合理的折旧费用后确定。如果被保险人不按这种方式确定保险金额，其差额部分视为被保险人自保。当发生保险责任范围内损失时，保险人按照保险金额与保险价值比例进行赔偿。

制定钻井平台保险费率通常考虑以下因素：保险金额的高低、免赔额高低、平台建造年限、平台用途（分生产、生活或加工处理等）、作业区的自然环境（是否为地震带、台风区、结冰区以及浪高、水深、海床状况等）、历年损失记录（包括平台与作业人）。此外，保险人还应了解有关海上设施的近期状况、油气的储量、预计开发年限、油气质量、用途、开发前景等。

（二）钻探设备保险

钻探设备保险通常由钻井平台或钻井船所有人或承包人负责投保。保险标的为保单列明的钻井平台和钻井船体及有关装置设备,包括钻井机及设备、自升机、起重设备及其他备用物、附属物,甚至包括装载在钻井船附近有关的其他船舶(船舶本身除外)上的设备、工具、机械、沉箱、起立架、材料、供应物、配件、钻井机和设备、井架、钻柱、套管、钻杆以及正在钻井中的钻柱等配套项目。

(三) 平台钻井机保险

平台钻井机保险的保险标的包括钻井平台设施和被保险人所有、保管或控制的有关设备,如固定在平台上的钻探工具、设备、机械、材料、供应物、钻井架、底层结构、钻杆等。保险人对于在保单列明的作业区域作业的平台钻井机所遭受的直接损失负赔偿责任,同时对保险标的在岸上储存或在港口与平台之间的往返运输过程中引起的直接损失也予负责。由于平台钻井机发生小额损失的情况较多,因此保险人在承保时通常会对保险标的部分损失规定较高的免赔额,如免赔额为保险金额的3%等。

(四) 海洋石油开发管道保险

海洋石油开发管道保险可分为管道铺设保险和管道作业保险两种。前者一般按照工程保险承保,有时也附加在海洋石油开发工程建造保险中作为整个工程的一部分;后者一般按钻井平台保险承保,但保险人在承保时应查明管道铺设的时间和地点、管道承建单位、管道口径大小、作业地点水深、管道价值、水下管道是否埋设以及过去的损失记录等。管道保险的保险责任和除外责任与钻井平台保险基本相同,只是增加了一些关于输油管线特殊风险的内容。管道保险一般采取第一危险方式承保。

(五) 海洋石油开发责任保险

海洋石油开发责任保险的险种主要有保赔保险、承租人责任保险和第三者责任保险。保赔保险是指在海洋石油开发中涉及各种船舶的责任赔偿的一种保险。承租人责任保险承保的是租船人的租船合同责任。第三者责任保险承保的是被保险人在海洋石油开发过程中依法应对第三者承担的经济损害赔偿责任。这些责任在石油工程项目中往往相互重复交叉,为了避免重复,在国际保险市场上常采取将三者合一的混合保险形式来承保海洋石油开发责任保险。

(六) 海洋石油开发工程建造、安装保险

海洋石油开发工程建造、安装保险的保险标的为被保险人承保的工程及其使用的机器、设备、材料、平台、海上建筑物、输油管、单点停泊设施,为石油生产所列明的一切物质材料和机械等设备,以及为完成工程所使用的临时建筑物、架设生产配线、器材、设备等。国际上通常采用近海工程一切险来承保海洋石油开发工程建造、安装险。该险种的保险责任一般以建筑、安装工程一切险为基础,再根据海洋石油开发工程特点附加船舶的碰撞责任、特约保险责任等，使之适应近海石油工程和水上作业以及拖船过程中需要的风险保障。

（七）海洋石油开发费用保险

费用保险在海洋石油开发的钻探阶段、建设阶段和生产阶段都是必要的险种。费用保险主要包括井喷控制费用保险、重钻费用保险及控制污染及清理费用保险三种。

1. 井喷控制费用保险

井喷控制费用保险承保被保险人在海洋石油开发工程作业中，为控制突然发生的井喷并使之恢复正常钻探所产生的费用损失。该保险规定在油井完全恢复控制以后，保险人承担的井喷费用责任立即停止。

2. 重钻费用保险

重钻费用保险是指由保险人负责，对因井喷、井塌和火灾造成的可恢复的钻井的丧失，支付重钻或恢复受损井眼的费用的一种保险。对于不能恢复的井眼进行重钻的费用，保险责任以重钻井达到被保险井眼受损前的深度和状态为限。该保险一般作为井喷控制费用保险的附加责任承保。

3. 控制污染和清理费用保险

井喷造成的控制污染和清理费用，可以通过在原保险单上加批注方式予以承保，但保险人因对井喷引起的任何罚款、精神损害等损失不负赔偿责任。

三、航天工程保险

航天工程保险是指为航天产品（包括卫星、航天飞机、运载火箭等）在发射前的制造、运输、安装和发射时以及发射后的轨道运行以及使用寿命提供保险保障的保险业务。它是对航天产品制造、安装、发射和在轨运行中可能出现的各种风险造成的财产损失和人身伤亡给予保险保障的一种综合性财产保险业务。在国际保险市场上，航天工程保险通常采取一揽子保险。根据承保的风险不同，航天保险可以分为卫星及火箭或其他运输工具的工程保险、发射前保险、发射保险、运行寿命保险、卫星经营者收入损失保险、卫星及发射责任保险等，其中发射前保险、发射保险和寿命保险是最主要的三种形式。

（一）发射前保险

发射前保险是对卫星、航天飞机及其他航天产品、运载火箭在制造、试验、运输及安装过程中所受意外损失提供保险保障的保险。它以在产到制成及运输、安装中的航天产品为保险标的，承担一切意外风险。发射前保险以制装总成本为依据确定保险金额。

(二) 发射保险

发射保险是对从运载器点火开始到发射后一定时间（通常为半年）为止的期间内因发射失败导致经济损失提供保险保障的保险。该险种承担发射时的意外事故和发射后的太空风险。由于航天产品在发射阶段风险最为集中，因此发射保险成为航天事业风险保障必不可少的工具，是航天工程保险中的主要险种。

发射保险的保险金额通常由航天产品发射服务费、航天产品的成本、保险费和额外费用为依据确定。影响发射保险的费率的因素主要包括：火箭的可靠性、卫星的设计和型号、保障范围和市场承保能力等；此外，保险承保方式也会影响卫星发射保险的费率，例如，是以单一项目承保，还是以一揽子方式承保，其保险费率是存在差异的。

(三) 寿命保险

寿命保险是对卫星及其他人造天体发射成功后到某一规定时间（通常为2年）内，因太空风险或自身原因造成其坠毁或不能按时收回或失去作用造成的损失责任为保险标的的保险。通信、广播、气象、导航及地球资源卫星的寿命一般为1~2年，最长的不超过10年。卫星寿命保险的保险金额由卫星送上预定轨道运行的重置成本或资产价值、利润损失、额外费用或合同债务构成。但续保时要按照卫星每年折旧金额扣减其保险金额。寿命保险的费率一般根据承包范围和卫星健康状况来确定。

上述三个险种，既可单独投保，又可一揽子投保。由于航天工程保险风险的高深莫测，其保险费率也高于其他财产保险或工程保险。保险人在确定费率时，主要考虑航天产品的质量、航天工程的损失率、恶劣气候及意外事故等风险。

四、核能工程保险

核能工程保险是指以核能工程项目的财产损失及其赔偿责任为保险标的的保险。在保险市场上，核能保险是一种内容丰富、技术复杂的保险。为核能工程中的各种核事故和核责任风险提供保障，它是随着现代原子能技术的发展和各国对原子能和平用途的研究及应用而逐渐发展起来的新型保险业务。核能保险产生于20世纪50年代的英国。1956年，英国率先成立了核能保险委员会，专门研究核能保险的有关问题，该委员会论证了核能工程保险的可行性和风险性，加之英国政府对核能发电工业的高度重视，从而促成了英国核能保险集团的成立，劳合社成员及当地的一些非寿险公司均成为该集团的主要成员。英国的示范带动了西欧国家、美国、日本等，这些国家也相继成立了自己的核能保险集团。到20世纪80年代末，全世界有20多个国家成立了核能保险集团，使核能保险成为国际保险市场上一项有影响的科技工程保险业务，并成为各国民用核能工程必要的配套项目。中国的核能保险开始于20世纪80年代末期的广东大亚湾核电站和浙江秦山核电站的建设时期。随着核电工业的迅速发展，中国核能保险也得到较大发展。

(一) 核能工程保险的特点

核能工程保险的主要承保责任是核事故风险，是其他各种财产保险和工程保险中所列的常规除外不保的风险责任，并且不允许扩展承保。由于核事故风险性质特殊、风险异常，在整个财产保险中，核能保险更需要政府的配合与直接支持，使得核能工程保险明显地具有政策性保险的特点。各国政府有关损害事故赔偿的法律、法规，如核事故损害赔偿法通常规定：核事故中应按绝对责任来承担损害赔偿责任，并对保险人在责任保险项下的超额赔款给予财政补贴。此外，各国的核能保险集团在相互分保时，也将分保手续费降到低于其他财产保险，以减轻被保险人的负担。1999年5月，中国核保险共同体正式成立，专门经营核风险，为民用核能的发展提供保障。截至2016年底，中国核保险共同体共有27家成员公司，核共体已成为我国保险行业服务核电行业的重要平台，在国内核保险市场占主导地位，并不断通过加强与境外核共体的合作与交流，在国际市场中发挥越来越重要的作用。

由于核能保险业务的风险具有特殊性，标的的危险集中，保险人在承保过程中必须高度重视风险的控制。一方面，对核能工程的承保通常采取集团共保的方式，或运用再保险的手段来分散风险，以保证业务经营的稳定性。因为受核电站数量的限制，在核能保险经营中无法充分运用保险大数法则原理来分散风险。另一方面，核能工程项目造价高昂，涉及的第三者责任风险尤其巨大，保险人必须采取低于保险标的实际价值的标准来确定保险金额和赔偿限额，并对核能工程本身即财产物资与核责任风险分别确定保险金额与赔偿限额，保险人还通过分别制订一般事故赔偿限额和核事故赔偿限额的方法控制风险。有的保险人将核能工程操作人员与技术人员亦列入第三者责任保险范围予以承保。

(二) 核能工程保险的种类

核能工程保险的种类一般包括财产损毁保险、核能建筑安装工程保险、核原料运输保险、核能责任保险，其中核能工程财产损毁险和责任保险是最主要的业务。

1. 财产损毁保险

财产损毁保险以核能工程中的反应装置、核燃料、发电设备、办公场所等项目为保险标的，以火灾、雷电、爆炸等传统风险及核事故风险为保险责任，是核能保险中可以单独承保的基本业务之一。

2. 核能安装工程保险

核安装工程保险是以核能工程中被安装的各种机器设备为保险标的，承保保险标的在安装过程中因自然灾害和意外事故导致的损失。其承保过程及风险管理与一般安装工程保险大体相似。在经营实务中，核能安装工程保险通常分两个阶段承保：第一阶段从机器设备运抵安装工程现场并开始施工至核原料装入反应装置为止，这一阶段以一切险方式承保，即除战争、罢工、暴力行为及被保险人的故意行为等不保，其他一切灾害事故均属于承保责任范围；第二阶段从反应装置试运行开始至核电站交付所有人接收为止，这一阶段除继续承保前一阶段的风险责任外，还承保反应装置部分损失及有关特殊费用，如清除核污染费用、重置费用等。

3. 核能工程责任保险

核能工程责任保险是以核能装置在建造期间或运行期间，因发生一般事故或核事故造成第三者的财产损失和人身伤亡时依法应承担的损害赔偿责任为保险标的保险。它以各种灾害事故导致的核爆炸、核污染、核泄漏和核辐射等为责任，是核能保险中最主要的险种之一。

4. 核原料运输保险

以运输中的核原料为保险标的，承保运输途中因遭遇灾害事故所造成的核原料损失及由此而引起的第三者责任。

本 章 小 结

工程保险是以各种工程项目在建设过程中因自然灾害和意外事故造成的物质财产损失，以及对第三者的财产损失和人身伤亡依法应承担的赔偿责任为保险标的的保险。工程保险是以各种工程项目作为主要承保对象。

与传统的财产保险相比较，工程保险主要有以下特征：承保的风险具有综合性和集中性；工程保险承保的是高科技风险；工程保险涉及多方利害关系人；工程保险的内容相互交叉。

工程保险一般分为建筑工程保险、安装工程保险、机器损坏保险、船舶工程保险和高科技工程保险。

建筑工程保险，简称"建工险"，是以土木建筑为主体的民用、工业用和公共事业用的工程在整个建筑期间因自然灾害和意外事故造成的物质损失，以及被保险人对第三者依法应承担的赔偿责任为保险标的的保险。

安装工程保险是以各种大型机器设备的安装工程项目在整个建筑期间因自然灾害和意外事故造成的物质损失，以及被保险人对第三者依法应承担的赔偿责任为保险标的的保险。

安装工程保险与建筑工程保险的区别表现在：第一，建工险的保险标的的价值自开工之后逐渐增加，风险责任也随着保险标的的价值的增加而增加，致使危险越来越集中；而安工险的保险标的的价值在整个保险期限内基本没有发生变化，危险程度的变动不大。第二，建工险与安工险的保险标的所处的环境及性质不同，建工险的保险标的多处于暴露状态下，遭受自然灾害破坏的可能性较大；安工险的保险标的，多半在建筑物内，自然危险较小，但由于机器设备安装的技术性较强，遭受人为事故损失的可能性较大。第三，建工险与安工险的保证期限危险程度差别很大，安工险的保证期风险较大，而建工险保证期的危险程度相对较小。

机器损坏保险是以各类安装完毕并已转入运行的机器设备因人为的、意外的或物理的原因造成物质损失为保险标的的保险。机器损坏险承保的危险主要是保险标的本身固有的危险。机器损坏保险的保险金额通常按承保机器设备的重置价值确定。

船舶建造保险是以被保险人建造或拆除船舶及各种海上装置过程中所造成的船舶和设备损失及第三者责任为保险标的的保险。

科技工程保险又称特种工程保险，是以各种重大科技工程为保险标的的综合性财产保险，包括航天工程保险、海洋石油开发保险、核能工程保险等。科技工程保险的特征表现在：保险标的价值巨大且技术含量高；承保的风险具有综合性、人为性和不可测性；承保环节具有阶段性；特别强调风险管理与控制。

复习思考题

1. 与一般财产保险相比较工程保险具有哪些特征？
2. 工程保险业务的保险责任是如何确定的？
3. 建工险和安工险的被保险人具有哪些特点？
4. 建筑工程保险的保险期限是如何规定的？
5. 机器损坏保险与企业财产保险存在哪些区别？
6. 机器损坏保险的保险金额如何确定？

第八章

责任保险

第一节 责任保险概述

一、责任保险的含义与特征

责任保险是以被保险人的民事损害赔偿责任为保险标的的保险。它以损害赔偿区别于人身保险，属于广义财产保险的范畴。责任保险具有以下特征：

(一) 完善的法律制度是责任保险存在与发展的基础

责任保险产生的基础不仅是由于民事责任风险的客观存在和社会生产力发展到了一定的阶段，而且是由于人类社会的进步带来了法律制度的不断完善。正是因为人们在社会中的行为都在法律的一定规范之内，所以才可能因触犯法律造成他人的损害而承担经济上的赔偿责任。如果没有明确的环境保护法，造成环境污染的人是不会对受害者承担赔偿责任的；如果没有食品卫生法，损害消费者权益的单位和个人对受害者也是不会承担法律责任的。只有存在着对某种行为以法律形式确认为应承担经济上的赔偿责任时，当事人才会想到通过保险来转嫁这种责任风险，责任保险的必要性才会为人们所认识和接受。可见，法律制度尤其是民法和各种专门的民事法律与经济法律制度是责任保险得以存在和发展的基础。

(二) 偿付的"替代性"与"保障性"是责任保险建立的前提条件

在普通财产保险或人身保险中，保险人只是对被保险人的经济损失进行补偿或给付，保险金直接支付给被保险人（或受益人）。而在责任保险中，由于保险人承保的是被保险人依法应对他人（第三者）所负的经济赔偿责任，因而保险人支付的保险金最终落实在受害者身上。这就是说,原来应由致害人支付给受害人的经济赔偿,由于致害人事前投保了责任保险,此项经济赔偿责任则转由保险人代替被保险人承担。这样既避免了被保险人经济赔偿的损失,又保障了受害人应有的合法权益。

(三) 赔偿限额方式是责任保险运作的计算依据

在普通财产保险中,保险人承担赔偿责任的最高限额是以保险金额来表示的。而保险金额是根据对财产及其相关经济利益的事先估价来确定的。但责任保险承保的是被保险人依法应对第三者承担的经济赔偿责任,由于第三者无法事先确定,也就决定了保险人承担经济赔偿责任的额度具有不确定性。这种不确定的经济赔偿责任如果不在保险合同中加以明确,必然会使保险人的经营陷入不确定的风险之中。因此,在责任保险中,由于第三者事先不明确,也就无法确定保险金额,只能以规定赔偿限额的方式作为保险人承担经济赔偿责任的最高限度。

二、责任保险与法律的关系

(一) 责任保险与法律责任

责任保险承保的是第三者应承担的民事损害赔偿责任,这种责任属于法律责任的范畴。所谓法律责任是指由于某种侵权或违约行为的产生,侵权人或违约人按照有关法律应当承担的责任。

法律责任由刑事责任、民事责任和行政责任所构成。显然,保险人对于违反国家刑法的犯罪行为是不能承担由此而引起的刑事责任的,否则将助长犯罪,保护邪恶。由于履行行政行为是政府机关的职责,商业机构牵涉其中存在很多实际问题,保险人对于违反行政法规的行为也是不能承担由此而引起的行政责任的。而民事行为所产生的过失或过错通常是当事人疏忽所造成的,并非有预谋、有企图的故意行为,保险人完全可以按照商业保险的运作与经营规则承担这种民事损害责任。所以,责任保险所承保的法律责任属于民事责任。合同责任是民事责任的组成部分,保险人也可以在特别约定的情况下承保合同责任。

(二) 民事损害赔偿责任成立的条件

1. 损害事实的存在

要他人承担损害赔偿责任,必须有损害事实的客观存在。即只有行为人对他人的人身、财产或精神造成事实上的损害,行为人才承担经济赔偿责任。

2. 行为的违法性

违法行为包括两种:一种是违法的作为,另一种是违法的不作为。违法的作为属于法律所禁止的行为，如酒后驾车伤人、打架斗殴等；违法的不作为属于没有履行法律规定的义务的行为，如在公共通道堆放杂物、产品功能解释模糊等。无论是违法的作为，还是违法的不作为，违法人都必须承担由此而引起的民事损害赔偿责任。

3. 因果关系的存在

违法行为与损害事实之间必须存在因果关系，损害事实确是行为人违法行为所致，行为人才负赔偿责任。

4. 行为人的过错

行为过错包括故意和过失两种，故意是指已经预见损害事实，却希望促使其形成；过失是指明了行为可能出现的损害事实，却主观判断不可能形成。无论是故意还是过失，只要存在行为过错，并且造成了损害事实，行为人必须承担赔偿责任。同时，由于故意行为造成的损害事实如果超越法律规定的界限，行为人除了承担民事损害赔偿责任，还要承担相应的刑事责任。

(三) 责任保险承保的侵权责任与违约责任

1. 责任保险承保的侵权责任

责任保险承保的侵权责任包括过错责任和无过错责任。但对于过错责任，保险人从责任保险经营的风险控制出发，只承保其中的过失责任，对于故意行为所产生的责任列为责任免除的范围。

2. 责任保险承保的违约责任

由于违约责任具有很多主观因素，责任保险通常对于违约责任采取特约承保的方式。责任保险特约承保的违约责任包括直接责任和间接责任。直接责任是指合同一方违反规定的义务造成另一方的损害所应承担的赔偿责任；间接责任是指合同一方根据合同规定对另一方造成他人的损害事实应承担的赔偿责任。

(四) 责任保险的保险事故成立的条件

责任保险的保险事故是指保险合同中列明的被保险人由于侵权或违约对第三者造成的损失应承担的民事损害赔偿责任。所以，责任保险保险事故的成立必须具备如下条件：

1. 损害事实或违约事实的存在；
2. 受害人（第三者）向致害人（被保险人）提出索赔要求。

上述两个条件必须同时具备，责任保险的保险事故才能成立。

(五) 责任保险的法律依据

既然责任保险承保的是被保险人对第三者的赔偿责任，所以，责任保险的法律依据是民法和各种专门的民事法律法规。

三、责任保险的共性规定

（一）保险责任

保险人在责任保险单项下承担的赔偿责任包括两项：

（1）侵权责任与违约责任。责任保险承保的侵权责任和违约责任，是指过错责任和无过错责任以及经过特别约定的违约责任。依照有关法律规定，被保险人对造成他人财产损失或人身伤亡应承担的经济赔偿责任，由保险人负责。

（2）因赔偿纠纷引起的应由被保险人支付的诉讼、律师费用以及其他事先经保险人同意支付的费用。

（二）责任免除

通常对下列原因引起的赔偿保险人不予负责：

（1）战争、类似战争行为、敌对行为、武装冲突、恐怖活动、谋反、由政变直接或间接引起的任何后果所导致的责任；

（2）由于罢工、暴动、民众骚乱或恶意行为直接或间接引起的任何后果所致的损失；

（3）由于核裂变、核聚变、核武器、核材料、核辐射及放射性污染所引起的直接或间接的责任；

（4）被保险人的故意行为；

（5）被保险人的家属、雇员的人身伤害或财物损失（雇主责任保险除外）；

（6）罚款、罚金、惩罚性赔款；

（7）保险单或有关条款中规定的应由被保险人自行负担的免赔额。

（三）保险费率与保险费

责任保险的费率是根据各种责任保险的风险大小及损失率高低来确定的。在厘定责任保险费率时，主要考虑下列因素：

（1）被保险人的业务性质、种类及其产生民事损害赔偿责任可能性的大小；

（2）赔偿限额和免赔额的高低；

（3）当地法律对损害赔偿的规定；

（4）承保区域的大小；

（5）同类业务的历史损失资料；

（6）保险人以往业务水平和每笔业务的酬劳。

（四）赔偿限额与免赔额

责任保险承保的是被保险人的民事损害赔偿责任，而非有固定价值的标的，因此不论何种责任保险，均无保险金额的规定，而是确定赔偿限额作为保险人承担赔偿责任的最高额度。超过赔偿限额的索赔，仍由被保险人自行负责。

责任保险中通常规定两种赔偿限额：

（1）事故赔偿限额。即每次责任事故或同一原因引起的一系列责任事故的赔偿限额，它分为财产损失赔偿限额和人身伤亡赔偿限额。

（2）累积赔偿限额。即保险期限内累计的赔偿限额，具体分为累计的财产损失赔偿限额和累计的人身伤亡赔偿限额。

在某些情况下，保险单上只规定每次事故赔偿限额，不规定累计赔偿限额；或者既规定每次事故赔偿限额，又规定累积赔偿限额；或者将财产损失和人身伤亡合为一个赔偿限额。从目前国际上的责任保险的发展趋势看，越来越多的国家对人身伤亡不再规定责任限额。

责任保险单上除规定赔偿限额外，一般还有绝对免赔额的规定，旨在促使被保险人小心谨慎，防止事故发生以及减少小额、零星赔款的支付。

（五）保险人承担赔偿责任的条件

责任保险中保险人是否履行赔偿责任取决于被保险人是否受到第三者的赔偿请求。如果责任事故已经发生，第三者也受到了损害，但第三者（即受害人）不向被保险人请求赔偿时，被保险人就无利益损失发生，保险人对被保险人也无须承担赔偿责任。只有在损害事故发生后，被保险人受到第三者赔偿请求，且保险人接到被保险人的通知和索赔请求，保险人才代替被保险人承担对受害人的经济赔偿责任，或承担对被保险人的经济损失补偿责任。因此，责任保险虽然在客观上保障了受害人的利益，但责任保险合同仅存在于保险人与被保险人之间，如果被保险人不向保险人请求经济赔偿，受害人不得直接向保险人索赔；另一方面，如果受害人没有向被保险人提出赔偿请求，被保险人也就不具备向被保险人索赔的基础。

四、责任保险的分类

（一）按承保方式划分

1. 承保独立责任的责任保险

（1）产品责任保险。承保制造商或销售商因产品事故引起的依法应承担的民事损害赔偿责任。

（2）公众责任保险。承保被保险人在固定场所或地点进行生产营业或其他活动中，因意外事故引起的依法应承担的民事损害赔偿责任。

（3）雇主责任保险。承保雇主对雇员在受雇期间遭受的职业或意外的人身伤害，依法或依雇佣合同规定应承担的民事损害赔偿责任。

（4）职业责任保险。承保各种专业技术人员因职业上的疏忽或过失造成他人的财产损失或人身损害，依法应承担的民事损害赔偿责任。

2. 作为附加险承保的责任保险

（1）运输工具保险附加第三者责任险。承保各种运行中的运输工具由于发生意外事故或碰撞责任而造成的对于第三者的财产损失或人身伤害，依法应承担的民事损害赔偿责任。

（2）工程保险附加第三者责任险。承保各种建筑工程、安装工程、修建工程进行过程中由于发生意外事故而造成的对于第三者的财产损失或人身伤害，依法应承担的民事损害赔偿责任。

（二）按照责任发生原因划分

1. 过失责任保险

承保被保险人因疏忽或过失行为对他人造成损害依法应承担的民事损害赔偿责任。过失责任保险大致可分为以下几种：

（1）场所责任保险；

（2）厂家责任保险；

（3）汽车第三者责任保险；

（4）职业责任保险；

（5）个人责任保险；

（6）其他过失责任保险。

2. 无过失责任保险

承保被保险人无论有无过失，都要对造成他人的损害依法应承担的民事损害赔偿责任，一般有以下几种：

（1）雇主责任保险；

（2）产品责任保险；

（3）核电站责任保险。

（三）按照实施方式划分

按照实施方式分类，责任保险可分为法定责任保险与自愿责任保险：

（1）法定责任保险。又称强制责任保险。通过制定有关法律、法规实施的责任保险属于法定责任保险，如我国机动车辆交通事故强制第三者责任保险，简称"交强险"即是典型的法定责任保险。

（2）自愿责任保险。在责任保险中，绝大部分都是自愿责任保险，企业和个人可以根据自己的需要及交付保费的能力投保相应的责任保险。

（四）按照责任的性质划分

按照责任的性质，可将责任保险分为合同责任保险与侵权责任保险。合同责任保险承保被保险人违反合同规定依法应负的赔偿责任。如货运合同责任保险，承保承运人未履行提供适航船只造成托运人货物损失应负的赔偿责任；用工合同责任保险，承保雇佣合同规定的雇主对雇员在雇佣期间遭受人身伤害应负的赔偿责任。侵权责任保险承保被保险人对第三者侵权行为依法应负的赔偿责任，如产品责任保险、职业责任保险等。

第二节 产品责任保险

一、产品责任法律制度及其赔偿原则

（一）产品责任法律制度

产品责任是指由于产品存在缺陷，造成使用者或其他人的人身伤害或财产损失时，产品的生产者或销售者依法应承担的经济赔偿责任。产品发生责任事故后，一般由当地法院根据有关产品责任法律裁决，即产品责任是一种民事法律赔偿责任。

产品责任法律制度，是指调整产品责任关系的法律规范的总和。其基本含义是由国家立法机关颁布各种有关产品责任的法规、条例等，确定产品责任关系当事人承担民事责任的原则，作为人们在产品责任关系中的最高行为准则和承担相应民事责任的协商、仲裁、判案依据，并严格执法和守法，它是建立健康的产品经济关系和维护用户、消费者及公众权益的基本保证，也是产品责任保险的法律基础和先决条件。

产品责任法律制度所规范的产品责任关系，包括以下几项：

(1) 产品制造者与产品用户、消费者及公众的民事责任关系；
(2) 产品修配者与被修配产品的用户、消费者或公众的民事责任关系；
(3) 产品销售者与产品用户、消费者或公众的民事责任关系；
(4) 产品制造者与产品销售者的民事责任关系。

以上法律关系中，产品制造者、修配者、销售者构成了产品责任关系的责任方，其中产品制造者承担最大、最终的责任风险；而产品用户、消费者或公众构成了产品责任关系中的受害方，是产品责任事故的最终受害者，也是产品责任法律制度所保障的对象。

产品发生责任事故后，责任方如何承担经济赔偿责任，由当地法院根据有关产品质量法律来制定。但是，责任方所负责任的划分及其大小，却因各国法律制度的不同而存在较大差异。

（二）产品责任的法律赔偿原则

产品责任的法律赔偿经历了三个发展阶段：合同关系原则、疏忽责任原则和严格责任原则。

1. 合同关系原则

合同关系原则是指产品事故的受害人必须同生产商或销售商订有生产或销售合同，才能向生产商或销售商提起诉讼，而且只能在合同规定的范围内向被告索赔。众所周知，产品最后的消费者往往和生产商或销售商没有合同关系，因而无权向生产商或销售商索赔，即使受害人是合同的一方，通常也只能获得合同规定范围内的不超过产品价值的赔偿，远远不足以补偿受害人遭受的损失。所以，这一原则是以维护生产商和销售商的利益出发的，对受害人极为不利。

2. 疏忽责任原则

疏忽责任原则又称举证责任原则。是指用户在使用产品过程中受到损害，就可以向生产者或销售者提出索赔。受害人以疏忽责任控告致害人，必须负举证之责，即证明以下事实的存在：

（1）致害人在产品设计或制造中存在缺陷；

（2）该缺陷必须保持原状到受害人受害之时；

（3）受害人对该缺陷必须是未知的，即经过简单检查未能发现的；

（4）受害人对产品的使用与产品的用途是一致的。

对受害人而言，疏忽责任比合同责任较为有利，但由于有"举证之责"的限制，在索赔时仍有困难，因为举证产品在设计或制造中的缺陷并非普通消费者的知识和能力之所及。

举证责任原则也适用于产品生产者为了保护自己的利益，在产品使用者对产品损害进行起诉时，通过举证的方式证明产品损害的事实与产品生产者没有直接关系。《中华人民共和国产品质量法》第四十一条规定："因产品存在缺陷造成人身、缺陷产品以外的其他财产（以下简称他人财产）损害的，生产者应当承担赔偿责任。生产者能够证明有下列情形之一的，不承担赔偿责任：未将产品投入流通的；产品投入流通时，引起损害的缺陷尚不存在的；将产品投入流通时的科学技术水平尚不能发现缺陷的存在的。"可见，我国对于产品损害赔偿中的生产者责任实行的是举证责任原则。

3. 绝对责任原则

绝对责任原则又称严格责任原则。按照该原则，客户因使用某种产品造成损害，即使未能证明制造商或销售商有过失，制造商或销售商也要承担赔偿责任，而且不能援引其在销售合同项下的免责规定推脱对受害人的赔偿责任。绝对责任原则对于消费者相当有利,他对于产品生产者和销售者提出了很高的产品质量要求。目前,美国等发达国家在处理产品损害赔偿问题时,普遍采取了绝对责任原则。根据《中华人民共和国产品质量法》第四十二条的规定:"由于销售者的过错使产品存在缺陷,造成人身、他人财产损害的,销售者应当承担赔偿责任。销售者不能指明缺陷产品的生产者也不能指明缺陷产品的供货者的,销售者应当承担赔偿责任。"因此,我国对于销售者在产品损害赔偿中不能通过举证方式证明自己过错的,必须按照绝对责任原则承担赔偿责任。

二、产品责任保险的承保

(一) 投保人与被保险人

产品的制造商、修理商和销售商等一切可能对产品事故负有赔偿责任的人都具有可保利益,都可以投保产品责任保险,根据具体情况需要,可以由他们中间的任何一人投保,也可以由他们中间的几方联名投保。保险单列明的被保险人,除了投保人外,可以将其他有关利益方作为被保险人,并且规定被保险人之间的责任实行互不追偿。在产品责任各有关利益方中,除非其他有关利益方已将产品重新装配、改装、修理、更换使用说明书,凡因产品缺陷引起的损害赔偿责任,最终将追溯至产品制造商。

(二) 承保方式与承保范围

1. 承保方式

保险人承保产品责任保险,通常采用统保方式。所谓统保,就是以投保人制造或销售的全部产品统一投保为条件,并按照被保险人当年生产或销售总额或营业总额计算收取保险费。

2. 承保范围

为了便于控制风险,产品责任保险承保地区范围由保险双方根据具体需要商定,并在保险单中列明。保险人仅对规定范围的产品事故负责,承保地区范围一般是根据产品主要的销售与使用地区确定的。

(三) 产品责任保险的保险责任

(1) 保险人对于被保险人在保险期限内生产、销售的产品或商品在承保区域内发生事故,造成使用、消费或操作该产品或商品的人或其他任何人的人身伤害、疾病、死亡或财产损失,依法应由被保险人负责时,根据保险单的规定,在约定的责任限额内负责赔偿。

(2) 保险人对于被保险人应付索赔人的诉讼费用以及经保险人同意负责的诉讼及

其他费用，可以在保险单列明的责任限额项下予以赔偿。但是，本项费用与责任赔偿之和必须以保险单列明的责任限额为限。

上述保险责任的形成要受到如下条件的限制：一是产品责任事故必须是在偶然和意外的状态下发生的，是被保险人事先无法预料的；二是产品责任事故必须发生在被保险人制造或销售场所以外的地方，是被保险人无法控制和掌握的环境；三是发生产品责任事故的产品的所有权已经转移至用户，是被保险人无权使用、消费和操作的产品。

（四）产品责任保险的责任免除

（1）根据合同或协议应由被保险人承担的对其他人的责任；
（2）根据劳动法或雇佣合同被保险人对其雇员及有关人员应当承担的损害赔偿责任；
（3）被保险产品本身的损失以及退换回收有缺陷产品造成的损失及费用；
（4）被保险人所有、保管或控制的财产的损失；
（5）被保险人故意违法生产、出售的产品或商品造成任何人的人身伤害、疾病、死亡或财产损失；
（6）产品仍在制造或销售场所，尚未转移至用户或消费者手中时所造成的损失赔偿责任；
（7）被保险产品造成的大气、土地、水污染及其他各种污染所引起的责任；
（8）被保险产品造成对飞机或轮船的损害责任；
（9）责任保险的共性内容所列明的责任免除项目。

（五）保险期限

产品责任保险的保险期限通常为一年。根据对保险期限确定方式的不同，产品责任保险的保险期限可分为期内发生式与期内索赔式两种。期内发生式以保险事故发生为前提，即不论产品什么时候生产或销售，只要产品事故发生在保险期限内，不论受害人是否在保险期限内向被保险人索赔，只要在保险合同规定的追溯期内，保险人都必须履行赔偿责任。期内索赔式以索赔为前提，即不论产品事故是否发生在保险期限内，只要在保险合同追溯期内，保险人对于保险期限内发生的受害人向被保险人的索赔都必须履行赔偿责任。期内索赔式对于保险人进行财务核算和风险控制比较有利。

（六）赔偿限额

产品责任保险根据不同产品事故可能引起的赔偿责任大小，以及产品销售区域确定。可能发生较大赔偿责任的产品和销往实行绝对责任原则地区的产品，采取较高的责任限额。产品责任保险中通常规定两种责任限额，即每次事故限额和保单累计限额。每种限额下还分别规定了人身伤亡和财产损失的限额。超过保单规定的责任限额部分由被保险人自行承担。

（七）保险费率与保险费

影响产品责任保险费率厘定的因素主要有：产品特点和可能对人体或财产造成损害的风险大小；产品数量和产品价格；承保地区和范围；产品制造者的技术水平和质量管理情况；责任限额和免赔额的高低。

产品责任保险实行预收保费制，即在订立产品责任保险合同时，按投保的生产或销售的全部产品价值计收保险费，待保险期限结束后再根据被保险人在保险期限内实际生产或销售的产品或商品总值计算，实行多退少补。其保险保费计算公式为：

$$应收保险费 = 生产（销售）总值 \times 适用费率$$

（八）产品责任保险的风险控制

产品责任保险在承保前必须对产品的生产过程与性能、产品销售范围、产品返修率与事故率、被保险人的质量管理水平等进行保前调查。同时，保险人必须考虑自身对风险责任的控制能力。对于价值较高的产品如飞机等，由于责任重大，单靠一家保险人往往无法承保，需要通过再保险来分散承保人的风险。对责任保险的分保，一般采用成数分保、超赔分保等方式。

三、产品责任保险的赔偿处理

（一）保险责任的确认与追偿

保险事故发生后，未经保险人书面同意并确认保险责任的前提下，被保险人及其代表对索赔方不得作出任何承诺或拒绝、出价、约定、付款或赔偿，必要时由保险人以被保险人的名义接办对于任何诉讼的抗辩或索赔的处理。

保险事故发生后，保险人从维护自身利益出发，有权以被保险人的名义向任何导致保险责任的责任方通过追偿方式提出索赔要求。未经保险人书面同意，被保险人不得接受责任方对损失的赔偿安排或放弃对于责任方的索赔权利，并应在保险人赔偿之后履行权益转让的义务。

（二）保险事故范围的认定

保险人对于被保险人生产或出售的同一批次的产品或商品，由于同样原因造成多人的人身伤亡或财产损失，均被视为一次事故造成的损失，按照每次事故的责任限额予以赔偿。

(三) 重复保险的赔偿标准

如果保险事故发生后,被保险人持有对相同保险事故承担责任的其他保险人开立的保险单,即构成重复保险,那么保险人采取按比例分摊的方式承担赔偿责任。

第三节 公众责任保险

一、公众责任保险概述

(一) 公众责任与公众责任保险

公众责任是指致害人在公众场所由于疏忽或过失等侵权行为,致使他人的人身或财产受到损害,依法由致害人承担的经济赔偿责任。公众责任的构成,是以法律上负有责任为前提,各国的民法及各种有关的单行法规均是判断公众责任的法律依据。作为调整民事关系的基本法我国《民法通则》对于损害责任有相应的法律。

公众责任风险是普遍存在的,如商店、旅馆、展览馆、医院、影剧院、运动场、动物园等各种公共场所都有可能在生产、营业过程中发生意外事故,造成他人的人身伤害或财产损失。致害人就必须依法承担相应的民事赔偿责任。因此,分散和转嫁公众责任风险显得十分必要,这也是公众责任保险产生并得以迅速发展的基础。

公众责任保险,亦称普通责任保险或综合责任保险,它是责任保险中独立的、适用范围极其广泛的保险类别,主要承保企业、机关、团体、家庭、个人以及各种组织在固定场所从事生产、经营等活动,以及日常生活中由于疏忽或过失造成他人人身伤害或财产损失,依法应由被保险人承担的经济赔偿责任。尽管公众责任保险承保被保险人对他人的民事损害赔偿责任,但不同的投保人对公众责任保险有不同的要求,因此,保险人除了设计各种专门的公众责任保险单之外,通常在一张普通责任保险单中设计若干具体保险项目,供投保人选择,以满足不同投保人的不同需要。

(二) 公众责任保险的种类

公众责任保险的种类主要有:

1. 综合公众责任保险

它是一种综合性的责任保险,承保被保险人在任何地点、因疏忽或过失所造成的他人人身伤亡或财产损失而依法应负的经济赔偿责任,保险人承担的综合责任有以下几种:

（1）合同责任是指合同规定一方当事人承担某种情况下所引起的经济赔偿责任；

（2）产品责任是指被保险人通过贩卖或处理方式放弃货物的所有权之后，在被保险人处所之外的地方发生意外伤害事故而产生的经济赔偿责任；

（3）业主及工程承保人的预防责任是指工程进行期间或完工后由于工程的疏忽或缺陷而发生的意外事故所导致的经济赔偿责任；

（4）完工责任是指一项工程完工或放弃后在被保险人控制区域之外发生的意外事故导致的经济赔偿责任。

2. 场所责任保险

这是公众责任保险中业务量最大的险别，承保公共场所因存在结构上的缺陷或管理不善，或被保险人在场所内进行经营活动时因疏忽或过失发生意外事故造成他人人身伤害或财产损失的经济赔偿责任。该保险广泛适用于商店、旅馆、办公楼、动物园、展览馆、游乐场等各种公共娱乐场所及工厂等。

3. 承包人责任保险

适用于建筑、安装、修理工程等承保人，承保被保险人在进行合同项下的工程或其他作业时造成的对他人的民事损害赔偿责任，这个险种也可以通过建工险承保。

4. 承运人责任保险

承保承运人在进行客、货运输过程中可能产生的损害赔偿责任。

5. 个人责任保险

个人责任保险是为个人及其家庭提供的责任保险，具体承保的责任范围有：

（1）在被保险人所有、使用或支配的住宅内发生意外事故引起的对第三者损害赔偿责任；

（2）被保险人在承保地区范围内的日常生活中造成对第三者的民事损害赔偿责任，包括由于被保险人本人、家属或其他共同居住的家庭成员甚至其饲养的动物引起的民事损害赔偿责任，被保险人骑自行车或运动时引起的损害赔偿责任，但不包括被保险人所有、使用或照管的飞机、船舶、汽车等造成的损害事故。

6. 环境责任保险

环境责任保险是以被保险人在生产经营过程中，由于非故意的原因污染环境，造成第三者人身伤害、财产损失或环境破坏依法应承担赔偿责任为保险标的的保险。环境责任保险对解决环境污染纠纷、减轻企业负担、缓解社会矛盾具有积极作用。

2007年我国开始在部分地区开展环境污染责任保险试点，2013年保监会和环保部联合发文将试点范围扩大到全国。但从试点来看，环责险不断暴露出一系列问题：保险产品设计不合理、理赔机制不健全、保险公司服务不到位、企业参保意愿不高等。虽然我国近年连续出台政策，要求在环境高风险领域建立环境污染强制责任保险制度。但由于缺少强制实施的法律依据，我国环境责任保险的推进缓慢。

二、公众责任保险的承保

（一）保险责任

我国公众责任保险的保险责任包括：

（1）在保险有效期限内，被保险人在保单列明的地点范围内依法从事生产、经营等活动以及由于意外事故造成第三者人身伤亡或财产损失，依法应由被保险人承担的民事赔偿责任。

（2）因保险赔偿纠纷引起的应由被保险人支付的并经保险人书面同意的诉讼律师费用。

（3）发生保险责任事故后，被保险人为缩小或减少对第三者人身伤亡或财产损失的赔偿责任所支付必要的、合理的费用。

（二）责任免除

公众责任保险的责任免除可分为三类：一是绝对责任免除，即保险人不能承保的风险；二是公众责任保险不予承保但可在其他保险中承保的风险；三是经过加贴批单和增加保险费也能承保的相对免除责任。

我国的公众责任险保单的责任免除项目有：

（1）被保险人及其代表的故意或重大过失行为。

（2）战争、敌对行为、军事行为、武装冲突、罢工、骚乱、暴动、盗窃、抢劫。

（3）核反应、核子辐射和放射性污染。

（4）政府有关当局的没收、征用。

（5）罚款、罚金或惩罚性赔款。

（6）地震、雷击、暴雨、洪水、火山爆发、地下火、龙卷风、台风、暴风等自然灾害。

（7）烟熏、大气、土地、水污染及其他污染。

（8）未经有关监督管理部门验收或经验收不合格的固定场所或设备发生火灾爆炸事故造成第三者人身伤亡或财产损失的赔偿责任，保险人不负责赔偿。

（9）直接或间接由于计算机2000年问题引起的损失。

（10）属于其他险种承保的责任：

①被保险人或其代表、雇佣人员人身伤亡的赔偿责任，以及上述人员所有的或由其保管或控制的财产的损失；

②被保险人或其雇佣人员从事医师、律师、会计师、设计师、建筑师、美容师或其他专门职业所发生的赔偿责任；

③不洁、有害食物或饮料引起的食物中毒或传染性疾病,有缺陷的卫生装置,以及售出的商品、食物、饮料存在缺陷造成他人的损害;

④对于未载入本保险单而属于被保险人的或其所占有的或以其名义使用的任何牲畜、车辆、火车头、各类船只、飞机、电梯、升降机、自动梯、起重机、吊车或其他升降装置造成的损失;

⑤由于震动、移动或减弱支撑引起任何土地、财产、建筑物的损害责任;被保险人因改变、维修或装修建筑物造成第三者人身伤亡或财产损失的赔偿责任;

⑥锅炉爆炸、空中运行物体坠落;

⑦被保险人及第三者的停产、停业等造成的一切间接损失。

⑧被保险人根据协议应承担的责任,但应由被保险人承担的法律责任不在此列。

(三) 赔偿限额

公众责任保险的赔偿限额,由保险双方当事人在签订合同时根据可能发生的赔偿责任的大小协商确定,或保险人事先确定若干档次,由被保险人选定。我国对于公众责任保险各种可能发生的费用和赔偿金额共同计算,并受保单规定的责任限额的限制。公众责任保险的责任限额的确定采取每次事故责任限额和保单累计责任限额结合的方式。

(四) 保险费率的厘定与保险费计算

1. 保险费率的厘定

公众责任保险的保险人在厘定费率时,一般应考虑以下因素:

(1) 被保险人的业务性质、种类和产品等产生损害赔偿责任可能性的大小;

(2) 被保险人的风险类型;

(3) 责任限额与免赔额的高低;

(4) 承保区域范围的大小;

(5) 被保险人的经营管理水平与管理效果;

(6) 被保险人以往损失赔偿的记录。

2. 保险费的计算与退费处理

保险费率订立后,保险人在区分短期业务与一年期的业务的基础上,按赔偿责任限额选择适用的费率计算保险费。

(1) 累计赔偿责任限额的公众责任保险业务的保险费计算公式为:

$$应收保险费 = 累计责任限额 \times 适用费率$$

(2) 每次事故赔偿责任限额的公众责任保险业务的保险费计算公式为:

$$应收保险费 = 每次事故责任限额 \times 适用费率$$

(3) 场所责任保险业务的保险费计算公式为:

$$应收保险费 = 保险场所占用面积（平方米）\times 每平方米保险费$$

公众责任保险单生效后，可能由于多种原因发生退费事项。如果被保险人要求退保，对合同已生效的期间，保险人按短期费率表计收保险费后，将剩余部分退还被保险人。被保险人要求退保的退还保险费计算公式为：

$$应退保险费 = 全部应收保险费 - 已保月数（天数）/保险期限（月或天数）\times 责任限额 \times 短期费率$$

（五）风险的控制

为控制经营风险，责任保险通常规定免赔额。公众责任保险的免赔额以承保业务的风险大小为依据，并在保险单上注明。公众责任保险对人身伤害无免赔额规定，但对财产损失则规定每次事故的绝对免赔额，即无论受害人财产损失程度如何，免赔额以内的部分由被保险人自行承担。

此外，公众责任保险由于其责任重大，往往一家保险公司无法独立承保，这就需要通过再保险分散风险控制责任。对于大型公众场所的责任保险，承保人就需要采取再保险的方式分散风险。

三、公众责任保险的赔偿处理

（一）理赔程序

当发生保险责任范围内的事故或索赔时，被保险人或其代表应立即以书面形式通知保险人；当保险人接到被保险人的事故通知或索赔要求时，应及时处理索赔案，一般程序如下：

（1）保险人接到出险通知或索赔要求时，立即派员或委托公估人到现场查勘核实出险原因，造成第三者损害的详细情况，并协助现场施救，减轻损害程度；

（2）根据现场查勘，写出查勘报告，做为判定责任与计算赔款的依据；

（3）进行责任审核；

（4）在受害人提出诉讼时，根据事故情况选择对策，做好抗诉准备，必要时可以被保险人的名义或同被保险人一起出面抗诉；

（5）法院判决后，在保单规定的责任限额内根据裁决金额向第三者支付赔款。

（二）赔款计算

（1）以责任限额作为损害赔偿的最高限额，超过部分由被保险人自行承担；

（2）扣除绝对免赔额；

（3）对法律费用及经过保险人同意支付的其他合理费用，可根据保险合同的规定分别处理，如果规定上述费用另行计算，则总赔款不受责任限额的限制；如果规定上述费用一并列入赔偿金额计算，则总赔款不得超过责任限额；

（4）无论法律费用是否另行计算，只要被保险人承担的对第三者的赔偿金额超过了保险人的责任限额，就应按责任限额与赔偿金的比率分摊法律费用，分摊公式为：

保险人应摊费用 = 全部法律费用 × (保险责任限额/被保险人应付赔偿金额)

全部法律费用是指为处理该案所支付的诉讼费、抗辩费、律师费、取证费等；被保险人应付赔偿金额是被保险人作为致害人依法应赔偿受害人的全部赔款，包括受害者的财产损失、人身伤亡的医疗费、误工工资等；如果被保险人应付赔偿金额等于或小于保险人的赔偿金额，则由保险人承担全部法律费用。

（5）对第三者的财产损失按实际损失计算赔款，对第三者人身伤害的赔偿包括医疗费、医药费、误工工资、生活补助费、伤葬费、遗属抚恤金等；

（6）将紧急医疗费、为防止或减轻对他人的损害赔偿和向被保险人之外的责任人进行追偿所需支付的费用列入赔款中，但其总和不得超出保险单规定的责任限额；

（7）当构成重复保险时，保险人一般只承担按比例分摊的责任。

第四节 雇主责任保险

一、雇主责任与雇主责任保险

（一）雇主责任

雇主责任是指雇主对其雇员在受雇期间执行任务时，因发生意外事故或因职业病而造成伤残或死亡时依法应承担的经济赔偿责任。雇主责任成立的前提条件是雇主与雇员之间存在着直接的雇佣合同关系，这种合同关系均通过书面形式的劳动合同制来规定。

下列情况被视为雇主的过失或疏忽责任：

（1）雇主提供危险的工作地点、机器设备和工作程序；

（2）雇主提供的是不称职的管理人员；

（3）雇主本人直接的疏忽或过失行为，如对有害工种未提供合格的劳动保护用品等。

此外，许多国家的法律还规定雇主应承担无过失责任，即只要雇员在受雇期间受到伤害，除非雇员自己故意行为所致，均应由雇主承担赔偿责任。雇主的过失责任和无过失责任都可以通过雇主责任保险转嫁给保险人。

（二）雇主责任保险

雇主责任保险承保的是被保险人（雇主）的雇员在受雇期间从事职业工作时因遭受意外导致伤、残、死亡或患与职业有关的疾病而依法或根据雇佣合同应由被保险人承担的经济赔偿责任。

雇主责任保险是责任保险业务种类中最早兴起并最早成为法定保险业务的险种。自20世纪60年代以来，投保雇主责任保险已成为许多国家的雇主必须履行的法律义务。

雇主责任保险的法律依据，因各国法律制度的差异和立法完备程度的不同而存在区别。在立法完备的英、美等国家，民法、劳工法、雇主责任法同时并存。民法作为雇主责任保险的法律基础；劳工法是带有社会保险性质的劳工保险（强制性雇主责任保险）的法律依据；雇主责任法是商业性质的雇主责任保险的直接法律依据。在只有劳工法而没有雇主责任法的国家或地区，包括中国，雇主责任保险的法律依据就是劳工法及雇佣合同。在没有劳工法和雇主责任法的国家和地区，以民法作为法律基础，以雇佣合同作为法律依据，在这种情况下，保险人承担的实质上是一种合同责任。

二、雇主责任保险的承保

（一）承保过程

1. 风险调查

保险人在承保雇主责任保险时，应详细了解被保险人的情况，以便对承保的业务进行科学的风险评估。一般保险人应调查被保险人的业务性质、保险场所的地理环境及周围情况、雇员工种划分及技术熟练程度、工作场所的建筑结构及等级、安全设施及应急抢救措施或手段等内容。

2. 风险评估资料

风险评估是保险人承保业务的基础。保险人在正式签发雇主责任保险单时，必须获得以下与风险评估有关的资料：(1) 被保险人的全称及地址；(2) 雇员的人数、工种、月工资收入、年工资额；(3) 保险人承担责任的地域范围限制；(4) 责任限额；(5) 保险责任期限；(6) 投保人有无扩展责任。

通过风险评估资料的分析，保险人就可以签发雇主责任保险单，并加贴有关扩展责任的条款或批单（我国的雇主责任保险可以扩展承保附加医药费保险和附加第三者责任保险），雇主责任保险关系即告建立。

3. 防止逆选择

承保雇主责任保险时，通常要求按照全体正常在职雇员的名册统一投保，保险人不接受投保人对于雇员的选择性投保，以此防止逆选择的现象发生。

(二) 保险责任

雇主责任保险一般承担以下四项责任：

(1) 雇员在保险单列明的地点和保险期限内从事与其职业有关的工作时遭受意外而致伤、残、死亡，被保险人依据法律或雇佣合同应承担的经济赔偿责任；

(2) 因患有与业务有关的职业性疾病而致雇员人身伤残、死亡的经济赔偿责任；

(3) 被保险人依法应承担的雇员的医药费，此项医药费的支出以雇员遭受前述两项事故而致伤残为前提条件；

(4) 被保险人应支出的法律费用，包括抗辩费用、律师费用、取证费用及经法院判决应由被保险人代雇员支付的诉讼费用，但该项费用必须是用于处理保险责任范围内的索赔纠纷或诉讼案件时合理支出的法律费用。

(雇主责任保险一般经保险双方约定，可以附加承保公务员出国责任、雇员第三者责任保险、第三者责任保险、附加医药费保险等。)

(三) 责任免除

雇主责任保险的责任免除项目如下：

(1) 投保人、被保险人的故意行为、重大过失行为；
(2) 战争、敌对行动、军事行为、武装冲突、罢工、骚乱、暴动、恐怖活动；
(3) 核辐射、核爆炸、核污染及其他放射性污染；
(4) 雇员由于疾病（包括职业病）、分娩、流产以及因上述原因接受医疗救治；
(5) 雇员犯罪、自杀自残、斗殴，或因受酒精、毒品、药品影响造成自身人身伤亡；
(6) 地震及其次生灾害；
(7) 雇员无有效驾驶证驾驶机动车辆或无有效资格证书而使用各种专用机械、特种设备、特种车辆或类似设备装置，造成的自身人身伤亡；
(8) 被保险人对其承包商雇佣员工的责任。

(四) 保险期限

雇主责任保险的责任期限通常为一年，但也可以按雇佣合同的期限投保不足一年或一年以上的雇主责任保险。

(五) 责任限额

雇主责任保险的最高责任限额，由保险双方当事人在签订合同时确定并载入保险合同，它以雇员的工资收入为依据，一般保单上仅规定按雇员若干个月工资收入为责任限额，其计算公式为：

$$责任限额 = 雇员月平均工资收入 \times 规定月数$$

确定赔偿限额时应考虑以下因素：

（1）每个雇员的工种及月工资数；

（2）死亡赔偿限额与伤残赔偿限额，应为每个雇员若干个月的工资额之和。具体以多少个月工资额为宜，保险人一般规定若干档次（48个月、60个月、72个月等）由被保险人选择，也可以根据有关法律、法规及雇佣合同规定或由保险双方协商确定；一般而言，伤残责任限额应低于永久性伤残的责任限额；

（3）按公式计算出每个雇员单独的赔偿限额，作为赔偿的标准或直接依据。

（六）保险费率的厘定与保险费的计算

1. 保险费率的厘定

保险费率按不同行业和不同工种的雇员分别订立，此外还应考虑保险人承担的责任限额的高低，及是否有附加的扩展责任，如有扩展责任可按风险大小确定单独的费率或在雇主责任保险基本费率的基础上按一定比例增加费率。

2. 保险费的计算

雇主责任保险采用预收保险费制，保险费是按不同工种雇员的适用费率乘以该类雇员年度工资总额计算的，原则上规定在签发保险单时一次收清。

雇主责任保险的保险费的计算公式为：

$$应收保险费 = A 工种（年工资总额 \times 费率）+ B 工种（年工资总额 \times 费率）+ C \cdots +$$

$$年工资总额 = 该工种人数 \times 月平均工资 \times 12$$

如果有扩展责任，还应另行计算，一并相加，即为该笔保险业务的全额保险费收入。

由于雇主责任保险单所列的雇员资料在承保后经常会发生变更，如裁减或解雇或增员，增减雇员工资、撤换管理人员、更换机器设备等，因此在承保时保险人只能根据投保人的申报预收保险费，待保险期届满时再根据其实际人数及实际支付的工资总额进行调整，实行多退少补。

三、雇主责任保险的赔偿

保险人在处理雇主责任保险的索赔时，必须首先确定受害人与致害人之间是否存在雇佣关系，并有权自行处理由其承担最终赔偿责任的任何索赔案件。其次被保险人（雇主）有义务提供各种单证及有关资料，并协助保险人处理索赔事故。被保险人收到受伤害雇员或其代理人的损害赔偿请求时，应立即通知保险人。未经保险人书面同意，被保险人对该雇员或其代理人作出的任何承诺、拒绝、出价、约定、付款或赔偿，保险人不受其约束。对于被保险人自行承诺或支付的赔偿金额，保险人有权重新核定，不属于保险责任范围或超出应赔偿限额的，保险人不承担赔偿责任。

雇主责任保险通常规定一定的索赔时效期，我国雇主责任保险条款规定被保险人向保险人请求赔偿保险金的诉讼时效期间为两年，自其知道或者应当知道保险事故发生之日起计算。被保险人应在规定的索赔期内向保险人提出正式索赔，超过索赔时效期，视作被保险人自动放弃索赔权益。

经过合法的索赔程序，保险人在责任审核的基础上，按责任限额计算赔款。如果有多项赔偿责任，保险人应根据多项赔款限额或赔偿额度统一计算，支付赔款。

第五节 职业责任保险

一、职业责任与职业责任风险

职业责任是指从事各种专业技术工作的单位或个人在履行自己的职责过程中，因疏忽或过失行为而对于他人造成的损失或伤害而产生的经济赔偿责任。

职业责任风险是指从事各种专业技术工作的单位或个人可能因工作上的失误导致的民事损害赔偿责任风险，它是职业责任保险的承保对象，也是职业责任保险存在和发展的基础。职业责任风险不仅与人为因素有关，同时也与技术水平、知识水平及原材料等的欠缺有关，它与自然灾害等风险一样，具有存在的客观性和发生的偶然性；它属于技术性较强的专业工作者在从事本职工作中出现的责任事故。由于现代科学技术发展的局限性和人类知识和经验的局限性，人们在从事专业技术工作中，职业责任事故是不可能完全避免的。人们对于职业责任风险除了采取各种预防措施，积极地防范并加强工作责任心外，还应该通过职业责任保险转嫁、分散和控制风险、减少各种由于职业责任所产生的矛盾和纠纷。在发达的保险市场上，职业责任保险已涵盖了医师、药剂师、美容师、律师、会计师、公证人、建筑师、工程师、保险经纪人和代理人、公司董事及高级职员等数十种不同的行业。

二、职业责任保险及其种类

职业责任保险承保各种专业技术人员因工作上的疏忽或过失造成他人的人身伤害或财产损失的经济赔偿责任。由于职业责任具有很强的连续性和继承性，职业责任保险承保的职业疏忽和过失不仅仅针对保险合同有效期间的专业技术人员，还包括这些专业技术人员的前任以及这些前任的前任所发生的职业疏忽或过失，对于专业技术人员职业责任的上溯期限通过保险合同加以明确。

职业责任保险按不同的标准有以下分类：

（一）按投保人的主体性质划分

按投保人的主体性质划分，职业责任保险可以划分为普通职业责任保险和个人职业责任保险。前者的投保人是法人，以投保团体的集体职业行为为保障对象；后者的投保人为自然人，以投保人个人的职业行为为保障对象。

（二）按被保险人从事的职业划分

按被保险人从事的职业，职业责任保险可以划分为医疗责任保险、律师责任保险、会计师责任保险、建筑师责任保险、设计师责任保险、教师责任保险、经纪人责任保险、代理人责任保险等众多业务种类。

（三）按照保险人的承保方式划分

按照保险人的承保方式，职业责任保险可以划分为以索赔为基础的职业责任保险和以事故发生为基础的职业责任保险。

三、职业责任保险的承保

（一）承保程序

职业责任保险一般由提供专业技术服务的单位投保，投保人在投保时应如实填写投保单所涉及的具体内容，如职业性质、从业人数、技术或设备情况、主要风险及损失记录和投保要求等项目。保险人在接到投保申请书后，应认真核实，并向投保人询问需要了解的问题，在仔细权衡风险的基础上慎重承保。在决定承保后，再与被保险人协商承保方式、确定承保条件，并在保险单上加批注，作为保险当事人双方履行保险合同的依据。

（二）保险责任

由于职业责任风险千差万别，不可能像产品责任保险那样设计统一的或综合的保险条款及保险单格式，也不可能规定统一的责任范围，需要根据不同种类的职业责任设计专门的条款和保险单。但由于职业责任保险承保的内容是职业责任风险，因而在保险责任的范围上又有许多共性的规定。

（1）保险单承担的被保险人的职业责任风险必须与保险单列明的职业存在直接关系，不负责与该职业无关的原因及其他非职业行为所形成的赔偿责任；

（2）保险单承担的被保险人的职业责任风险，不仅包括被保险人及其雇员，还包括被保险人的前任，及其雇员的前任在从事规定的业务中由于疏忽或过失行为所导致的职业赔偿责任；

（3）保险人承担的赔偿责任包括被保险人对合同对方或其他人的财产损失及人身伤害依法应付的赔偿金，以及经保险人同意或在保险单列明的有关诉讼费用的补偿。

（三）责任免除

职业责任保险的责任免除项目一般包括：
（1）被保险人的故意行为所引起的任何索赔；
（2）因职业文件或技术档案灭失或损失引起的任何索赔；
（3）被保险人在投保时或保险有效期内不如实向保险人报告应报告的情况而引起的任何索赔；
（4）因被保险人隐瞒或欺诈行为而引起的任何索赔；
（5）被保险人被指控有对他人诽谤或恶意中伤行为而引起的索赔；
（6）职业责任事故造成的间接损失或费用。

此外，职业责任保险一般不予承保，但经过特别约定也可以承保的责任包括：

第一，因文件灭失或损毁引起的任何索赔，经特别约定并加收费用后可以扩展承保；第二，被保险人被指控对他人诽谤或恶意中伤行为引起的索赔，也可以作为特别职业责任扩展承保。

（四）保险期限

职业责任保险的保险期限通常为一年，按照保险期限发生内容的不同有两种承保方式：

1. 以保险期限内索赔为基础的承保方式

以索赔为基础的承保方式是指保险人仅对在保险有效期内提出的索赔负责，而不管导致索赔的职业责任事故是否发生在该保险有效期内。由于从职业责任事故的产生到受害方提出索赔，可能要间隔一段很长的时间，因此保险人承担的风险责任较大。为了便于控制风险责任，各国普遍采用限制条款规定责任追溯期[①]，保险人仅对追溯期开始后发生的责任事故并在保险单有效期内提出的索赔负责。如保险期限为2015年1月1日~2015年12月31日，追溯日期订为2013年1月1日，则只有在2013年1月1日起由于被保险人及其雇员或者其前任的职业疏忽或过失行为导致的责任事故并在2015年内提出的索赔，保险人才予负责。对2013年以前发生的责任事故，保险人概不负责。期内索赔的承保方式，有利于保险人准确把握该保险单项下应支付的赔款，即使当期赔款额不能确定，但也可以了解索赔情况，进而对应承保的风险做出比较切合

---

① 追溯期：是指保险期间开始前与保险期间相连续的一段时期，在这段时期内发生事故，受害人或其代理人在保险期间内首次向被保险人提出索赔，保险人按保险合同约定承担赔偿责任。如果这种事故发生在追溯期之前，保险人不承担赔偿责任。追溯期一般不超过两年。

实际的估价。

2. 以保险期限内的保险事故发生为基础的承保方式

保险人仅对在保险有效期内发生的职业责任事故而引起的损失负责,而不管索赔是否在保险有效期内提出。采用这种承保方式的优点是保险人支付的赔款与其保险期限内实际承担的风险责任相适应,其缺点是保险人在该保险单项下承担的赔偿责任,往往要拖很长时间才能确定,而且因为货币贬值等因素,最终索赔的数额可能大大超过职业责任事故发生时的水平,在这种情况下,如果索赔数额超过保险单规定的责任限额,超过部分应由被保险人自行承担。由于以保险事故发生为基础的承保方式要经过较长的时间才能确定赔偿责任,因此国外又称其为长尾巴业务。此种方式在实践中很少使用。

(五)保险费率

职业责任保险需要根据不同职业的特点及风险状况,制订出标准不一的费率,厘定费率时应考虑以下因素:

(1)被保险人及其雇员的职业种类;
(2)被保险人的工作场所;
(3)被保险人工作单位性质,指商业性与非商业性以及国有、集体、股份和合资形式;
(4)业务数量;
(5)被保险人及其雇员的专业技术水平;
(6)被保险人及其雇员的工作责任心和敬业品质;
(7)被保险人职业责任事故的历史统计资料及索赔、处理情况;
(8)赔偿限额与免赔额。

四、职业责任保险的赔偿处理

与其他责任保险一样,保险人承担的赔偿责任包括赔偿金和法律费用两项。职业责任保险的保单一般只规定累计赔偿限额,而不规定每次事故的赔偿限额;但也有只规定每次事故的赔偿限额而不规定累计赔偿限额的,不像其他责任保险业务那样同时规定保单累计赔偿限额和每次事故的责任限额。法律诉讼费用一般在赔偿限额以外赔付,但如果最终的赔偿金额超过了赔偿限额,保险人只能按比例分担法律费用。

本 章 小 结

责任保险是以被保险人的民事损害赔偿责任为保险标的的保险。责任保险具有以下特征：完善的法律制度是责任保险存在与发展的基础；偿付的"替代性"与"保障性"是责任保险建立的前提条件；赔偿限额方式是责任保险运作的计算依据。

责任保险的保险事故的成立必须具备两个条件：损害事实或违约事实的存在；受害人（第三者）向致害人（被保险人）提出索赔要求。

保险人在责任保险单项下承担的赔偿责任包括两项：依照有关法律规定，被保险人对造成他人财产损失或人身伤亡应承担的经济赔偿责任；因赔偿纠纷引起的应由被保险人支付的诉讼、律师费用以及其他事先经保险人同意支付的费用。

责任保险承保的是被保险人的民事损害赔偿责任，而非有固定价值的标的，因此不论何种责任保险，均无保险金额的规定，而是确定赔偿限额作为保险人承担赔偿责任的最高额度。责任保险中通常规定两种赔偿限额，即事故赔偿限额与累积赔偿限额。

按承保方式划分可将责任保险分为：承保独立责任的责任保险与作为附加险承保的责任保险。

承保独立责任的责任保险又分为产品责任保险、公众责任保险、雇主责任保险与职业责任保险。产品责任保险是以产品的制造商、修理商和销售商等的产品责任为承保风险的一种责任保险。公众责任保险主要承保企业、机关、团体、家庭、个人以及各种组织在固定场所从事生产、经营等活动，以及日常生活中由于疏忽或过失造成他人人身伤害或财产损失，依法应由被保险人承担的经济赔偿责任的保险。雇主责任保险承保被保险人（雇主）的雇员在受雇期间从事职业工作时因遭受意外导致伤、残、死亡或患与职业有关的疾病而依法或根据雇佣合同应由被保险人承担的经济赔偿责任。职业责任保险承保各种专业技术人员因工作上的疏忽或过失造成他人的人身伤害或财产损失的经济赔偿责任。

复习思考题

1. 责任保险有哪些特征？
2. 简述责任保险与法律的关系。
3. 责任保险如何分类？

第九章

保证业务与信用保险

第一节 保证业务与信用保险概述

一、保证业务与信用保险的含义与法律特征

(一) 保证业务的含义及其法律特征

1. 保证业务的含义

保证是一种由第三者提供的担保行为。保险公司经营的保证业务则是由保险人以保证人的身份为被保证人向权利人提供的信用担保行为。如果由于被保证人的行为导致权利人遭受经济损失时,在被保证人不能补偿权利人经济损失的情况下,由保证人代替被保证人赔偿权利人的经济损失,并拥有向被保证人进行追偿的权利。所以,保险公司开办的保证业务不能简单地称之为保险业务,保险人履行担保义务的前提条件必须是被保证人无法补偿权利人遭受的经济损失,并非以被保证人对于权利人造成经济损失的行为为前提。

2. 保证业务的法律特征

(1) 保证业务是保证人对于被保证人提供的担保行为。保证人应是法律允许从事保证业务的各类法人,并不限于保险公司。开办保证业务的保险公司和可以从事担保业务的其他商业机构一样,在担保行为中处于保证人的地位,被保证人是合同的一方,可以是法人,也可以是自然人。保证业务的权利人是保证合同所保障的人,亦是对于与被保证人所合作的行为具有合同利益的一方当事人。当被保证人违约或不忠诚而使权利人遭受经济损失时,权利人可以凭保证人开具的保证函要求保证人给予经济补偿。

(2) 保证合同是保证人对权利人的附属性书面承诺文件。这种承诺文件表达了如

下意思：在权利人与被保证人签署的合同或协议所规定的履行条件已经具备，而被保证人拒不履行合同义务的条件下，保证人才履行赔偿责任。所以，保证人所承诺的责任通常属于"第二性"责任，只有被保证人违反对于权利人承诺的义务时，作为从属于被保证人和权利人签署的合同或协议之外的保证合同才能正常履行。

（3）保证业务所产生的赔偿必须由被保证人予以偿还。在保证业务中，被保证人对于保证人发生的任何向权利人支付的任何赔偿，具有不可推卸的偿还义务。保证人为了保障其对权利人支付的任何赔偿能够获得被保证人的偿还，通常要求被保证人申请担保时提供反担保，使保证人因提供担保而遭受的经济损失能够得到补偿。

（二）信用保险的含义

信用保险是保险人根据权利人的要求担保被保证人信用的行为。如果由于被保证人的作为或不作为导致权利人遭受经济损失时，保险人必须按照保险合同的规定赔偿权利人的损失，然后获得向被保证人代位追偿的权利。所以，信用保险履行保险合同的前提条件是权利人由于被保证人的违约行为而遭受的经济损失，除非权利人主动放弃对被保证人的追偿，保险人不论对被保证人行使代位追偿的结果如何，都必须首先履行对于权利人经济损失的赔偿。

（三）保证业务与信用保险的联系与区别

1. 保证业务与信用保险的联系

（1）保证业务与信用保险的标的具有一致性。保证业务与信用保险担保或承保的标的都是信用风险，信用保险承保的是被保险人交易伙伴的信用风险，而保证业务担保的是被保证人本身的信用风险。

（2）保证业务与信用保险的经营基础具有一致性。保证业务与信用保险在业务经营过程中都必须依靠信息奠定经营基础。保证业务中，保证人是否受理担保申请，完全取决于对于被保证人的资信、财力及以往履约状况等信用资料的获得与核实；信用保险决定保险费率的依据不是以往的损失概率和大数法则，而是有关被保险人交易伙伴的信用资料，如财务状况、经营现状、经营历史及所在国家的政治与经济环境等。

2. 保证业务与信用保险的区别

（1）保证业务与信用保险概念不同。保证业务的合同当事人为被保证人，信用保险的合同当事人为权利人（被保险人）；保证业务的履约前提条件是被保证人不能正常赔偿权利人所遭受的合同规定的损失，信用保险的履约前提条件是权利人（被保险人）遭受了合同规定的实际损失。

（2）保证业务与信用保险性质不同。保证业务的性质属于担保行为，保证业务中被保证人所交付费用是一种担保手续费，是被保证人使用保证公司的名义所付出的一种报酬；而信用保险的性质属于保险，信用保险业务中被保险人所付出的费用是一种保险费，是被保险人将被保证人的信用风险转移给保险人所支付的价金。

（3）保证业务与信用保险的追偿方式不同。保证业务中，一旦发生保证人对于权利人的赔偿，保证人可以直接向被保证人或其提供的反担保人进行追偿；信用保险中，保险人赔偿被保险人的损失后，只能获得向被保证人追偿的权利，不能向被保险人索赔或追偿。

（4）保证业务与信用保险风险程度不同。保证业务中，保证人承担的风险来自被保证人自身的信用风险，但由于被保证人要提供反担保，保证人实际上承担的风险相对较小；信用保险中，保险人承担的风险来自保险人和被保险人都不能控制的交易对方的信用风险，保险人实际承担的风险相对较大。

（5）保证业务与信用保险业务职能不同。在买卖合同中，卖方向保险公司投保万一买方不付货款的风险，从而获得的是保险人同意承担风险的合同文件——保险单；反之，如果卖方应买方的要求向保险公司担保自己不履行合同的风险，获得的是保险人同意担保的证明文件——保证函。所以，保证业务与信用保险是不能相互代替的。

二、保证业务与保险业务的区别

（一）保证业务与保险业务的履约前提不同

正如保证业务和信用保险业务的区别一样，保证业务履约的前提必须是被保证人无力承担对于权利人所造成的利益损失，只要被保证人有能力承担对于权利人所造成的利益损失，即使这种担保事件属于保险人担保的范畴，保险人也不承担任何责任。而保险业务履约的前提是只要发生保险责任范围内的损失，无论被保险人是否有能力承担这种损失，保险人都必须按照保险合同履行赔偿责任，不能以被保险人有能力承担损失为由拒绝承担赔偿责任。

（二）保证业务与保险业务的业务范围不同

保证业务是对于被保证人的社会行为提供的信用担保，由于个人或社会组织的社会行为的复杂和多变的特点，使得保证人必须准备承担被保证人对于权利人制造的道德风险或投机风险所形成的责任。而保险业务是保险人对于投保人的可保标的提供的转嫁风险的服务。这种可以转嫁的风险范围被严格限制，对于被保险人的道德风险、投机风险或故意行为均在保险合同条款中列入责任免除项目。

（三）保证业务与保险业务的赔偿要求不同

保证业务的担保事件发生后，被保证人对于保证人为其支付给权利人的任何补偿都必须承诺偿还的义务，即保证人并不因为被保证人支付了保证费，而放弃向被保证人追偿的权利。保险合同规定的保险事故发生后，保险人向被保险人履行经济赔偿责任后，除了可以对造成保险事故的第三者进行追偿外，不得以任何借口和理由要求被保险人偿还保险人所付出的任何经济赔偿。

（四）保证业务与保险业务的对价标准不同

保证业务的保证人并不相信担保行为所导致的经济赔偿责任一定会发生，否则保证人就不会为被保证人提供担保。但是，保证业务中的保证人为了自己的业务安全，除了向被保证人收取占担保金额一定比例的担保费用，还要求被保证人通过财产抵押或第三者担保等方式提供反担保。保险业务中的保险人根据大数法则预测保险标的可能发生的损失情况，除了按照保险标的损失率和保险经营的需要计算的保险费率向投保人收取保险费之外，不得以任何方式要求投保人提供任何形式的担保或反担保。

（五）保证业务与保险业务客户的动机不同

在保证业务中，保证人往往在社会具有相当的影响力和知名度，保证人实际上是在利用自己的社会声誉和经济实力为被保证人提供担保。假如一个没有良好社会声誉和一定经济实力的经济组织或个人为他人提供担保，权利人会因为缺乏对于保证人的信任而放弃和被保证人的合作。因此，被保证人在保证业务中的动机是期望通过保证人的社会影响和经济实力提高自己的资信度，从而取得和权利人合作的机会。在保险业务中，投保人是通过转嫁风险的形式获得保障，其动机是通过商品交换过程，将可能面临的风险转嫁给保险人。

三、信用保险和其他财产保险业务的区别

（一）信用保险的保险标的具有特殊性

一般来说，财产保险业务中的保险标的是保险保障的客体，或者是保障被保险人的财产，或者是保障被保险人的利益。而这种财产或利益的损失或者是被保险人财产或利益的直接损失，或者是被保险人的行为所造成的利益损失。信用保险的保险标的则是保障第三者的行为对于被保险人造成的经济利益的破坏。被保险人作为权利人，通过支付保险费的方式，将被保证人的信用作为保险标的要求保险人予以保险，由于被保证人的信用风险造成权利人的经济损失时，保险人予以赔偿。

（二）信用保险以代位追偿原则为赔偿的基础

代位追偿是财产保险业务中的一项重要原则，这项原则的前提是保险标的的损失

必须由第三者所造成的。如果保险标的的损失与第三者无关，保险人不能获得代位追偿权。但在信用保险业务中，被保险人的任何损失都与指定的第三者（被保证人）存在直接或间接的关系。因此，只要是被保险人（权利人）提出索赔要求，保险人必须以获得向被保证人代位追偿的权利为履行赔偿义务的先决条件。如果保险人不能获得代位追偿权，保险人对于信用保险业务的索赔不承担任何责任。

（三）信用保险业务中的第三者及其行为必须事先列明

普通财产保险业务所发生的代位追偿事件，第三者及其行为往往不能事先确定。如果在损失事件发生前就可以确定第三者及其行为，那么这项业务蕴含着很大的道德风险，保险人可以有理由判断被保险人与第三者存在勾结诈骗的可能。信用保险业务中，保险人必须在保险单列明第三者，限定保险人承担的第三者可能造成被保险人利益损失的行为。如果被保险人由于信用风险所导致的损失向保险人提出索赔时，造成损失的第三者不是保险合同列明的，或者第三者对于被保险人所造成的损失不是保险合同所列明的行为，保险人有权拒绝被保险人的索赔。

四、保证业务与信用保险的发展

（一）保证业务起源与发展

保证保险首先出现于 18 世纪末 19 世纪初，它是随商业信用的发展而出现的。1852~1853 年，英国几家保险公司试图开办合同担保业务，但因缺乏足够的资本没有成功。最早产生的保证保险是由一些个人、商行或银行办理的，18 世纪末与 19 世纪初出现诚实保证保险，1901 年，美国马里兰州的诚实存款公司首次在英国提供合同担保，英国几家公司相继开办此项业务，并逐渐推向了欧洲市场。1914 年诚实存款公司从欧洲撤回，几家英国的保险公司开辟了欧洲合同担保业务市场。然而，保证保险作为一种保险业务，特别是发展到像目前这样一种专门的保险业务体系，时间并不长。最早办理保证保险业务的是美国，西欧稍晚。

近年来，我国为了适应经济发展的需要，也开办了一些保证保险业务，主要有产品质量保证保险、企业小额贷款保证保险、雇员忠诚保险等。

保证保险是随着商业道德危险的频繁发生而发展起来的。保证保险的出现，是保险传统的经济补偿功能向现代的资金融通功能的扩展，对拉动消费、促进经济增长发挥了积极的作用。

（二）信用保险的产生与发展

尽管信用保险的产生历史并不悠久，但几乎没有哪一种财产保险业务的发展比信用保险的发展更历经坎坷。在各种信用发展最早的欧洲，开始是由一些银行和商人来承担信用风险的。1850年法国的一些保险公司开始经营商业信用保险，但不久便遭到失败。1893年成立的专门经营商业信用保险的美国信用保险公司则获得成功。1893年英国的全英地方受托资产公司开始承保澳大利亚的贸易风险，随后，商业联盟保险公司也开始担保贸易风险，但在1903年又把有关业务出让给了额外保险公司，额外保险公司因而一跃成为当时保险业中屈指可数的大公司之一。1911年英国海上事故保证公司也办理了顾客营业额的定期信托保险。1918年，英国贸易保障公司在政府授意下，接受了额外保险公司原先从事的信托风险承保业务。但这些公司对于贸易中的政治风险却从不敢染指。1919年，鉴于东方和中欧诸国的政治局势险恶，英国政府被迫出面对这些国家的贸易实行担保，并专门成立了出口信用担保局（Export Credit Guarantee Department，ECGD），创立了一套完整的信用保险制度，成为以后各国争相效仿的样板。

第一次世界大战后，信用保险得到了迅速发展，欧美等国出现了众多的商业信用保险公司，一些私人保险公司联合组成了专门承保出口信用保险的机构。1929～1933年，世界性的经济危机爆发，经济危机的同时造成了空前的信用危机，各国的信用保险业务受到了致命的冲击，导致了大批经营商业信用的保险公司破产，只有少数经营作风好、实力雄厚的保险公司幸存下来。但经过此次冲击，信用保险制度更加完善。许多西方国家效仿英国的经验，先后成立了专门的国营机构来经营出口信用保险。1934年英国、法国、意大利和西班牙的私营和国营信用保险机构成立了国际信用和投资保险人联合会，简称"伯尔尼联盟"（Berne Union）。其目的在于交流出口信用保险承保技术、支付情况和信息，并在追偿方面开展合作。

此后，各国的信用保险业务虽又屡屡受到经济动荡的冲击，但都逐步稳定地发展起来，至今世界上的许多国家都已形成了完善的信用保险制度和固定的信用保险机构。

我国信用保险的发展始于20世纪80年代初期。1983年初，中国人民保险公司上海市分公司与中国银行上海分行达成协议，试办了我国第一笔中、长期出口信用保险业务；1986年试办了短期出口信用保险。1988年国务院正式决定由中国人民保险公司试办出口信用保险业务，人保公司设立了信用保险部办理此项业务。1994年，新成立的中国进出口银行也经办各种出口信用保险业务。2001年12月18日中国出口信用保险公司成立，这是我国唯一专门经营出口信用保险业务的政策性保险公司。2016年1月11日，我国首家专业信用保证保险公司——阳光渝融信用保证保险股份有限公司在重庆成立，这是国内迄今为止唯一按照市场化运营的专业信用保证保险公司。该公司是基于大数据和互联网的平台型专业信用保证保险公司，对丰富我国保险市场经营主体，完善保险市场体系具有重要意义。

第二节 保证业务的基本类型

一、产品质量保证

（一）产品质量保证的含义

产品质量保证是由保证人担保被保证人因其制造或销售的产品质量存在缺陷而造成产品本身损坏对于权利人所造成的利益损失。由于产品质量保证担保的是被保证人产品的质量，因此权利人由于产品质量所遭受的利益损失仅限于权利人由于产品质量存在缺陷所丧失的对于产品应该据有的价值和使用价值。所以，产品质量保证业务的保证人只是担保产品质量符合行业标准，并不担保由于产品质量问题可能引起的非产品本身之外的其他损失。当然，如果被保证人有特殊需要，可以请求保证人担保由于产品质量问题可能引起的产品本身之外的间接损失。

（二）产品质量保证业务的基本内容

1. 担保项目

产品质量保证业务所直接担保的项目是：由于产品质量存在内在缺陷而造成的产品本身使用价值的破坏和价值的减少。

2. 扩展担保项目

产品质量保证业务可以扩展担保的项目是：由于产品质量存在内在缺陷而造成的产品本身使用价值的破坏和价值的减少，使权利人无法获得产品的正常使用权利而产生的间接损失。

3. 担保金额、担保期限、担保金

担保金额是产品质量保证业务的双方当事人根据担保标的的销售金额确定的。

担保期限是根据不同产品的性能、用途和国家产品质量监督部门规定的正常使用时间来确定的，也可以在规定的正常使用时间之内选择一段时间作为产品质量保证的担保期限。

担保金是保证人按照担保金额的一定比例收取的担保费用，是被保证人对于借助保证人的社会影响和经济实力提高自己产品的知名度而付出的代价。所以，担保金既取决于担保金额，也取决于保证人的社会影响力和经济实力，还取决于保证业务市场的习惯做法，没有规范的计算方法。

4. 担保行为的实施

在担保期限内，如果担保合同所规定的担保责任形成后，被保证人必须首先补偿权利人拥有的产品的损失，在被保证人无力或暂时不能赔偿权利人损失的情况下，由保证人向权利人进行赔偿，保障权利人的利益。在保证人补偿权利人的利益损失后，保险人仍然可以保留向被保证人进行追偿的权利。

（三）产品质量保证与产品责任保险的区别

1. 产品质量保证与产品责任保险的标的不同

产品质量保证的标的是产品质量，即保证人向权利人担保被保证人的产品质量符合国家规定的质量标准，并且承诺由于产品质量问题造成权利人所拥有的产品使用价值和价值的损失时，代被保证人承担赔偿责任。产品责任保险的标的是产品责任，即保险人对于承保的产品发生保险合同规定的责任事故造成产品使用者的人身伤害或财产损失时，代被保险人向使用者履行经济赔偿责任。

2. 产品质量保证与产品责任保险的风险不同

产品质量保证的风险是产品质量违约责任，他是指合同当事人因提供的产品发生质量事故时，依法应承担的产品本身损失的经济赔偿责任。产品责任保险的风险是产品责任，它指产品在使用过程中由于其缺陷造成用户、消费者或公众的人身伤害或财产损失时，依法应由产品制造商、销售商或修理商等承担的民事损害赔偿责任。

3. 产品质量保证与产品责任保险的险种性质不同

产品质量保证是保证人针对产品质量违约提供的带有担保性质的保证业务；而产品责任保险是保险人针对产品责任提供的代替有责任的一方承担产品事故造成的对受害方的经济赔偿责任，属于责任保险的范畴。

4. 产品质量保证与产品责任保险的责任不同

产品责任保险承保的责任范围包括：由于被保险人生产或销售的产品发生事故造成用户、消费者或其他人的人身伤害或财产损失，依法应由被保险人承担的赔偿责任，以及被保险人为此所支付的诉讼费用和其他经保险人同意的费用；产品质量保证业务担保的是产品责任保险单下不予承保的被保险人制造或销售的产品所产生的质量违约责任，具体包括以下内容：

（1）赔偿用户更换或修理不合格或有质量缺陷的产品的损失和费用；

（2）赔偿用户因产品质量不符合使用标准而丧失使用的损失及由此引起的额外费用；

（3）生产商或销售商根据法院判决或有关当局的命令收回、更换或修理已投放市场的质量有严重缺陷产品造成用户的损失费用。

二、诚实保证

（一）诚实保证的特征

诚实保证，亦称雇员忠诚保证，是因被保证人（雇员）行为不诚实而使权利人（雇主）遭受损失时，由保证人（保险人）承担赔偿责任的一种保证保险。诚实保证以雇员的诚实信用为保险标的，承保雇员由于盗窃、欺诈、伪造、隐匿、违背职守等不诚实行为给雇主造成的损失。

诚实保证有以下特征：

(1) 诚实保证合同涉及雇主和雇员的关系，而确实保证保险则不涉及。

(2) 诚实保证保险承保的风险只限于雇员的不诚实行为。

(3) 诚实保证保险即可有由权利人（雇主）投保，也可以由被保证人（雇员）投保。

（二）诚实保证的种类

1. 指名保证保险

指名保证保险是以特定的雇员为被保证人，在雇主遭受因被保证人的不诚实行为而造成的损失时，由保证人承担赔偿责任。指名保证保险又分为个人保证和表定保证两种。

(1) 个人保证保险。是以某一个特定的雇员为被保证人，当该雇员单独或与他人合谋造成雇主损失时，由保证人承担赔偿责任。个人保证只承保特定的个人，费用通常由被保证的雇员支付。

(2) 表定保证保险，是同一保证合同中承保两个以上的雇员，每个人都有自己的保证金额的保证保险。此种保证保险的承保人数可以随即增减，只是必须在规定的表内列出被保证人的姓名及其各自的保证金额。这种保证保险实际上是将多个个人保证合同合并为一个合同，因此又称为团体保证，或指名表定保证。

2. 职位保证保险

职位保证保险是在保证合同中不列举各被保证人的姓名及保险金额，只列举各级职位名称、每一职位人数及保证金额的保险。职位保证又分为以下两种：

(1) 单一职位保证保险。是同一保证合同承保某一职位的若干被保证人，无论任何人承担此职位均有效的保险。

(2) 职位表定保证保险。是同一保险合同中承保几个不同的职位，每一职位都规定有各自保证金额的保险。

3. 总括保证保险

（1）总括保证保险的特点。总括保证是以雇主所有的正式雇员为保证对象的保险。其主要特点是：合同不载名每一雇员的姓名、职位名称及保证金额，只要确认损失系雇员的不诚实行为所致，无须证明损失是由何人或何种职位所致，保险人即承担赔偿责任。

总括保证保险有以下优点：

第一，无须为决定哪一职位或哪一个人需要保证而烦恼；第二，自动承保任何新进的雇员，无须告知保险人，也无须在当年增加保费；第三，在个人保证保险和职位保证保险下，雇主获得赔偿前，通常必须证明由何人或何职位所致，而在总括保证保险下，只要确认损失系雇员的不诚实行为所致，即可获得保险人的赔偿。

（2）总括保证保险的种类。①普通总括保证保险。是对单位全体雇员不指出姓名和职位的保证保险。保险费按年计算，在交费后一年内如雇员人数增加，除企业合并外，不另加保费。只要认定损失是由雇员的不诚实行为所致，保险人即承担赔偿责任。根据确定赔偿限额的方法不同，又将普通总括保证分为商业总括保证保险和职位总括保证保险两种。商业总括保证保险只规定每一损失的赔偿限额，而职位总括保证保险则是规定每次事故每人的赔偿限额。②特别总括保证保险。是以各种金融机构的雇员由于不诚实行为造成雇主的损失而由保险人承担赔偿责任的保险。

4. 伪造保证保险

伪造保证保险承保因伪造或篡改背书、签名、收款人姓名、金额等造成的损失的保证保险。伪造保证保险又分为两种形式：

（1）存户伪造保证保险。承保被保证人或被保证人往来的银行因他人以被保险人的名义伪造或篡改支票、汇票、存单及其他凭单票据等所致损失的保险。此处的承保票据仅指支付票据。

（2）家庭伪造保证保险。承保个人在收支款项时因他人伪造所致的损失。其承保票据包括支付票据、收入票据及收入伪钞。

5. 三D保单

三D保单是指不诚实（Dishonest）、损毁（Destruction）及失踪（Disappearance）的综合保单，简称三D保单。这里的不诚实是指雇员的故意行为对于雇主的利益、企业形象所造成的损失；损毁是指雇员的故意行为对于雇主的财产造成的经济利益损失；失踪是指包括雇员未到合同规定的服务期在内的擅自离职行为对雇主的经济利益所造成的损失。它包括诚实保证和盗窃保险在内，承保企业因他人的不诚实、盗窃、失踪、伪造或篡改票据遭受的各种损失。其内容包括五部分：

（1）雇员不诚实保证保险；

（2）屋内财产的盗窃保险；

（3）屋外财产的盗窃保险；

(4) 保管箱盗窃保险；

(5) 存户伪造保险。

以上五项被保险人可选择投保部分或全部。在此基础上还可以附加承保下列危险：收入票据的伪造；货物被盗窃；发放的薪金被盗；限额盗窃保险所承保的风险；伪造仓库收据。

三 D 保单的保险费，由各部分分别计算后再汇总合计。

（三）诚实保证业务的基本内容

1. 担保项目

诚实保证业务可以直接担保的项目是：由于被保证人的不诚实或不忠诚的行为对于权利人经济利益所造成的破坏。

2. 扩展担保项目

诚实保证业务中可以扩展担保的项目是：由于被保证人的不诚实或不忠诚的行为对于权利人经济利益所造成的破坏，致使权利人所遭受的各种间接经济损失。

3. 担保金额、担保期限、担保金

担保金额是诚实保证业务的双方当事人根据被保证人申请的职业、职位可能对于权利人造成经济损失的额度或其不诚实与不忠诚行为可能对于权利人经济利益破坏的程度来估算和确定的。

担保期限可以按照自然年度计算，也可以按照被保证人为权利人服务的时间计算，还可以根据需要由被保证人按照权利人的要求与保证人协商确定。

诚实保证业务的担保金既取决于担保金额，也取决于保证人的社会影响力和经济实力，还应考虑保证业务市场的习惯做法，没有规范的计算标准。

4. 担保行为的实施

在担保期限内，如果担保合同所规定的担保责任发生后，被保证人必须首先补偿权利人经济利益的损失，在被保证人无力或暂时不能赔偿权利人损失的情况下，由保证人向权利人进行补偿，保障权利人的利益。在保证人补偿权利人的利益损失后，保险人仍然可以保留向被保证人进行追偿的权利。

5. 诚实保证保险中雇主（权利人）的义务

（1）接受审查单证的义务，即保险人有权审查雇主提供的索赔说明书、财务计算报告及其他单证，以避免上述资料的不真实而导致保险人的损失。

（2）通知义务，即雇主及其代理人在发现雇员有某种欺骗或不诚实行为，并可能造成钱财损失时，应随时通知保险人。

（3）变更雇佣条件的协商义务，即雇主变更雇佣条件或减少雇员报酬等情况，均应事先征得保险人同意。

（4）协助追偿的义务，即雇主除有责任向保险人提供有关情况外，还应积极协助保险人向犯有欺骗和不诚实行为造成钱物损失的雇员进行追偿，或从雇主应付给上述雇员的报酬中扣回保险人在该保险单项下已支付的赔款。

三、确实保证

（一）确实保证含义

确实保证是指被保证人在与他人签订各种合同时，为了使对方能够信任自己具有履行合同规定的义务的能力，通过保证人向权利人提供信用担保的一种形式。确实保证保险以被保证人的违约责任为保险标的，在被保证人不履行义务而使权利人遭受损失时由保险人承担赔偿责任。由于确实保证是担保被保证人所具有的可以正常履行合同规定的义务的能力，其投保人只能是被保证人自己。在确实保证的业务进行过程中，保证人经过认真审查被保证人的担保申请和与权利人签署的合同文本，收取了担保金或要求被保证人办理反担保手续后，以保证人的名义出具保证函，由被保证人凭此保证函作为自己具有履行合同规定的义务能力和意愿的证明。如果被保证人在担保期限内由于保证函所列明的违约行为而使权利人的利益受到破坏时，首先由被保证人向权利人进行赔偿，在被保证人不能完全赔偿或无力补偿的情况下，由保证人向权利人履行赔偿的义务。

（二）确实保证业务的基本内容

（1）担保项目。确实保证业务可以直接担保的项目是：由于被保证人不能正常履行合同规定的义务而对权利人经济利益所造成的破坏。

（2）扩展担保项目。确实保证业务中可以扩展担保的项目是：由于被保证人不能正常履行合同规定的义务而对权利人经济利益所造成的破坏，致使权利人所遭受的各种间接经济损失。

（3）担保金额、担保期限、担保金。担保金额是确实保证业务的双方当事人根据被保证人合同的内容、标的金额和可能对权利人造成经济损失的程度来估算和确定。

担保期限可以按照被保证人与权利人的合同有效期计算，也可以根据需要由被保证人按照权利人的要求与保证人协商确定。

与诚实保险业务一样，确实保证业务的担保金既取决于担保金额、保证人的社会影响力，以及保证业务市场的习惯做法，没有规范的计算标准。

（4）担保行为的实施。在担保期限内，如果担保合同所规定的担保事件发生后，被保证人必须首先补偿权利人经济利益的损失，在被保证人无力赔偿权利人损失的情况下，由保证人向权利人进行补偿，实施担保行为，保障权利人的利益，在保证人补偿权利人的利益损失后，保险人仍然可以保留向被保证人进行追偿的权利。

（三）确实保证的业务种类

确实保证保险种类繁多，大致可归纳为以下四类：

1. 合同保证

合同保证包括以下几种：

（1）供给保证。供给方如果违反合同规定的供给义务就会使需求方遭受损失。供给保证即是担保被保证人（供给人）可以履行合同规定的条款，按照合同的要求向需求方（权利人）履行供给义务的保证业务。被保证人作为合同一方的供给人，一旦违约，就由保证人承担赔偿责任。

（2）建筑保证。建筑保证是指由保证人为各种建筑工程项目的所有人的利益而设计的担保合同的另一方能够履行合同规定义务的保证业务。

建筑保证主要包括以下内容：

——投标保证。担保中标人履行作为中标者的基本义务的保证业务。

——履约保证。担保工程承包人履行承包合同，按时、按质、按量完成所承包的工程的保证业务。

——预付款保证。承保工程所有人因承包人未履行合同而受到的预付款损失的保险。

——维修保证，担保工程承包人履行承包合同，按时、按质完成维修工程的保证业务。

一般而言，被保险人既可以按建筑工程的不同阶段投保上述险种，也可投保综合性的建筑保证保险。

（3）完工保证。完工保证是承保借款建筑人因未按期完工和到期不归还借款而造成有关权利人损失的保险。在投保完工保证保险的情况下，由保险人负责赔偿。

2. 特许保证

特许保证是保证人对于准备从事特种经营活动的组织或个人提供信用担保的保证业务。一些国家对于某些从事特种经营活动（如证券业、印刷业、图章社等）的组织和个人在向政府主管部门申请执照或许可证时，必须提供信用担保。因此，这种特许行为保证又被称之为许可保证。

特许行为保证业务主要是对于被保证人提供两项担保：一是担保被保证人能够遵守政府法规和行业自律规则，能够守法经营；二是担保被保证人能够按照国家法律规定履行纳税义务。

3. 司法保证

司法保证是保证人对于被保证人由于法律程序的需要而提供的信用保证业务。这种保证业务可以分为诉讼保证和受托保证。

（1）诉讼保证是被保证人在司法部门根据法律程序准备采取某种法律措施实施扣

押、查封或冻结财产时，按照司法部门的要求所提供的在最终判决之前暂缓实施扣押、查封或冻结财产的保证函。这种保证函又可以分为保释保证、上诉保证、扣押保证和禁令保证等。

（2）受托保证是由保证人对于被保证人作为法院指定的财产受托人、破产管理人等为他人利益暂时监管财产时能够对于受托管理的财产履行监管职责的保证业务。

4. 公务员职责保证

公务员职责保证是保证人对于政府工作人员的诚实和忠诚提供的保证业务。这种业务由准备进入政府机关担任公务员的人员在通过国家统一组织的公务员考试后，在政府机关正式录用之前自行付费获得的诚实信用的担保。政府机关在录用公务员时，优先或者以获得这种担保为录取的先决条件。

公务员职责保证业务主要是对于被保证人提供三个方面的担保：一是担保公务员具有履行公务职责所必需的知识的能力；二是担保公务员在履行职务期间不会发生不诚实或欺诈等行为；三是担保公务员在执行公务期间能够忠实的履行职责。如果公务员在担保期限内发生公务员职责保证业务合同所规定的担保事件时，在公务员无力或暂时不能承担对于社会公众或政府的赔偿责任时，由保证人代为赔偿，并且保留向被保证人进行追偿的权利。

公务员职责保证业务可以采取担保金递减的业务方式，在被保证人尚未被政府机关正式录取之前，保证人可以要求被保证人支付较高的担保金或提供手续健全的反担保措施。在被保证人被政府机关正式录用后，根据公务员在政府机关工作工龄、职位升迁和获得各种奖励的情况，逐年递减担保金的收费标准。这里有这样的一个问题需要引起注意，从公务员的风险责任分析，职位越高，可能产生的风险责任越大。理论上应该增加担保金的收费标准。但是，商业性组织不便为高级职位的公务员提供公务员职责保证业务的服务，对于高级职位的公务员可能产生风险责任应该由法律规范加以限制。

（四）确实保证的基本实务

履约保证函属于确实保证业务的基本形式。下面通过我国办理的履约保证函说明保证函的基本内容。

1. 保证项目

履约保证函强调委托人（被保证人，下同）已经与权利人就合作项目签订了书面合同，该合同及其全部条款必须作为履约保证函的组成部分。

2. 保证生效与终止的条件

如果委托人良好地、忠实地遵守与权利人签订的合同条款、条件并按合同规定的期限予以执行，或者如果委托人或保证人向权利人赔偿了由于委托人的过失使权利人遭受的损失，则保证函即宣告无效。否则，本保证函继续有效。

3. 权利人行使索赔权的先决条件

(1) 权利人不得因保证函向保证人进行诉讼,除非该诉讼是在保证函签发后的规定时间内进行;

(2) 在委托人已经按照与权利人签订的合同履行了其义务或其合同项下的责任已被解除时,保证人的责任应即取消或终止;

(3) 保证人对下列原因引起的损失不予负责:人力不可抗拒的原因、自然灾害、战争、入侵、敌对行为(不论宣战与否)、内战、叛乱、革命、武装叛变、武装夺权,或政府或公共、地方当局实行或命令没收、国有化、征用或销毁、民众闹事、骚动、罢工或与上述列举类似的原因,以及在合同中规定应由权利人承担的责任;

(4) 权利人或其监督合同执行的代表,如果获悉委托人不执行合同而又有可能引起保证人负责的损失时,必须在事故发生后1个月内以书面通知保证人;

(5) 保证人对于委托人与权利人在合同中任何有关保证功效或质量磨损的规定不负责任,也不负责提供承担这种责任的其他保证;

(6) 保证函项下的一切争议应通过友好协商解决,如果友好协商解决不了时,可申请仲裁或法院审理,除非另有约定,仲裁或法律诉讼应在被告方所在地进行。

第三节 信用保险业务的基本类型

一、出口信用保险

(一) 出口信用保险的含义和作用

1. 出口信用保险的含义

出口信用保险是为了支持和促进本国出口贸易的发展,由政府指定的金融机构或保险公司为国内出口商(卖方)开办的收汇风险的保险。在出口贸易活动中,除了少数合同采取预付货款的方式外,大部分出口贸易都是通过采取信用证或托收的方式收取货款,即国际贸易活动中普遍采取的货到后付款的结算方式。因此,出口商面临着境外的进口商可能赖账或拒付货款的风险。由于凡是需要通过信用证、付款交单、承兑交单和赊账等支付方式结汇的出口货物都面临着这种风险,本国的出口商作为权利人,希望通过保险的方式,在境外的进口商(被保证人)发生信用风险的时候,可以转移这种风险,避免自己的利益受到破坏。由金融机构和商业保险公司经营的出口信用保险为出口商提供了针对进口商的信用风险的保险业务,当出口商由于规定的信用风险遭受损失时,保险人要按照保险合同的规定赔偿出口商的经济损失,同时获得向进口商代位追偿的权利。由于这种信用风险的承保过程比较复杂，业务的财务稳定性比较差，一般的商业保险公司不愿意接受。所以，出口信用保险通常属于政策性的保险业务，由国家对于指定经营出口信用保险业务的机构提供必要的财政补贴。我国政府指定专门经营出口信用保险业务的机构为2001年成立的中国出口信用保险公司。这是由国家出资设立、具有独立法人地位的国有政策性保险公司。

2. 出口信用保险的作用

出口信用保险除了具有转嫁进口商信用风险的作用，对于促进贸易活动还具有特殊的作用。

（1）出口信用保险为出口商提供避免收汇风险的保障。通过出口信用保险，出口企业在越来越激烈的国际贸易竞争中，可以将普遍采用的信用证结算方式改为D/P、D/A或D/A等非信用证方式结算，使企业在对外贸易中成交机会增多，收汇增加，同时可以促进开拓新的贸易市场。

（2）出口信用保险机构是出口商了解贸易信息的窗口。出口信用保险机构为了自身业务的需要，通过各种渠道和方法，建立贸易信息库，向出口商提供可靠的买方资信情况。因此，充分熟悉和了解买家的经营状况、财务状况，所在国家的政治、经济环境及有关买方的资料，对于出口商具有积极意义。出口信用保险的经营机构将这些信息提供给出口商，帮助出口商在国际贸易竞争中，正确评价贸易对手的经济实力和风险状况，减少贸易活动中的经济损失。

（3）出口信用保险有利于出口商向银行取得追加贷款或融资。由于出口商投保了出口信用保险，可以获得较好的商业资信，从而可以使出口商从银行获得更加优惠的贷款或融资，使得出口商可以增加出口商品的采购，扩大对外贸易的活跃与发展。

（二）出口信用保险承保的风险

出口信用保险承保的风险包括商业风险和政治风险。

1. 商业风险

商业风险又称买家风险，是指由于进口方的原因可能产生的收汇风险。

商业风险包括以下内容：

（1）买方由于破产或其他债务原因而无力支付货款的风险；

（2）买方收到货物后长期拖欠货款的风险；

（3）买方违背贸易合同，在卖方发货后提出拒收货物并拒付罚金的风险。

2. 政治风险

政治风险又称国家风险，是指与被保险人进行贸易活动的买方所在国家政治、经济状况的变化而导致的收汇风险。

政治风险包括以下内容：

（1）买方所在国家实行外汇管制，限制汇兑的风险；

（2）买方所在国家实行进口管制或买方国家为了保护本国市场限制某些产品进口的风险；

（3）买方的进口许可证被撤销的风险；

（4）买方所在国支付货款须经过第三国而出现的延期付款的风险；

（5）买方所在国发生战争或骚乱等，具体包括敌对行为、内战、动乱、罢工、暴动等行为的风险；

（6）买方所在国或任何有关第三国发生非常事件所导致的买方无法履行贸易合同的风险。

（三）出口信用保险的业务种类

目前我国办理的出口信用保险业务有三种：短期出口信用保险、中长期出口信用保险、特约出口信用保险。

（1）短期出口信用保险。短期出口信用保险是适用于持续性的出口消费性货物、信用期不超过180天的短期信用贸易。

（2）中长期出口信用保险。中长期出口信用保险适用于半资本性的或资本性货物，一般情况下保障信用期在1~15年的出口收汇风险。适用于高科技、高附加值的机电产品和成套设备等资本性货物的出口以及对外承包工程项目。

（3）特约出口信用保险。特约出口信用保险适用于资信程度较高的被保险人由于业务需要、临时性的或比较特殊的在其他出口信用保险中不能承保的业务。

（四）出口信用保险的投保

出口信用保险的投保人必须是资信良好，具有相当业务经验和管理水平，会计账册齐全的出口商。投保时，被保险人必须以投保申请书的形式，将其以前一定时期（一年或三年）和预计保险年度的出口货物的种类、出口金额、收汇方式、出口国家和地区以及过去和将来可能的损失情况向保险公司如实申报。

（五）出口信用保险的责任限额

1. 保险单的最高赔偿限额

短期出口信用保险的保险单以一年为限，保险单的最高赔偿限额是指保险人对被保险人在12个月内所累计承担的总赔偿限额。保险公司在承保业务之前，要求被保险人填写投保单，并将其前12个月的出口累计金额通知保险公司，保险公司根据出口商的经营情况、产品销售情况、出运目的地的分布情况以及出口金额的大小，制定出保险单的最高赔偿限额。此限额是在保险单订立的12个月中累计承担的总赔偿限额。

2. 买方信用限额

买方信用限额指保险单对被保险人向某特定买方出口货物所承担的最高赔偿限额，

保险人与被保险人对与被保险人进行贸易的每一买家有一个"买方信用限额申请/审批"的过程。保险人要求被保险人就保险单范围内的买家逐一申请其适用的信用放账额度，此额度经保险人批准后可循环使用，被保险人在申请买方信用限额的同时，需为保险人提供该买方有关的资料，供保险商参考。买方信用限额的控制是这种业务的关键，它既要尽量满足出口企业对外放账的需要，又要在一定程度上控制超量的放账额度，避免可能导致的外汇风险。买方信用限额一旦确立，就成为保险人可以承担的责任限额。在实际工作中，对于那些有丰富经验并拥有广大市场的被保险人，保险人不需要对其每一买家资信进行仔细调查，而是在一定范围内给予其灵活处理日常业务的权力。因此，对此类业务，每一保险单通常都会规定一定数额作为被保险人自行掌握的信用限额，以鼓励出口商同买方进行更多的交易，而不用事先征得保险人同意，如果发生损失，出口商亦可在此信用限额内向保险人进行索赔。

（六）保险费率的厘定

在厘定出口信用保险的费率时，必须考虑下列因素：
(1) 贸易合同规定的付款条件；
(2) 出口商的资信、经营规模和出口贸易的历史记录；
(3) 买方所在国的政治、经济及外汇收支状况；
(4) 投保的出口贸易额大小及货物的种类；
(5) 出口商以往的赔付记录；
(6) 国际市场的经济发展趋势。

（七）出口信用保险的理赔

当发生保险范围内的损失时，被保险人应立即通知保险公司，并采取一切措施减少损失。被保险人索赔时应填写索赔申请书，并提供出口贸易合同、发票、损失证明和其他必要的单证。对被保险人的索赔，除了买方由于破产无力偿付货款的原因外，对其他原因引起的损失，都分别规定一个等待期，在等待期内如果被保险人仍然没有收回货款，等待期满后保险人再定损核赔。被保险人获得赔偿后，仍应协助保险公司继续向债务人追收欠款，在追讨过程中发生的各项费，保险公司按实际赔偿的比例予以承担。

二、投资保险

（一）投资保险的概念

投资保险，又称政治风险保险，是承保被保险人因投资引进国政治局势动荡或政府法令变动所引起的在投资合同规定范围的投资损失。承保对象一般是海外投资者。

我国投资保险首先为了适应外国投资者的需要于1979年开办的。当时的投资保险是为了吸引国外投资者，保障投资者的正常利益而开办的信用保险业务。投资保险的被保险人作为投资者是投资行为的权利人，保险人通过开办投资保险，承保由于非投资者所能控制或左右的政治风险或政府风险对于投资者的经济利益所造成的损失。20世纪90年代以来，我国对外投资也日渐增加，也需要保险人提供投资保险服务，保障本国企业在外国的投资风险，属于海外投资保险。所以我国的投资保险既包括海外投资保险，又包括来华投资保险。

（二）投资保险的承保

1. 保险责任

（1）战争及政治暴乱。东道国发生革命、骚乱、政变、内战、叛乱、恐怖活动以及其他类似战争的行为，导致投资企业资产损失或永久无法经营。

（2）征收。东道国采取国有化、没收、征用等方式，剥夺投资项目的所有权和经营权，或投资项目资金、资产的使用权和控制权。

（3）汇兑限制。东道国阻碍、限制投资者换汇自由，或抬高换汇成本，以及阻止货币汇出该国。政府有关部门汇兑限制，使被保险人不能将按投资合同规定的应属被保险人所有并可汇出的汇款汇出。

（4）政府违约。东道国政府或经保险人认可的其他主体违反或不履行与投资项目有关的协议，且拒绝赔偿。我国将政府违约作为附加险承保。

（5）经营中断。股权投资保险项下，因战争及政治暴乱导致投资项目建设、经营的临时性完全中断。此项风险可以附加承保。

2. 责任免除

（1）被保险人的投资项目受损后造成被保险人的一切商业损失；

（2）被保险人及其代表的违背或不履行投资合同，或故意违法行为导致政府有关部门的征用或没收造成的损失；

（3）被保险人没有按照政府有关部门规定的汇款期限汇出汇款造成的损失；

（4）原子弹、氢弹等核武器造成的损失；

（5）投资合同范围之外的任何其他财产的征用、没收造成损失。

3. 保险期限

投资风险保险的保险期限分为一年或不满一年的短期或一年以上的长期等。短期保险到期后可以续保。长期保险期限最长不超过20年，最短的3年，但如未满3年提前注销保险的，被保险人须交足3年的保险费。不论长期还是短期保险，保险期限内被保险人可随时提出退保，但保险公司不能中途注销保险合同，除非被保险人违约。

4. 保险金额与保险费

一年期的保险金额为该年的投资金额乘以双方约定的百分比,保险金额一般规定为投资金额的90%。同时长期投资项目每年投资金额在投保时按每年预算投资金额确定,当年保险金额为当年预算投资金额的90%。同时,长期投资项目需确定总投资金额下的最高保险金额,长期投资项目期满按实际投资额结算保险费。另外长期项目的保险费需在年度保险费基础上加收差额保险费。因为长期项目一旦承保,就要负责3年以上的风险,保险公司可以在到期日另议条件以决定在当时条件下是否承保。因此,长期项目的保险费由两部分组成,其公式为:

年保险费 =(最高保险金额 – 当年保险金额)× 差额费率 + 当年保险总额 × 费率

保险费率的确定一般根据保险期限的长短,工程项目以及地区条件等因素在投保时由双方约定,20世纪90年代中期,我国的投资保险的短期年费率一般为0.8%,长期年度基础费率一般为0.6%。

(二)投资保险的理赔

1. 赔偿期限的规定

由于各种政治风险造成的投资损失,很可能通过各种途径加以挽救,损失与否需经过一段时间才能确定。因此,投资保险一般要规定赔偿期限。(1)战争、类似战争行为、叛乱、罢工及暴动造成投资项目的损失,在提出财产损失证明后或被保险人投资项目终止6个月后赔偿;(2)政府及有关部门的征用没收引起的投资损失,在征用、没收发生6个月后赔偿;(3)政府有关部门实行汇兑限制造成的投资损失,自被保险人提出申请汇款3个月后赔偿。

2. 赔偿金额的规定

(1)当被保险人在保险单所列投资合同项下的投资发生保险责任范围内的损失时,保险人根据损失金额按投资金额与保险金额比例赔付,保险金额最高占投资金额的90%。(2)对于追回征用、没收的款项由保险人和被保险人按各自承担损失的比例分摊。

3. 争议的处理

如果被保险人与保险人之间发生了争议,一般先协商解决,如协商不能解决,需要仲裁或诉讼时,仲裁或诉讼在被告方所在地进行。

三、商业信用保险

(一)商业信用保险的含义

商业信用保险是指在商业活动中,一方当事人为了避免另一方当事人的信用风险,作为权利人要求保险人将另一方当事人作为被保证人，承担由于被保证人的信用风险而使权利人遭受的商业利益损失的保险。在市场经济环境下，商业活动中的信用行为是一种普遍的现象，一方当事人的违约和失信都会造成另一方当事人商业利益的损失。为了防范这种不测的损失事件，当事人除了在签署商业合同过程中通过严密的合同条款保护自己，还期望通过采取某种除了法律手段之外的经济措施来保护自己的利益。因此，通过对商业信用提供保险的方式来保障权利人的利益就成为商业社会条件下，权利人进行自我保护的重要形式。商业信用保险承保的标的是被保证人的商业信用，这种商业信用的实际内容通过列明的方式在保险合同中予以明确，其保险金额根据当事人之间的商业合同的标的价值来确定。如果被保证人发生保险合同所列明的保险责任后，保险人首先向权利人履行赔偿责任，同时自动取得向被保证人进行代位求偿的权利。商业信用保险的代位求偿同普通财产保险业务的代位求偿的性质完全相同，保险人只能拥有其所履行的对权利人赔偿金额相等的利益。由于商业信用涉及各种形式的商业活动，商业信用保险也就可以针对各种不同的商业活动的需要进行业务设计，开发出为各种商业信用提供保险保障的商业保险业务。

（二）商业信用保险业务的主要类型

1. 卖方信用保险

卖方信用保险是保险人为卖方进行的各种形式的延期付款行为所提供的保险业务。在延期付款过程中，买方可能由于各种原因拖延或逃避应该承担的付款义务，保险人可以根据保险的基本原理和经营商业信用风险的实际能力，设计卖方信用保险业务，承担由于买方的原因给卖方造成的经济损失。

在卖方信用保险业务中，保险责任可以设计为买方由于各种原因产生的拖延或逃避付款的行为；责任免除则要重点避免卖方和买方之间共同进行的欺骗行为及卖方可能的任何与延期付款行为有关的允诺。保险金额则根据延期付款行为的特殊性，实行变额保险的方式，使保险金额的递减程度与延期付款过程中未付的款项相同。同时，为了使权利人能够具有足够的自我保护意识，这种业务也可以采取共同保险的方式进行，要求权利人承担一定的经济责任。

2. 住宅抵押贷款保险

住宅抵押贷款保险是保险人为贷款方的利益而设计的商业信用保险业务。在住宅抵押贷款行为中，借款人以住宅作为抵押品，贷款方由于作为抵押权人，对于被抵押的住宅具有可保利益，如果借款人由于各种原因造成住宅的损毁或灭失，贷款方的利益将受到破坏。通过住宅抵押贷款保险，保险人可以为贷款方的这种利益提供商业信用保险。住宅抵押贷款保险适用于各种以具体的物质财产作为抵押品以获得某种利益的商业行为。

对于各种抵押保险业务，保险责任的设计既要考虑到抵押品可能面临的非人为因素的风险,也要注意被保证人可能对抵押品采取的各种故意行为。责任免除项目则要将权利人对于抵押品的实际利益和抵押品的实际经济价值作为设计的重点,以避免逆选择。保险金额则以抵押品的实际价值的一定比例进行确定。在处理这种业务的赔偿时,抵押品的残值应该折归权利人,保险人一般不应采取回收抵押品的残值的方式。

四、个人信用保险

(一) 个人信用保险的含义

个人信用保险,是为各类企事业单位和社会团体在与具有权利能力和行为能力的自然人发生民事行为中,可能发生被自然人侵犯而产生利益损失的保险业务。在市场经济条件下,任何单位和团体在与自然人发生民事关系过程中,除了法人与自然人之间可能存在着的合同约束之外,基本上不存在其他的约束条件,除非自然人的行为严重触犯法律,法人通常对自然人的违约行为或属于个人道德素质方面的行为没有很好的处理方式,致使法人可能要承受由于自然人原因所引起的各种利益损失。因此,法人作为权利人,可以通过为与其发生民事关系的自然人购买个人信用保险的方式,将可能遭遇的不测损失转嫁给保险公司,减轻法人的风险压力。

(二) 个人信用保险的主要业务类型

个人信用保险的主要类型有雇员忠诚保险、伪造保险和雇员忠诚综合保险(3D 保单)等。雇员忠诚保险承保雇主因雇员的不诚实行为而遭受的经济损失。这种业务由雇主投保,承担雇员在从事雇佣工作中,由于盗窃、贪污、侵占、非法挪用、故意误用、伪造、欺骗等不诚实的行为对于雇主的经济利益所造成的损失。这种业务通常采取全面承保的方式,即企业投保个人信用保险时,必须将除了雇主之外的其他所有员工统一投保,以避免逆选择,保险责任为雇员可能产生的不诚实的行为,保险金额根据雇员的不同职级和岗位风险程度,通常采取个人限额责任的方式。在发生保险合同规定的保险责任时,保险人首先向雇主履行赔偿责任,同时自动取得向不诚实的雇员进行代位求偿的权利。

雇员忠诚保险可以分为指名保险、职位保险和总括保险三种形式。信用保险与保证保险的根本区别在于投保人不同。为避免内容重复,关于"个人信用保险"可参照诚实保证保险。

本 章 小 结

保证业务是保证人对于被保证人提供的担保行为。保证人应是法律允许从事保证业务的各类法人，并不限于保险公司。保险公司经营的保证业务是由保险人以保证人的身份为被保证人向权利人提供的信用担保行为。

信用保险是保险人根据权利人的要求担保被保证人信用的行为。

保证业务与信用保险既有联系又有区别。保证业务与信用保险的联系：二者担保或承保的标的都是信用风险，二者在业务经营过程中都必须依靠信息奠定经营基础。保证业务与信用保险除了概念不同外，还存在以下区别：性质不同，追偿方式不同，风险程度不同，业务职能不同。

另外，保证业务与保险业务、信用保险和其他财产保险业务均存在区别。

保证业务的主要有产品质量保证、诚实保证、确实保证等类型。

信用保险的主要类型有出口信用保险、投资保险、商业信用保险、个人信用保险等。

复习思考题

1. 保证保险与一般财产保险相比较存在哪些区别？
2. 比较保证保险与信用保险。
3. 比较产品质量保证保险与产品责任保险。
4. 解释投资保险与出口信用保险。
5. 信用保险与一般财产保险有哪些区别？

第十章

农业保险

第一节 农业保险概述

一、农业风险的类型与特征

(一) 农业风险的含义

农业风险是农业保险存在的前提,它是指在农业生产或经营过程中,动物、植物的生长机能受到不可预料的自然灾害和意外事故的破坏,从而使农业生产者遭受经济损失的可能性。

农业区别于其他行业的特点就是农业的主要活动是在露天进行的,农业生产的对象是动、植物,这就决定了农业生产、经营活动更直接和更紧密地依赖于自然条件,最易受自然条件的影响。由于知识、技术手段的限制,人类对自然界的许多规律还没有认识。因此,客观存在着动、植物的生长机能遭受自然灾害破坏的可能性,再加上不可预料的意外事故对动、植物生长机能破坏的可能性,就是所谓的农业风险。

(二) 农业风险的类型

按照风险发生的原因可把农业风险分为以下三类:

1. 自然风险

自然风险即通常所说的自然灾害。是指水、旱、病、虫、鸟、兽、风、雹、霜冻等自然现象造成的灾害。农业的主要自然风险表现在气象灾害、病害和虫害三个方面。

农业气象灾害是指给农业生产造成危害的不利气象条件,如干旱,洪涝、风灾、霜冻、冰雹等。农业气象灾害具有普遍性、区域性、季节性、持续性和伴发性等特点。

动物的主要病害有瘟病、炭疽病、口蹄疫、肺疫和结核病等传染病；植物病害是指由细菌、真菌、病毒、藻类、不适宜的气候或土壤等因素引起的植物体发育不良、枯萎或死亡。影响农业生产最主要的病害有稻瘟病、稻白叶枯病、稻纹枯病、禾谷类黑穗病、棉花枯萎病和棉花黄萎病等。

植物虫害是指某些昆虫或蜘蛛类动物引起的植物体的破坏或死亡。造成农作物生产损失最严重的害虫是粘虫、水稻螟虫、稻飞虱、稻纵卷叶螟、玉米螟、蝼蛄、棉蚜、棉铃虫和棉红蜘蛛等。动物中畜禽的虫害主要为寄生虫。

2. 经济风险

农业中的经济风险主要是指在农业生产和赊销过程中，由于种子、化肥和农药等农业生产资料价格上涨和农产品价格下降，或农产品和农业生产资料的价格不能同步增长等造成经济损失的风险。此外，市场信息掌握不准或判断失误也会造成农业的经济损失。

3. 社会风险

社会风险是指由于个人或团体的社会行为造成的损失。农业中的社会风险主要包括：政策风险，即国家经济政策、农业政策的调整以及地方政府错误的行政干预带来的风险，如利率、税收政策以及农产品收购政策发生变化给农户带来的风险；制造销售假冒伪劣种子、化肥和农药等农业生产资料；工业生产带来的污染；抢劫、偷盗；政局变化、动乱、战争等政治因素造成的农业生产的损失。此外，农业科学技术的推广、运用可能给农业生产带来的各种损失，构成了技术风险。

（三）农业风险的特征

与其他财产保险面临的风险相比较，农业风险主要有以下特征：

1. 农业风险发生的频率较高

一方面农业生产是直接利用动、植物的生长机能进行的，是自然再生产和经济再生产交织在一起，在相当程度上靠天吃饭，受自然条件的影响和制约较大；另一方面，自然气候变化不定，成因复杂，人类在现有的科学技术条件下还难以完全准确预测，更难以控制，这就使农业风险发生较为频繁。

2. 农业风险造成的损失规模较大

《2016中国国土资源公报》显示，截至2015年末，全国耕地面积为20.25亿亩。据《中国水旱灾害公报》公布的数据，2000~2016年全国因洪涝灾害农作物受损面积年平均为10779.64千公顷（1.62亿亩），直接经济损失占GDP的百分比平均为0.54%。以受灾较轻的2016年为例，全国27省发生干旱灾害，因旱受灾面积为9872.76千公顷（1.48亿亩），其中作物成灾为6130.85千公顷（9196万亩），因旱粮食损失190.64亿公斤，经济作物损失130.60亿元，直接经济损失为484.15亿元。

3. 农业风险往往造成巨额经济损失

一次大的洪水灾害和大干旱能造成上百亿的经济损失。一次农作物大面积的病虫害一场森林大火和一次大规模的畜禽流行病所造成的损失，也是相当严重的。一定时期农业风险造成的损失更为巨大。据统计，我国农作物病虫害呈多发重发态势，每年发生面积近70亿亩次，每年造成粮食损失近500亿斤、经济作物损失350多亿斤。据统计，2014年6~8月的旱灾导致河南造成直接经济损失72.89亿元，其中农业经济损失70.8亿元[1]。2015年，内蒙古自治区共有11个盟市、66个旗县、405万人遭受旱灾，农作物受灾面积2164千公顷，其中成灾面积1592千公顷，绝收面积403千公顷，草牧场受旱面积27760千公顷，旱灾造成直接经济损失达81亿元，其中农业损失70亿元[2]。

二、农业保险的概念与特点

（一）农业保险的概念

根据我国2012年11月12日颁布的《农业保险条例》，农业保险是指保险机构根据农业保险合同，对被保险人在种植业、林业、畜牧业和渔业生产中因保险标的遭受约定的自然灾害、意外事故、疫病、疾病等保险事故所造成的财产损失，承担赔偿保险金责任的保险活动。由于农业保险的保险标的（种植作物和饲养动物）是处在生长发育过程中的活的生物，其保险利益多是处于变动中的预期利益。

农业保险通过对遭受灾害的农户进行损失赔偿，可以减少农民因灾导致的经济损失，安定农民生活，使农业生产得以迅速恢复，从而有助于农业的稳定发展，增进国家的粮食安全。同时，农业保险有助于减少财政救灾资金的支出，减轻政府的财政负担。此外，农业保险在推进农业科学技术的推广与运用、促进农村金融的发展等方面也发挥着重要作用。举办由政府财政补贴的政策性农业保险，属于世界贸易组织（WTO）允许的绿箱政策，成为各国政府支持和保护本国农业发展的最可行、最有效的途径之一。

（二）农业保险的特点

农业生产周期长，受自然条件影响大，具有明显的季节性、地域性和不稳定性，就决定了农业保险也具有区别于其他财产保险的一些特点，主要包括以下几个方面：

1. 农业保险具有较强的地域性

农业生产与农业风险的地域性决定了农业保险也具有较强的地域性，不同区域的

---

[1] 《旱灾致"中原粮仓"河南经济损失超72亿元》：中国新闻网，2014年8月13日。
[2] 北方新报，2016年1月9日。

灾害种类及频率和强度、标的种类不同，对应的农业保险的险种类别、保险责任、保险期限、保险费率等保险条件也应不同。因此，开展农业保险只能根据各地的实际情况和特点，开办适合的险种，制定、使用符合当地实际的保险条款和费率。合理确定不同地区不同条件下的保险责任，就必须进行农业保险区划，建立合理的农业保险区域，形成合理的农业保险险种布局，严格控制险种的类型组合和业务规模，在空间和时间上做到险种互补，以丰补歉，有效分散农业保险的经营风险。针对农业保险地域性强的特点，农业保险发达的国家，将农作物保险的风险区划和费率区划细化到了县、乡或农场的水平，值得借鉴。

2. 农业保险具有明显的季节性

农业生产和农业风险本身强烈的规律性和季节性使农业保险在展业、承保、理赔及防灾防损等方面均表现出明显的季节性。例如，农作物保险一般是在春季展业，待秋季农作物收获后保险责任期限结束。开展农业保险也要讲农时，即农业保险的展业、承保、理赔及防灾防损等技术环节，既要遵守保险经济规律，也要遵循农业生产的自然规律，要严格按照农业生产的季节性变化来开展农险业务和经营管理。

3. 农业保险标的具有生命性

农业保险标的大多是活的生物，受生物学特性的制约。有生命的农业保险标的受到自然再生产规律的制约，使农业保险的经营除了要遵循财产保险一般规律外，还要遵循农业生产的一般规律。农业保险标的具有生命性决定了农业保险利益是一种处于变动中的预期利益。由于农业保险标的价值处于不断变化中，只有当它成熟或收获时才能最终确定其价值，因此变动保额以及收获时二次定损等技术被广泛运用在农业保险中。农业保险标的种类繁多，生命规律各异，抵御自然灾害和意外事故的能力也各不相同，难以制定统一的赔偿标准。同时，农作物保险标的在一定的生长期内受到损害后有自我恢复能力，从而使农业保险的定损复杂，尤其是农作物保险通常在收获时定损。农业保险标的具有生命性要求农业保险的承保、理赔工作必须适应农业保险标的的生命周期。

4. 农业保险经营成果具有周期性

农业保险是对农业风险进行管理的一种方式，而大多数农业风险都具有明显的周期性，这就使农业保险的经营成果具有某种周期性的特征。表现在无大灾的年份某农险险种的赔付率不高，当遇到大灾年份就会出现严重超赔。农业保险经营成果具有周期性的特点要求我们从灾害周期的时间跨度来评价农业保险的经营成果。因此，为真实地反映农业保险的经营状况，农业保险的会计期间应当同农业风险的周期相适应；同时农业保险的承保和投保应当是连续性的，至少要超过当地农业风险的一个周期，否则难以在时间上分散农业风险，从而影响农业保险财务稳定性。

5. 农业保险属于政策性保险

政策性保险是指政府为了一定的政策目标运用一般保险技术而开办的保险。政策性农业保险就是为了实现政府的农业和农村经济发展的政策目标（即保障农业生产和经营的稳定和增长，保障农产品供给的安全，保障农民生活的安定）而实施的农业保险或建立的农业保险制度。农业保险产品属于准公共物品，正常市场环境下商业保险公司难以或不会进入该领域，当市场失灵时，只能由政府出面干预，以矫正市场的偏差。尤其是对那些关乎国计民生和对农业、农村经济社会发展有重要意义，而商业保险公司又不可能或不愿意从事经营的农业保险项目，必须由政府参与和介入，并给予政府补贴，纳入政策性保险经营范围。政府通常借助立法推动、政策支持等手段，通过商业或非商业化运作来开展保险业务。国际上大部分开办农业保险的国家，都是由政府提供直接保险和再保险，或者政府通过财政补贴保险费和管理费的手段支持商业保险公司和其他合作或相互保险组织开办农业保险。

与商业性农业保险相比较，政策性农业保险主要有以下特征：

（1）政策性农业保险制度是根据政府一定的政策目标或服从特定的政策规划建立的，其经营不以营利为目标；而商业性农业保险是根据市场（商业）目标建立的，其经营是以追求利润最大化为目标。

（2）政策性农业保险是由政府直接组织经营，或政府成立的专门机构经营，或在政府财政政策支持下，由商业性保险供给主体（股份公司、相互公司、合作社等）经营的；商业性农业保险由商业性保险机构经营。

（3）政策性农业保险经营的项目或出售的产品一般保险责任较广泛且保险标的损失概率较大，从而成本损失率较高；商业性农业保险产品的保险责任较窄，保险标的损失概率较小，成本损失率较低。

（4）政策性农业保险产品部分由政府买单，即由公共财政给予价格补贴；商业性农业保险产品则完全由投保人自己买单。

（5）政策性农业保险通常包含着只有通过政府行为才能协调开展的工作，如政策性农业保险与农户信贷资金发放、农产品出口价格补贴、农业救灾、农业生产调整等农业保护措施紧紧地联系在一起；而商业性农业保险通过市场机制就能较好地运作。

（6）政策性农业保险往往通过利益诱导机制吸引农民投保。为了解决自愿投保条件下农业保险参与率不高的问题，无论是发达国家还是发展中国家，往往会通过有关法律和法规来诱导农民参保。例如，如果符合投保条件的农民不按照规定投保，就不能得到信贷资金，受灾后不能享受政府救济、政府价格补贴及其他优惠政策等等。诸如此类的法规规定带来利益诱导因素，从而使政策性农业保险制度在某种意义上具有了某种强制性，而商业性农业保险一般是自愿投保。

三、农业保险与农村保险的关系

农村保险是指所有面向农村开办的保险业务。就我国现有的农村经济结构和经营形式而言，农村保险包括了对农村中的农业、林业、牧业、副业、渔业、工业、商业、运输业、服务业等领域的保险服务。另外，农村保险还可以包括对农村劳动者的人身及其所有财产的保险服务。

农业保险与农村保险既有联系又有区别。一方面二者都包含了种植业保险和养殖业保险，农业保险是农村保险中一种独立的保险类别；另一方面农业保险仅仅是对被保险人在种植和养殖过程中的损失提供保险保障，属于财产保险的一种形式，其标的是具有经济价值的动植物本身。而农村保险是对农村中的人和物以及与物相关联的经济利益提供保险保障，既包括人身保险又包括财产保险。此外，由于二者保险标的存在差异，它们的保险范围、保险责任、责任免除、保险金额、保险费率以及保险理赔方式也必然存在很大的区别。目前我国开办的涉农保险，包括渔船保险、农机保险、农房保险、农（渔）民短期意外伤害保险等都属于农村保险的范畴。

四、农业保险的分类

农业保险有多种分类方式。根据承保风险的多少，可将农业保险分为单一风险保险和一切险保险。根据实施方式的不同，可以将农业保险划分为自愿保险与法定保险。按照保险经营性质，可将农业保险分为政策性农业保险与商业性农业保险。此外，根据保险标的的不同，可将农业保险分为种植业保险和养殖业保险两大类；种植业保险又分为农作物保险和林木保险，养殖业保险又分为畜禽保险与水产养殖保险，参见图10-1。

根据我国目前农业保险的实践，以下详细介绍按照保险标的分类的方式。

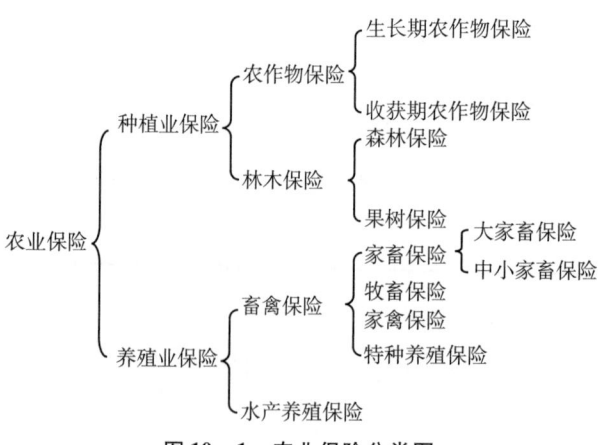

图10-1 农业保险分类图

第二节 种植业保险

种植业保险是以各种农作物和林木为保险标的,以生产过程当中可能遭遇的各种自然灾害和意外事故为保险责任的农业保险。我国的种植业保险主要包括农作物保险和林木保险两大类。

一、农作物保险

农作物保险是以各种粮食作物,经济作物等为保险标的,以各种农作物在生长期间因自然灾害和意外事故造成的经济损失为保险责任的保险。农作物保险按照标的的不同可分为粮食作物保险和经济作物保险;按照生长期的不同可分为生长期农作物保险和收获期农作物保险。

(一) 生长期农作物保险

生长期农作物保险是以粮食作物、经济作物、其他作物等为保险对象,以各种作物在生长期间因农业风险造成本身价值或生产费用的损失为保险责任的保险。生长期农作物保险通常采取农作物成本保险和农作物收获量保险两种方式,并根据农业保险风险管理的特点实行不足额承保。

1. 保险标的与分类

(1) 粮食作物保险标的

①禾谷类作物,包括稻、麦、玉米、高粱、稷、薏米、荞麦等;

②豆类作物,包括大豆、豌豆、绿豆、蚕豆、扁豆、小豆等;

③根茎类作物,包括红薯、马铃薯、山药、芋头等。

我国开办险种有生长期水稻保险、生长期小麦保险、生长期玉米保险、生长期大豆保险、收获期小麦、水稻火灾保险等。

(2) 经济作物保险标的

①纤维作物,包括棉花、苎麻、红麻、商麻、剑麻等;

②油料作物,包括油菜、花生、芝麻、蓖麻、向日葵等;

③糖料作物,包括甘蔗、甜菜等;

④其他经济作物,包括烟草、茶树、咖啡、啤酒花等。

目前我国开办的险种有棉花种植保险、烟草保险、油菜保险、甜菜种植保险、甘蔗种植保险、烤烟保险等。

(3) 其他作物保险标的。包括蔬菜作物(黄瓜、西红柿、辣椒、茄子、西葫芦、冬瓜), 园林作物 (供观赏的各种花草树木)、饲料作物 (如紫云英、黄花、苜蓿等)、药用作物 (包括中草药、桑树、金银花等)。我国试办的险种有露天种植蔬菜保险、塑料大棚种植蔬菜保险等。

目前我国试办承保的农作物有几十种。但并不是在农作物生长的任何时期，该种作物都可以作为保险标的。对于大田作物和保护地栽培作物来说，一般是出土的苗或移栽成活的苗才可作为保险标的。

2. 保险责任与责任免除

(1) 保险责任。

生长期农作物面临的主要灾害有两类，一是由自然气候原因引起的自然灾害，包括干旱、水灾、涝灾、冰雹、干热风、霜冻、暴风、暴雨、台风、龙卷风、寒潮等；二是由病虫草的危害引起的自然灾害。

从理论上讲，上述两类灾害都可以作为保险责任来承保，但由于农作物灾害的成因复杂，而且遇灾的概率大、范围广、灾情重，在保险责任选择上应从低水平做起，选择一种或者两三种风险予以承保。生长期农作物保险承保责任分为单一风险责任、综合风险责任和一切风险责任。

①单一风险责任。即保险人只承保一种风险责任，如小麦雹灾保险、棉花雹灾保险，保险人只对冰雹灾害引起的生长期小麦和棉花产量损失负责赔偿。

②综合风险责任。保险人承保两种或两种以上风险责任的保险称为农作物综合险。如棉花保险，承保的风险责任有冰雹、洪水、滞涝、暴风、龙卷风等。

③农作物一切险。承保农作物一切风险责任的保险称为农作物一切险，即保险人几乎对所有的自然灾害和病虫灾害造成的损失承担赔偿责任，包括地震、干旱、洪水、冰雹、大风、霜冻、雷电、火灾、雨涝、大雪、飓风、龙卷风、病害、虫害等。

我国目前农业保险的实践中尚未开办农作物一切险。在农业保险比较发达的美国、加拿大等国有农作物一切险保单销售。

(2) 责任免除。

①投保人或被保险人及其家庭成员、投保人或被保险人雇用人员的故意行为、重大过失、管理不善；

②间种或套种的其他农作物的损失；

③采用不成熟的管理技术，或不接受农业生产管理部门的技术指导；

④发生保险责任范围内的损失后，被保险人自行毁掉或放弃保险农作物管理或改种其他作物的；

⑤战争、军事行动、偷盗、他人毁坏及被畜、禽、兽类猎食造成的损失；

⑥行政行为或司法行为；

⑦灾害发生时或灾后，投保人、被保险人投入的直接或间接费用；

⑧按保险合同中载明的免赔率计算的免赔额；

⑨其他不属于保险责任范围内的损失和费用。

3. 保险期限

农作物保险的保险期限与农作物生产特点联系在一起。生长期农作物保险一般从作物出土定苗后起保,到成熟收割时截止。如小麦保险可以从麦苗出齐后开始,水稻保险从插秧结束起保,到小麦、水稻成熟收割时止;对于分期收获的农作物如棉花、烤烟等,保险期限应到收完最后一批为止。

4. 保险金额

(1) 按产量确定保险金额。同一风险区域、同类标的一般以当地若干正常年份(3～5年)亩平均产量的4～6成且最高不超过8成确定承保产量,再根据事先商定的价格确定每亩保险金额。计算公式为:

$$亩保险金额 = 国家收购价格 \times 前3～5年平均亩产量 \times 承保成数$$

(2) 按投入的生产成本确定保险金额。以保险标的的生产成本作为确定保险金额的依据。生产成本包括种子或种苗、肥料等材料耗用费、人力作业费、机械或畜力作业费等直接费用。

国内外常用的确定农作物保险金额的方法是保收获量的若干成,它比保成本提供的保险保障要高,被保险人更愿意接受。

5. 保险费率

同其他财产保险一样,生长期农作物保险的保险费率也是由纯费率和附加费率构成。纯费率是由保额损失率和稳定性系数组成的。由于我国农业保险统计资料不足,缺乏完整、合理、可靠的保险数据,因此只能依据历年因自然灾害引起农作物产量降低的比例来估算保险费率。附加费率通常按照纯费率的一定比例来确定。

在实践中,农业保险的保险费率的厘定较为复杂,一般应按照风险区划实行差别费率,以体现保费负担与其风险损失相一致的公平原则。但农险如果完全根据损失率厘定费率,那么保户将买不起;如果以低费率承保,那么保险公司又赔不起。因此,只能由政府补贴一部分保费和经营费用,尤其是对那些关乎国计民生的农作物保险。

6. 赔偿处理

(1) 全部损失。生长期农作物受灾后80%以上的植株死亡,已没有实现该作物预期收获量的可能,或改种其他作物的季节已过,这种情况下视为全部损失,按保险金额赔偿。计算公式为:

$$亩赔款 = 单价 \times 亩平均保险产量$$
$$亩赔款 = 亩保险成本 - 还未投入的成本$$

灾后经保险人同意改种同类作物,保险单继续有效,如果再发生损失赔款,赔款计算公式为:

$$亩赔款 = 单价 \times 亩平均保险产量 - 改种时亩赔款 - 改种后亩收入$$
$$亩赔款 = 亩保险成本 - 改种时亩赔款 - 改种后亩收入$$

改种时亩赔款只限于改种时投入的种子（种苗）和人工费。

（2）部分损失。农作物部分损失，不论保成本还是保收获量的成数，一般都在收获前（蜡熟期）测产量计算出每亩实际收益数额，其赔款数额为亩保险金额减去亩平均收入数额。赔款计算公式为：

$$亩赔款 = 单价 \times (亩保险产量 - 实收亩平均产量)$$
$$亩赔款 = 亩保险成本 - 亩平均收入$$

上述计算，只有在亩赔款数值为正数时，保险人才支付赔款。

（二）收获期农作物保险

收获期农作物保险是以农作物成熟后的初级产品价值为承保对象的短期风险保险，是生长期农作物保险的后续保险。

1. 保险标的

收获期农作物保险主要涉及粮食作物和经济作物。凡成熟后进入收割、脱粒、晾晒、碾打、烘烤等初加工的夏、秋粮食作物和经济作物均可作为保险标的。例如，收割的水稻、小麦在脱粒、晾晒、碾打的过程中，可作为收获期水稻、小麦火灾保险的保险标的；采摘下来的烟叶可作为烤烟保险的保险标的。

2. 保险责任

收获期农作物保险分为单一风险责任、综合风险责任和一切风险责任。我国农险只开办单一风险责任和综合风险责任保险。（1）单一风险责任。如小麦、水稻火灾保险，只承保火灾一项责任，保险人负责由于火灾直接造成保险农作物在收获期的损失及火灾发生时的施救费用及灾后整理费用。（2）综合风险责任保险。即保险责任不仅包括火灾，还包括洪涝、暴风雨、霉烂、雷电等几项责任。由于投保人、被保险人及其家庭成员或其雇用人员的故意行为、重大过失、管理不善、违反公安、消防、保险等部门的规定以及发生保险责任范围内的损失时不积极施救所造成的损失，保险人均不负赔偿责任。其他除外责任与生长期农作物保险的除外责任相同，在此不再赘述。

3. 保险金额

保险金额一般是正常年景下前3年平均亩产量的八成价值。农产品价格以当地收购价和议定价计算，用公式表示为：

$$亩保险金额 = 正常年景下前3年平均亩产量 \times 国家收购价 \times 承保成数$$

另外，有的收获期农作物保险金额还包括了使用的机械、设备、烘烤的价值。

例如，中华联合财产保险股份有限公司的《农作物收获期火灾保险条款》，采取以下方式确定保险金额：保险农作物的每亩保险金额参照保险农作物生长期内所发生的直接物化成本，包括种子、化肥、农药、灌溉、机耕和地膜成本，由投保人与保险人协商确定，但最高不得超过当地平均水平的80%。

4. 保险期限

收获期农作物保险,一般从农作物收割(采摘)进入场院或烘房后起保,到完成脱粒、晾晒等初加工离场入库前,或完成烘制离开烘房为止。有的收获期农作物保险条款,将保险期限提前到收割(采摘)进入场院前10天,包括了收割、运输途中的时间,向后推迟到交售入库为止,从而扩大了保险责任和保障程度。

二、林木保险

林木保险是以具有经济价值的天然原始森林和各类人工林为标的,对其生长过程中,因约定的人力不可抗拒的自然灾害和意外事故造成的经济损失,由保险人承担经济补偿的一种保险。分为森林保险和果树保险。

(一)森林保险

(1)保险标的。森林保险的保险标的包括防护林、用材林、经济林、薪炭林及特种用途林。

(2)保险责任。林业生产中面临风险主要有自然风险,如天然火灾、风灾、洪灾、雪灾、雹灾、冻害、野兽危害、病虫害等;还有人为风险,如盗伐、哄抢等。林木保险的保险责任可以承保单一火险责任,也可以承保综合责任,即在火险责任基础上再承保其他几项气象灾害责任,如洪灾、雪灾、雹灾等。目前保险人一般只承保单一火灾风险责任。

(3)保险金额。森林保险的保险金额确定方式有:

①按单位面积立木蓄积量和预先选定的木材价格来确定保险金额。计算公式为:

$$林木总蓄积量 = 单位面积立木蓄积量 \times 总面积$$

$$保险金额 = 林木总蓄积量 \times 木材价格$$

②按营林成本确定保险金额。一般按照每年实际发生的费用累加来确定保险金额。一般包括育苗费,整地、栽植费,材料运输费,设备、防护、管理费等。

(4)保险期限。林木属于多年生植物,生长期较长,因此林木保险的保险期限可以是1年期的短期保险,也可以是多年的长期合同。但起保一定是在林木栽植成活后。

(5)赔偿处理。发生全部损失,按保险金额扣除残值后赔付。发生部分损失,按照损失程度计算赔偿,其计算公式为:

$$赔偿金额 = 保险金额 \times 损失程度$$

其中,损失程度 = (灾前标的估价 - 残值)/灾前标的估价

另外,赔偿时需要注意以下情况:

①如果实际林地面积大于投保面积时,应按比例赔付,即:

$$实际赔偿金额 = 应付赔偿金额 \times (投保面积/实有面积)$$

②如果保险有效期内发生多次保险事故,并多次赔款,每次赔偿后保险金额应相应地扣减,并在有效保险金额限度内赔偿。其中有效保险金额 = 原保险金额 - 已赔款金额

(二) 果树保险

(1) 保险标的。果树保险的保险标的包括:盛果期果园的水果,包括柑橘、苹果、梨、桃、葡萄、香蕉、荔枝、芒果等;栽植成活的果树,包括柑橘树、苹果树、梨树、桃树、葡萄树、香蕉树、荔枝树、芒果树等。

(2) 保险责任。果树保险的保险责任主要有:火灾、暴风、暴雨、洪水、寒潮、霜冻、冰雹、干旱。

(3) 保险金额。

①树体死亡保险金额。果树死亡损失的保险金额是根据果树年龄、果园管理、水果产量及果园环境等因素由保险人、投保人和公估人三方协商确定。

②果树产果保险金额。有正常且较为准确的产量记录的果园,按过去 4 年或 6 年的平均产量的四至八成承保。

(4) 保险期限。在实务中,果树保险又分为水果保险和果树保险两类。果树保险期限有 1 年或 1 年以上;水果保险的保险期限相对较短,是从每年水果生产季节的定果开始至水果成熟收获离枝为止。

我国一些省份试办的果树保险,主要有苹果、蜜桃、柑橘树保险。

(5) 赔偿处理。果树保险中,因水果价格受供求关系影响较大,实际中只承保产量而不保产值,也不负责水果质量损失补偿。承保价格可按前 3 年平均价格并结合市场预测,以及理赔时约定价格波动值的五至七成确定。

三、种植业保险的风险控制[①]

(一) 因地制宜地确定承保风险

我国农作物生产受旱灾和洪水灾害的威胁最大,不仅发生范围广,出险频率高,而且损失强度大。根据近 40 年农业气象灾害统计资料计算,旱灾损失率在所有灾害中占 56%,洪水灾害在有些地区也相当频繁,如长江中下游的湖南、湖北的一些地区。因此,对于实行商业化经营的农作物保险,不宜承保一切险,而且水、旱灾害都不宜作为保险责任。当然,作为政策性农业保险,在建立了比较完善的大灾风险分散制度的条件下,水、旱灾害也都是必要和可能作为保险责任的。美、加、日等国的政策性

---

① 许飞琼:《财产保险》,高等教育出版社 2014 年版。

农业保险都包括这些风险责任,其风险也是可控的。

(二) 合理确定保险保障水平

控制种植业保险经营风险,必须合理确定保障水平。目前我国大部分地区举办的政策性农业保险,对种植业提供成本保险,只保障作物生产的物质成本损失,保险金额大概只占作物平均收入的30%多。

为了促使被保险人加强管理,精心作业,控制道德风险,农作物保险一般采取共保方式,即由保险人和被保险人共同承担保险金额范围内的风险损失。保险人一般承担保险保障产量的60%~80%,对于多年没有索赔记录,信誉很好的保户,保障水平也不超过90%。

(三) 扩大承保范围,分散保险风险

农业保险风险的风险单位往往很大,以至于在一省甚至更大范围内才可能分散风险。因此有的实行政策性农作物保险的国家,为扩大承保范围,在全国范围内实行强制保险。另外一些实行自愿投保的国家,则通过政府的保费和管理费补贴,鼓励农民投保,以扩大保险覆盖面。我国政策性农险实践中也有类似做法,即通过在一定范围中实行协商统保来达到分散风险目的。但是如果不和风险单位区划结合起来,这种范围有限的统保,有时恰恰会使风险更加集中。

(四) 加强防灾防损

农作物生产面临的有些风险是难以预防的,如暴雨、龙卷风等。但有些风险确实可以通过采取一些预防措施来减少风险发生频率,或降低风险损失。如使用防雹高炮轰击冰雹云,可以减少冰雹发生,通过种子的药物处理和及时喷洒药物防治病虫害。我国的经验表明,加强种植业保险的防灾防损工作,不仅可以减少社会财富的损失,而且可以降低保险人的赔付率,从而提高保险的经济效益和社会效益。

根据我国的经验,要成功进行防灾防损,保险人一般都与当地农技、气象、植保、水利等部门密切配合,经常进行广泛的保险防灾防损宣传,同时相互交流信息,了解气象变化情况,研究灾害变化规律,并在灾前帮助被保险人积极采取防灾措施,保险部门还拨出一定防灾费,为被保险人补充防灾设备、器材,避免或减少灾害损失,灾害发生后,鼓励监督被保险人积极施救,避免灾害蔓延。

(五) 实行无赔款保费优待

为鼓励保户精心管理保险财产,并做好防灾防损工作,对于上一年或前几年没有索赔的保户,在续保时保险人通常给予减免保费的优惠待遇。这是农业保险经营实践中被证明的行之有效的促使被保险人增强责任心、加强管理,控制风险的重要手段之一。例如，如果一年无赔款，则在次年续保时，被保险人可享受减免应缴保险费的10%的待遇；连续两年无赔款，第三年续保时减免应缴保险费的15%；连续三年无索赔，第四年续保时，减免应缴保费的20%。

（六）利用现代科学技术提高定损的准确性

农业保险特别是种植业保险的定损比较困难，尤其是遇到较大范围的灾害损失时，以及在被保险人的道德风险比较严重的状况下。近年来，我国经营农业保险的保险公司，如人保财险公司、安华农业保险公司、国元农业保险公司等，利用无人飞机和航测航拍、遥感技术，对灾害损失进行比较准确的识别和估测，较好地控制了道德风险。国元农业保险公司还利用信息技术建立了地理信息系统（GIS），大大提高了承保、核保和定损、理赔的效率。

第三节 养殖业保险

养殖业保险是以有生命的陆生动物和水生生物为保险标的，对生产者在养殖业生产过程中因灾害事故或疾病造成保险标的损失承担赔偿责任的保险。养殖业保险通常分为畜禽保险和水产养殖保险两大类。

一、畜禽保险

（一）种类

畜禽保险是以有生命的畜禽类为保险对象的养殖保险。根据保险标的的不同特点和不同养殖方式，可把畜禽保险分为家畜保险、牧畜保险和家禽保险三类。

1. 家畜保险

以家畜为保险标的的保险就是家畜保险。在畜牧学中有大家畜（马、牛、驴、骡等）和中小家畜（猪、羊、兔等）之分，所以家畜保险分为大家畜保险和中小家畜保险。

（1）大家畜保险。保险人承保的大家畜主要是牛（奶牛、肉牛和耕牛）、马、骡、驴、骆驼等。按畜群分，大家畜可分为幼畜、青年畜和成年畜（例如，牛分为犊牛、青年牛、成年牛）。一般只有畜体健康、饲养管理正常的青年畜和成年畜才能作为保险标的，并且对成年畜的畜龄也有限制。幼畜和高龄畜（例如10岁以上的奶牛）的染病率和死亡率比较高，一般不予承保。

（2）中小家畜保险。中小家畜险是以猪、羊、兔等中小型动物为保险标的的保险。

一般只承保无伤残、无疾病并且断乳后的家畜。有的条款还有更具体的投保规定，如断乳体重要求（猪断乳体重为10千克）。

2. 牧畜保险

牧畜保险是以群养群牧的牛（包括肉牛、奶牛、牦牛）、马、驴、骡、骆驼等大牲畜以及山羊、绵羊等小牲畜为承保对象的保险。保险人只对健康有专人放养、饮水方便、有过夜棚圈设施、有足够过冬草料的牧畜予以承保。

3. 家禽保险

家禽保险是以鸡、鸭、鹅、火鸡等家禽为保险标的的保险。该保险主要对符合卫生、防疫、科学饲养管理设施和技术条件的规模化饲养场饲养的家禽提供风险保障。此外，对承保的家禽的年龄也有一定限制，特别是种禽，如种鸡使用年限为1~2年，种鸭使用年限为2年，种鹅使用年限为1~4年。农户家庭散养的规模太小的家禽不宜作为保险标的。

（二）保险责任

（1）自然灾害引起的死亡或灭失责任。如洪水、地震、地陷、崖崩、暴风、暴雨、台风、龙卷风、冰雹、冻灾、雷击、疾病、难产、阉割感染等。

（2）意外事故引起的死亡责任。如火灾、爆炸、摔跌、碰撞、互斗、窒息、野兽伤害、触电、建筑物或其他物体倒塌、空中运行物体坠落等。

（3）疾病死亡责任。因疾病、疫病、难产或阉割，以及为防止畜禽传染病蔓延，执行当地政府命令捕杀、掩埋或焚烧等所致的死亡损失。畜禽保险可以将以上风险（或其中一部分）所致畜禽死亡或残废损失综合承保，也可以单独承保其中某一种风险责任。

（三）保险期限

畜禽保险的责任期限长短因保险标的不同而各异，即使同一标的，也可能因地域和气候的不同、险种不同而在时间先后和长短方面存在一定差别。例如，生猪死亡保险和生猪屠宰保险，前者承保生猪饲养期间的死亡责任，一般保险期限为几个月甚至一年；而后者承保的是屠宰场收购的生猪在候宰期间的疾病和死亡责任，对于分批投保的保险标的，其保险期限只有几小时，最多不超过24小时。当然按当年屠宰计划投保的，保险期限为1年，但其中每一屠宰批次的保险期限仍不超过24小时。

（四）保险金额

畜禽保险确定保险金额的方法有两种。一种是定额承保，即按照投保畜禽当地市场价格的五至七成确定保险金额，最高不超过当地市场价格的70%，由投保人与保险人协商确定。另一种是变额承保，即根据不同季节、不同养殖阶段畜禽的经济价值和价格的差异，采用不同的保险金额。如生猪保险、水貂保险、家禽保险多采取变额承保的方式。

二、水产养殖保险

水产养殖是利用海洋水域、滩涂和内陆水域中的可养面积，对鱼、虾、蟹、贝、藻类以及其他水生经济动植物进行人工放养的生产经营活动。水产养殖保险就是对水产养殖过程中因自然灾害和意外事故造成经济损失（死亡或流失）提供补偿的一种保险。

水产养殖一般分为淡水养殖和海水养殖，其养殖的水产品有五大类，即鱼类、虾类、蟹类、贝类和藻类。每一类又有许多不同品种。凡是符合承保条件的鱼、虾、蚌、珍珠、贻贝、扇贝、蛤蜊等均可作为水产养殖保险的标的。淡水养殖保险的承保，要求有一定的养殖面积，水源充足无污染且周围无污染源，投保人具备一定的饲养技术和条件等；海水养殖的养殖区要有良好无污染的水质，最近2~3年无赤潮发生，避风条件好，具有一定的养殖经验等。

我国试办的水产养殖保险险种有：池塘养鱼保险、鳗鱼养殖保险、池塘养虾保险、网箱养鱼保险、海水养虾流失保险等。也试办过贻贝及扇贝养殖保险、蛤蜊养殖保险、海带养殖保险、珍珠养殖保险等。

（一）保险责任

水产养殖保险的保险责任一般包括以下两大类：

（1）死亡责任。是指由于保险标的自身疾病、缺氧、他人投毒、养殖池干涸、污染、冰冻等引起的死亡，均构成死亡责任。

（2）流失责任。主要是指因自然灾害或非人为方面的原因造成保险标的的流失引起的损失。由于台风、龙卷风、暴风雨、洪水、地震、海啸等风险造成堤坝溃决或海潮漫坝、泛溏引起的水产品流失损失，即构成流失责任。

水产养殖保险的保险责任一般采取列举式，既可以一张保单同时承保死亡责任和流失责任，也可以将死亡责任作为基本责任，流失责任作为附加责任承保；或将两者分别单独承保。

（二）除外责任

下列损失保险人均不负赔偿责任：

（1）水产品放养过程中的自然死亡或损失；
（2）由于各种敌害造成的损失；
（3）被保险人及其家庭成员或养殖人员的故意行为或重大过失造成的损失；
（4）由于水质污染造成的损失。

（三）保险金额

1. 保成本

即按水产品收获时投入的总成本确定保险金额。这种方式多用于养鱼、养虾保险，它有利于保障被保险人的最基本的生产经营能力，便于保险人根据养殖成本的投入规律，正确计算出保险标的在不同生长期出险所造成的养殖成本的损失，使理赔更合理，还可以避开水产品销售市场价格的变化不定。

2. 保产值

按水产品市场价格或销售价与产量确定保险金额，一般按五至七成承保。这种方式主要用于养殖成熟待售水产品的保险或成本一次性投入比例较大的水产品保险。

（四）保险期限

水产养殖保险的期限可定为一年期，期满后续保；也可将水产品的整个生长期作为保险期限。

（五）赔偿处理

水产养殖保险根据确定保险金额的方式不同，采取不同的赔偿处理方法。总的原则是保成本赔成本，保产值赔产值。

1. 保成本的赔偿方法

按成本的投入规律，补偿出险时已投入的成本损失。根据保险标的在保险期限内的不同时期凝聚的不同成本量，在保险条款中规定不同的赔付标准（不同时期的赔偿额占最高保险金额的比例）来计算赔偿金额，残值在赔款中扣除。这种方法主要用于内塘养鱼保险、对虾保险等。对于养殖水面比较大，发生损失后难以测定其损失程度的水产养殖保险，可根据养殖条件（工具）的损失程度来确定赔偿比例，如外荡养鱼就可以根据围栏的损失大小和流失时间来规定赔偿比例。

2. 保产值的赔付方法

按实际损失在保险金额限度内赔付，并扣除残值。

三、特种养殖保险

特种养殖是近些年在市场经济发展中兴起的经济动物饲养业。特种养殖的动物很多，如鹿、水貂、肉狗、果子狸、肉鸽、蛇、鳖、牛蛙、蚯蚓等，为这些特种养殖的经济动物提供的保险保障就是特种养殖保险。但特种养殖的各种动物只有具备一定条件，如养殖规模、养殖经验、技术条件等，才能成为保险保障的对象。

我国试办过的这类保险有：养鹿保险、鸵鸟养殖保险、养鳖保险、牛蛙养殖保险、肉鸽养殖保险等。

四、养殖业保险的风险控制[①]

养殖业保险标的本身的特点和所面临的风险的特点与农作物保险标的有很多相似之处。例如，保险标的都是活的生物，对环境有强烈的依赖，在保险期间保险价值处于变动状态，保险标的对风险具有一定适应性，而且发生风险损害后在一定条件下可以恢复。因此，控制风险的手段也有相似之处。当然也不排除其有一些独特的方法。

（一）规定承保条件，实行不足额承保

严格限制承保条件，对不符合条件的保险标的一律不予承保。为增强被保险人的责任心，控制风险，养殖业保险一般采取按照保险标的的市场价值或预期价值的七至八成承保。也就是说被保险人也要承担一部分风险责任。

（二）规定承保观察期

养殖保险条款中凡将疾病和（或）死亡作为保险责任的，一般都规定一个承保观察期。保险标的在观察期内因疾病死亡，保险人不负赔偿责任，退还保险费；观察期满，保险标的正常，保险责任从观察期满的次日开始。观察期一般为10~20天。

养殖业一般承保死亡和疾病责任，但疾病从感染到症状明显有一个过程，也就是潜伏期。不同的疾病因病菌、病毒的侵入途径、畜禽和水生动植物机体抵抗能力存在差异，潜伏期长短也不同。如危害较大的猪瘟的潜伏期平均为5~6天，最长21天；各种牲畜都可感染的布氏杆菌病的潜伏期平均14天，最长2个月。为防止投保人为带病的养殖对象投保，特别是对新购进的养殖标的，尽量隔离观察，避免疾病传染造成更大损失，也可以避免保险人不必要的赔付。

（三）实行差别费率、绝对免赔和无赔款保费折扣制度

养殖业保险标的的疾病发生率和死亡率与标的的种类、用途、年龄和饲养管理状况密切相关。养禽场的经验也表明，禽舍温度、湿度不适，饲料配合不当，维生素、微量元素摄取不足，禽舍卫生条件不好，都会导致发病率和死亡率提高。因此，保险人在根据平均死亡概率制定费率时，还应根据标的的种类、用途、年龄和饲养管理状况实行差别费率，并且在理赔时还要实行绝对免赔制度。同时，对饲养管理良好、无赔款记录的被保险人在续保时给予保费折扣。

此外，保险人还可以采取其他一些控制养殖业保险经营风险的手段。例如，提高

[①] 许飞琼：《财产保险》，高等教育出版社2014年版。

承保覆盖面；在流行病发病地区及时停止展业，或将该流行病作为除外责任；规定被保险人必须履行防灾防疫及施救义务；制定限制条款；规定最高赔偿限额等。

第四节　农业保险的发展

一、国外农业保险的发展模式

农业保险在欧美国家有较长的发展历史。德国从 18 世纪开始就有农村互保协会承保农作物雹灾保险，后来股份保险公司也加入了农作物雹灾保险的行列。18 世纪末、19 世纪初法国的农作物雹灾保险也逐步发展起来。1898 年美国第一家民营农作物保险公司成立，但其经营业绩却不尽如人意。1922 年美国政府出台关于发展农作物一切险的政策。1929~1933 年的美国经济危机和 1934 年及 1936 年的两次严重旱灾对美国的农业发展造成了致命伤害，此后政府便集中大量人力、物力、财力致力于农业发展及农业保险发展。1938 年，美国政府出台《联邦农作物保险法》(The Federal Crop Insurance Act of 1938) 开始试验由政府单独经营的政策性农作物保险，此后的 1980~1996 年探索了政府与商业保险公司合作经营，以及 1996 年开始由私营保险公司经营等模式。农业保险在保护与合理配置其农业资源方面发挥了巨大作用。

日本早在 1928 年就颁布了第一部《农业保险法》，1929 年又制定了《家畜保险法》，拉开了农业保险的序幕。以 1938 年 4 月通过的第一部《农业保险法》为标志，日本的农业保险制度正式建立。1947 年 12 月，日本政府将《家畜保险法》和《农业保险法》合并，颁布了《农业灾害补偿法》，旨在建立一个包含农作物以及家畜风险在内的全面的农业保险制度，对遭遇自然灾害的农民提供经济损失补偿，从而稳定农业生产。《农业灾害补偿法》对农业共济组合的各个方面作出了详细、严格的规定，由此开辟了依法强制参加农业保险和以合作组织为基本组织形式的农业保险制度的先河。

20 世纪 50 年代末以后，加拿大、瑞典等国陆续建立政策性农作物保险，这种保险制度除了具有促进农业发展的政策意义之外，还具有社会福利政策的意义。在这些大规模开办农业保险特别是农作物保险的国家，商业性农业保险只是作为这种制度的补充。

由于不同国家的历史、经济、社会、习惯等国情不同，形成了不同的农业保险制度模式。根据不同国家农业保险经营体制、经营方式、经营内容、微观政策等方面的不同，可以将世界上农业保险的发展模式概括为以下四种。

（一）以美国为代表的政府主导模式

政府主导模式的代表国家主要有美国和加拿大，其主要特点是：政府颁布农业保险法律，依法成立专门的机构经营政策性农业保险。政策性农业保险主要提供农作物（包括水中养殖的植物）一切险保险和再保险，也承保饲养动物的保险。农民自愿投保，并且投保农民只需支付投保农作物纯保费的一部分（美国、加拿大约为40%），其余部分的纯保费和经营管理费用均由政府补贴（总补贴率达到80%）。政府还对其保险经营机构的资本、存款、保费、投资收入和财产免征一切税负。农民自愿投保，政府给予保户保费补贴。

同时政府也允许并鼓励私营、联合股份保险公司和保险相互会社、合作社经营农作物一切险保险和其他特定灾害的农作物保险。如美国对于承保农作物一切险的私营保险公司给予保费补贴和经营管理费补贴，经批准的商业保险公司和再保险公司也可以经营农作物再保险。此外，联邦政府还组建政策性的全国农业再保险公司，通过再保险机制最大限度地分散农业风险，维持农业生产的稳定。

在加拿大，这种政策性农作物保险的经办与否由各省自主决策，因此，加拿大先后用了十年时间才普遍建立起这种政策性农业保险制度。

除美国、加拿大外，瑞典、智利、墨西哥等国也基本上采用这种模式，只是瑞典自1968年以后将自愿投保改为依法强制投保。

（二）以日本为代表的相互会社模式

日本农业建立在分散的、个体农户小规模经营的基础之上。由于规模小、实力弱，当面临农业灾害时往往付出高额的防灾成本，甚至无法承担灾后的损失。日本根据本国农业的特点，依托农业共济组织构建了特色鲜明的农业保险制度。主要表现在以下几方面：

1. 非营利性的互助合作制保险

非营利性的互助合作制农业保险组织体系共分为三个层次：分别为包括市、町、村级的农业共济保险组合，都道府县级的农业共济保险组合联合会（简称"联合会"），以及设在农林水产省的农业共济再保险特殊账户。这三个层次的机构相互配合、分工明确。首先，农民向农业共济保险组合上交保费，形成共济关系；然后共济保险组合将收取的保费按一定比例上交到县一级的联合会，形成保险关系；最后，农业共济保险组合联合会再向农林水产省下设的农业共济再保险特殊账户上交一定比例的再保险金，形成再保险关系。通过三层组织机构将小农户们集中起来，共同来面对农业灾害风险，克服了小农经济面临农业灾害时的局限性。有效地分散农业风险，加快了日本农业的产业化进程。

2. 建立多层次的农业风险分散机制

日本农业保险建立了较为健全的组织体系，基层农业共济组合直接面向广大农户，农业共济保险组合联合会向基层农业共济组合提供再保险，政府对农业共济保险联合会提供再保险，通过三重风险保障机制有效地分散了农业风险，从而保证了农业保制度的可持续发展。

3. 采取的是强制与自愿相结合的实施方式

为了确保农产品,特别是粮食作物的供应稳定,国家通过立法对大宗农产品,如水稻、旱稻以及麦类作物实施强制保险,规定凡是生产数量超过规定数额的农民和农场都必须参加保险。而对牲畜、园艺作物、经济作物、果树、园艺设施等则采取自愿原则,用引导的方式鼓励农民投保。自愿保险与强制保险相结合的方式,提高了农民的参保热情,使日本农险的参保率逐年上升。

4. 政府支持力度大

日本的农业保险不以营利为目的,保险费率低、保障范围大。政府对参加农业保险的农户提供保费补贴,保费补贴高达55%,而且不论强制保险或自愿保险都可以享受政府补贴。农户仅承担很小部分保费,便可以获得最大范围的保险保障。除了价格优势之外,农业保险的险种优势也是激发参保热情的关键因素。同时,政府还对开展农业保险的团体提供事务费补助。强有力的财政支持推动了日本农业保险的发展。

(三) 西欧的民办公助模式

采用这种模式的国家主要是西欧的德国、英国、西班牙、荷兰、法国等发达国家。这种模式的主要特点是:农业保险是由是商业性的保险公司、保险相互会社和合作社自由经营,政府不参与农业保险的经营,但给予税收等政策优惠。保险公司一般经营的主要是雹灾、火灾保险及特定灾害保险。农民完全自愿投保,保费多由农民自己支付。有的国家政府也支持私营公司和合作社、相互会社举办农业保险,同时也有一些对农业保险的优惠政策。例如,法国政府免除经营农业保险业务的税赋,甚至允许其经营的农村财产保险业务也不纳税,使其可用财产保险的盈余补贴农业保险业务。

(四) 亚洲发展中国家的重点扶持模式

重点扶持模式是以亚洲的一些发展中国家,如斯里兰卡、泰国、印度、孟加拉国、菲律宾、巴基斯坦等国为代表,也包括中南美洲一些发展中国家,如巴拿马、巴西等。该模式的特点可以概括为:

(1) 这些国家的农业保险多处于试验阶段,试验地区和保险风险都很有限,农业保险主要由政府所属专门农业保险机构或国营保险公司经办。

(2) 承保面相对较窄,保险的标的只选择本国最重要的农作物水稻、小麦和棉花,很少承保畜禽等饲养动物,其根本宗旨是稳定粮棉生产。

(3) 大多数国家都实行强制或半强制投保。实行强制投保有利于扩大承保面,便于分散风险。并且这种强制往往与农业贷款相关联,只是建立这种联系的方式有区别。例如,斯里兰卡规定,凡种植被保险粮食作物都要依法投保,而泰国、菲律宾、印度等国家,只对那些种植被保险农作物并且申请到这种农作物生产贷款的农户,实行强制投保。

（4）农业保险的再保险机制和巨灾风险管理体系不健全，超额损失主要由政府承担，如斯里兰卡规定农业保险的综合成本率115%以上部分的赔偿责任由政府承担。只有少数国家建立了专业再保险公司提供农业保险的再保险，如菲律宾。

二、我国农业保险的实践

20世纪50年代，我国出现过由国有的中国人民保险公司开办的农业保险和由农民通过合作社形式举办的农业互助保险，但由于当时农村经济比较落后，农民承担保险费的能力有限，加上传统意义上的农业保险业务定位于"低保费、低保额、低保障"，无论是正规保险公司的农业保险还是农民自发的互助合作保险，对于重大农业风险所造成损失的赔偿仍然非常有限。但是，"低保费、低保额、低保障"的定位成为农业保险经营的一个通行规则，在这样的规则面前，无论多么严重的巨灾损失，农业保险的赔偿金额基本上被控制在"直接物化成本"的界限内，以防止或减少农业保险业务经营过程中的道德风险。农业保险业务中的所谓"直接物化成本"是指农业生产过程中发生的种子秧苗或幼畜禽苗、化肥或饲料、能源或机械使用的各项成本。

1980年，我国恢复国内保险业务之后，中国人民保险公司从1982年起开始试办农业保险，种植业和养殖业保险实行全国统一核算，盈亏在保险公司经营范围内相互调剂，农业保险的亏损可以由其他业务的盈利进行弥补。这种违反保险经营原则和侵犯其他客户保险利益的做法显然与商业运行规则大相径庭，加上农业保险经营的"三低"规则在现实运营过程中形成的"大干大赔，小干小赔"的现象，使保险公司倾向于减少农业保险的供给，加大盈利性保险业务的经营。

1987年6月，中国人民保险公司开始设置农村保险业务部，专门从事农业保险经营，并从1988年开始以省为范围，实行农业保险单独核算。但是，由于农业风险的复杂性与多样性，政府未能理顺与保险公司、农民之间的关系，农业保险经营风险更加集中，巨额亏损使得经营农业保险难以为继。1992年，全国农业保险业务收入达到8.2亿元，但赔付率高达116%，农业保险完全是亏本经营。从1996年起，农业保险业务规模逐年萎缩，2001年全国农业保险规模跌到20多年来的低谷，农业保险业务收入仅为3亿元，占保险业总保费的0.14%，农业保险面对农业巨灾风险几乎无所作为。

2004年开始，国家为解决"三农"问题，提出健全农业风险保障体系，探索建立政策性农业保险制度，并提出了具体要求。此后我国开始了政策性农业保险的探索与试点。2004年9月，我国第一家专业性股份制农业保险公司上海安信农业保险股份有限公司成立。作为一个试点，上海安信农业保险公司采取的是"政府推动、市场化运作、以险养险"的经营模式，主要经营农村种植业、养殖业保险，对符合农业产业发展导向的农户提供保险，并由市、区（县）两级财政给予投保农户一定比例的保费补贴。这标志着我国财政补贴型农业保险的出现。成立于2004年12月的吉林安华农业保险股份有限公司也属于专业化运作的农业保险公司。

2005年1月12日，经国务院同意、中国保监会批准，国家工商总局注册的我国第一家相互制保险公司——阳光农业相互保险公司正式成立。这标志着我国农业相互保险模式的开始。公司建立了以公司统一经营为主导，以保险社互助经营为基础，统分结合、双层治理、双层经营的管理体制。在公司和会员之间建立起利益共享、风险共担的机制，形成了为"三农"服务的保险体系。阳光农业相互保险公司具有成本低廉、经营方式多变等优点，其保费主要由农户、国家财政补贴、黑龙江省农垦局承担，其中农户承担保费的65%，国家财政补贴20%，农垦总局补贴15%。保险社自留保费50%，向公司分保50%。为了应对可能发生的极端天气带来的损失，公司设立了巨灾准备金制度。黑龙江阳光农业相互保险模式能够成功运作，是由于农垦区有着长期互助合作的农业保险的历史基础，因此在农垦区开展相互保险很容易被当地农民接受。

自2007年起，中央政府开始推出面向全国的农业保险保险费补贴的政策，形成了中央、省、地（市）及县为单位的多级财政支持的农业保险保费补贴计划，使我国农业保险进入了快速发展的新时期。在江苏、四川、辽宁、新疆等省区开展保险公司与政府联办、商业保险公司为政府代办以及保险公司自营等多种形式的农业保险试点。我国大部分省、市都采取商业保险公司代办政策性农业保险业务的模式。一般由地方政府牵头选择几家保险公司代办农险业务，实行单独建账、独立核算、自负盈亏，政府给予代办保险公司经营费用补贴及税赋减免等政策支持，通过立法强制实施。

2007年，中央财政第一次对农业保险给予20.5亿元财政补贴，承担的农业保险保费补贴比例为25%，选择6省（区）的玉米、水稻、大豆、棉花、小麦五种主要农作物开展补贴试点。中央财政共安排保费补贴资金预算79亿元，比上年增加近60%。

2009年，我国政策性农险试点地区增加到16个，农业保险保费收入达134亿元，其中中央及地方财政安排农业保险保费补贴59.7亿元，保险业务收入占当年财产保险业务收入的4.65%，中国成为仅次于美国的全球第二大农业保险市场。

目前，全国已形成了专业牲农业保险公司经营、商业保险公司自办、商业保险公司代办、政府与公司联办、共保经营等多种农业保险模式。自2012年起，中央财政农业保险保费补贴险种的补贴区域由试点区域扩大至全国，补贴额度将进一步提高，补贴品种从玉米、水稻、小麦、大豆、棉花、能繁母猪6种扩大到玉米、水稻、小麦、油料作物、棉花、马铃薯、糖料作物、青稞、天然橡胶、能繁母猪、奶牛、育肥猪、牦牛、藏系羊、森林15种。

由于国家政策扶持，我国的农业保险覆盖面不断扩大，服务水平逐步提升。2014年，我国农业保险累计实现保费收入325.8亿元，同比增长6.3%；参保农户2.5亿户次，同比增长15.7%；提供风险保障1.6万亿元，同比增长17.7%；农业保险赔款214.6亿元，同比增长2.9%；受益农户3244.6万户次，同比增长2.1%。农业保险承保主要农作物 11.7 亿亩，占全国主要农作物播种面积的 47.7%，其中，玉米、水稻、小麦三大口粮作物覆盖率分别达 68.7%、69.5% 和 49.3%，承保森林 21.7 亿亩，覆盖率达 67.2%；承保育肥猪 1.3 亿头，奶牛 398.1 万头，同比分别增长 54.3% 和 21.2%。① 农业保险保费规模仅次于美国，居全球第二，养殖业保险和森林保险规模已跃居全球第一。

2015 年中央财政保费补贴型农业保险产品已实现全面升级，全国共涉及 15 类农作物和 6 类养殖品种共计 738 个农业保险产品，22 家保险公司，进一步满足了新形势下的农业风险管理需求。② 升级后的农险产品的保障力度大幅提高，保险责任显著扩大，惠农力度不断增强，下调了保险费率，提高了赔付标准的同时降低了理赔条件。

根据中国保监会的统计数据，2007~2016 年，我国农业保险提供风险保障从 1126 亿元增长到 2.16 万亿元，年均增速 38.83%，10 年间风险保障额度增加 18 倍多。农业保险保费收入从 51.8 亿元增长到 417.12 亿元，增长了 7 倍，农业保险开办区域已覆盖全国所有省份，承保农作物品种达到 211 个，基本覆盖农、林、牧、渔各个领域③。农业保险在保障农业生产稳定、提高农民抗灾救灾能力、稳定农民收入、保障国家粮食安全等方面发挥着越来越重要的作用。

本章小结

农业保险是指保险机构根据农业保险合同，对被保险人在种植业、林业、畜牧业和渔业生产中因保险标的遭受约定的自然灾害、意外事故、疫病、疾病等保险事故所造成的财产损失，承担赔偿保险金责任的保险活动。农业保险通过对遭受灾害的农户进行损失赔偿，可以减少农民因灾导致的经济损失，安定农民生活，使农业生产得以迅速恢复，从而有助于农业的稳定发展，增进国家的粮食安全。

农业保险区别于其他财产保险的特点：农业保险具有较强的地域性；农业保险具有明显的季节性；农业保险标的具有生命性；农业保险经营成果具有周期性；农业保险属于政策性保险。

政策性农业保险与商业性农业保险存在明显差别。

根据保险标的的不同，可将农业保险分为种植业保险和养殖业保险两大类。种植业保险是以各种农作物和林木为保险标的，以生产过程当中可能遭遇的各种自然灾害和意外事故为保险责任的农业保险。养殖业保险是以有生命的陆生动物和水生生物为保险标的，对生产者在养殖业生产过程中因灾害事故或疾病造成保险标的损失承担赔

---

① 中国保险监督管理委员会编：《2015 中国保险市场年报》，中国金融出版社，2015 年版。
② 资料来源于中国保险监管委员会网站，2015 年 11 月 13 日。
③ 张恒：《中国农险雪中尴尬：保障总额增 18 倍 个体赔付额度仍偏低》，经济观察网，2018 年 1 月 13 日。

偿责任的保险。

农业的高风险特性,决定了农业保险的经营也必然面临高风险。因此在农业保险经营中必须严格控制风险。

世界上农业保险的发展模式有以下四种:政府主导模式、相互会社模式、民办公助模式和重点扶持模式。

在国家政策扶持下,我国的农业保险覆盖面不断扩大,服务水平逐步提升。我国农业保险在保障农业生产稳定、提高农民抗灾救灾能力、稳定农民收入、保障国家粮食安全等方面发挥着越来越重要的作用。

复习思考题

1. 农业保险与其他财产保险有何不同?
2. 试比较政策性农业保险与商业性农业保险的异同。
3. 如何控制种植业保险的风险?
4. 国际上有哪些农业保险制度模式?
5. 你对中国农业保险的发展现状如何评价?有哪些建议?

参考文献

1. 郝演苏：《财产保险》，中国金融出版社2002年2月第一版。
2. 王永明、刘凤珠：《财产保险》，中国金融出版社1985年11月第一版。
3. 林增余：《财产保险》，中国金融出版社1987年6月第一版。
4. 林增余：《财产保险基础》，中国金融出版社1988年10月第一版。
5. 郝演苏：《财产保险》，西南财经大学出版社1996年10月第二版。
6. 《财产保险》编写组：《财产保险》，西南财经大学出版社1994年8月第一版。
7. 郝演苏：《保险学教程》，清华大学出版社2004年9月第一版。
8. 魏润泉、李继熊、应向民：《海上保险》，中国金融出版社1987年11月第一版。
9. 陈继儒、李继熊：《保险概论》，中央广播电视大学出版社1987年1月第一版。
10. 潘履孚：《保险学概论》，中国经济出版社1995年8月第一版。
11. 郭晓航、姜云亭：《农业保险》，中国金融出版社1987年6月第一版。
12. 袁中蔚：《保险学》，首都经贸大学出版社，2000年版。
13. 汤俊湘：《保险学》，(中国台湾)三民书局，1976年版。
14. 王玉奇：《财产保险学》，中国财政经济出版社1989年9月第一版。
15. 郑功成、孙蓉：《财产保险》，中国金融出版社1999年1月第一版。
16. 许谨良：《财产保险原理与实务》，上海财经大学出版社2004年8月第二版。
17. 王绪瑾：《财产保险》，北京大学出版社2011年3月第一版。
18. 李加明：《财产与责任保险》，北京大学出版社2012年1月第一版。
19. 许飞琼：《财产保险》，高等教育出版社2014年1月第一版。
20. 崔巍、康家语：《30年财险业保费收入与赔付支出数据》，载《中国保险报》2017年8月2日。
21. 中国保险监督管理委员会编：《2015中国保险市场年报》，中国金融出版社2015年6月版。
22. 崔启斌、陈婷婷：《2016年车险费改再增12个试点地区》，载《北京商报》2015年10月23日。
23. 张恒：《中国农险雪中尴尬：保障总额增18倍 个体赔付额度仍偏低》，经济观察网2018年1月13日。